未来教育
Future Education

银行业专业人员职业资格考试（初级）

机考题库与高频考点

个人理财

◆机考题库·真题试卷（一）
◆机考题库·真题试卷（二）
（含参考答案及解析）

《个人理财》机考题库·真题试卷

机考题库·真题试卷(一)

答题卡

本试卷采用虚拟答题卡技术，自动评分

考生扫描右侧二维码，将答题选项填入虚拟答题卡中，题库系统可自动统计答题得分，生成完整的答案及解析。题库系统根据考生答题数据，自动收集整理错题，记录考生薄弱知识点，方便考生在题库系统中查漏补缺。

一、单项选择题。以下各小题所给出的四个选项中，只有一项符合题目要求，请选择相应选项，不选、错选均不得分。(共90题，每题0.5分，共45分)

1. 在商业银行个人理财业务中，客户和银行的关系是(　　)。

A. 信托关系　　B. 供销关系　　C. 信贷关系　　D. 委托代理关系

2. 根据《民法典》的相关规定，下列关于夫妻财产的表述，错误的是(　　)。

A. 夫妻对婚前财产的约定对双方均有法律的约束力

B. 夫妻对婚前财产的约定应当采用书面形式

C. 夫妻对共同所有的财产有平等的处理权

D. 夫妻对所负债务进行偿还约定的，以夫妻一方财产清偿

3. (　　)主要讨论的是家庭收支与债务管理。

A. 财富积累　　B. 财富保障　　C. 财富增值　　D. 财富分配

4. 下列关于限制民事行为能力人的表述，错误的是(　　)。

A. 限制民事行为能力人的监护人是其法定代理人

B. 限制民事行为能力人可以进行与他的年龄、智力相适应的民事活动

C. 不能辨认自己行为的精神病人是限制民事行为能力人

D. 其他民事活动由限制民事行为能力人的法定代理人代理，或者征得他的法定代理人的同意

5. 金融衍生品市场和债券市场共同的功能是(　　)。

A. 融资功能　　B. 价格发现功能

C. 转移风险功能　　D. 提高交易效率功能

6. (　　)是有限合伙制私募基金的实际运作者。

A. 普通合伙人　　B. 全体合伙人　　C. 有限合伙人　　D. 第三方专业人

7. (　　)一般不用来表示资金的时间价值。

A. 国债收益率　　B. 商业银行存款利率

C. 商业银行贷款利率　　D. 超额存款准备金利率

8. 下列属于家庭流动资产的是(　　)。

A. 货币市场基金　　B. 房地产　　C. 银行借款　　D. 汽车

9. 下列关于成长型基金的表述，错误的是(　　)。

A. 其现金持有量较少　　B. 一般经常分红派息给投资者

C. 重视基金的长期效益　　D. 投资对象常常为风险较大的金融产品

10. 个人和家庭的收入来自两部分，一部分是工资薪金和工作相关的收入，另一部分是金融投资和实业投资所得。当投资的稳定收益可以完全覆盖个人和家庭发生的各项支出时，我们就认为达

到了(　　)的层次。

A. 财务自由　　B. 财务安全　　C. 财务平衡　　D. 财务危机

11. 下列关于债券的描述,错误的是(　　)。

A. 信用风险可以用发行者的信用等级来衡量

B. 附息债券的息票率是固定的,所以不存在利率风险

C. 公司债券存在信用风险

D. 根据发行主体的不同,债券可分为政府债券、公司债券等

12. 假定某投资者欲在5年后获得1 000 000元,年投资收益率为10%,按复利计算那么他现在至少需要投资(　　)元。(答案取近似数值)

A. 1 610 000　　B. 908 000　　C. 730 000　　D. 620 921

13. 以下属于被动管理型基金的是(　　)。

A. 发起式基金　　B. 交易型开放式指数基金

C. 上市开放式基金　　D. QDII 基金

14. 根据《民法典》,下列不属于法定继承第一顺序继承人的是(　　)。

A. 配偶　　B. 子女　　C. 父母　　D. 祖父母

15. 按照债券的面值与发行价格的不同,可以将债券发行分为三种情况,其中不包括(　　)。

A. 平价发行　　B. 贴现方式　　C. 折价发行　　D. 溢价发行

16. 终值利率因子(*FVIF*)也称为复利终值系数,与时间、利率的关系为(　　)。

A. 与时间呈正比关系,与利率呈反比关系

B. 正比关系,时间越长、利率越高、终值则越大

C. 反比关系,时间越长、利率越高、终值则越小

D. 与时间呈反比关系,与利率呈正比关系

17. 根据《公开募集证券投资基金销售机构监督管理办法》,负责基金销售业务的部门取得基金从业资格的人员不低于该部门员工人数的(　　)。

A. 1/2　　B. 1/3　　C. 1/4　　D. 1/5

18. 下列关于各种特殊类型基金的说法,正确的是(　　)。

A. FOF 是一种专门投资于股票指数的基金

B. ETF 是一种跟踪"标的指数"变化的开放式基金,但其不能在交易所上市

C. LOF 的申购、赎回是基金份额与一揽子股票的交易

D. QDII 基金是指在一国境内设置、经批准可以在境外证券市场进行股票、债券等有价证券投资的基金

19. 下列投资种类中被认为较稳健的品种为(　　)。

A. 债券　　B. 期货　　C. 股票　　D. 外汇

20. 个人以外汇账户内资金购买外币旅行支票的,一次性购买外币旅行支票在等值(　　)美元以下(含)的,凭本人有效身份证件办理。

A. 5 000　　B. 10 000　　C. 30 000　　D. 50 000

21. 在日常工作中,下列关于专业理财师工作流程的描述,不恰当的是(　　)。

A. 规范科学的理财工作流程、方法,可以减少主、客观环境影响,有条不紊地展开对客户的专业咨询服务

B. 面对具体客户和不同情况时,应当依据客户的需要和实际情况进行调整

C. 作为一名专业理财师,需要一套标准、科学的工作方法,贯穿整个客户服务过程

D. 理财师的工作流程中,在了解客户的财务信息、分析财务现状前,要先帮助客户确定理财目标

22. 多期中的终值可以按照以下(　　)公式进行计算。

A. $FV = PV(1 + r)$　　B. $PV = FV \div (1 + r)$

C. $FV = PV(1 + r)^n$　　D. $PV = FV \div (1 + r)^n$

23. 理财产品风险分类有五种,其中,较高风险产品等级是指(　　)。

A. 本金安全受影响,基础资产收益波动性较大

B. 本金亏损的概率较低,但预期收益存在一定的不确定性的产品

C. 本金安全,且预期收益不能实现的概率低的产品

D. 本金亏损概率较高,收益波动性大的产品

24. 下列关于金融远期合约的表述,错误的是(　　)。

A. 合约一般为非标准化合约　　B. 每个交易日结束后计算浮动盈亏

C. 没有履约保证　　D. 主要在柜台交易

25. 由于(　　)的存在,今年的1元钱比明年的1元钱更有价值。

A. 货币时间价值　　B. 经济增长　　C. 通货紧缩　　D. 心理认知

26. 下列关于生命周期理论的表述,正确的是(　　)。

A. 金融理财师在为客户设计产品组合时,无须考虑个人生命周期因素

B. 家庭生命周期分为家庭成长期、家庭成熟期、家庭衰退期三个阶段

C. 个人是在相当长的时间内计划自己的消费和储蓄行为,在整个生命周期内实现消费的最佳配置

D. 个人生命周期与家庭的生命周期联系度不大

27. 金融机构以高净值客户为中心,根据其需求来提供个性化产品,这是指(　　)。

A. 零售银行业务　　B. 私人银行业务

C. 中间银行业务　　D. 理财顾问服务

28. 下列属于个人理财规划核心内容的是(　　)。

A. 房地产规划、长期耐用品规划、消费品规划

B. 投资规划,财产保障规划、避税避债规划

C. 家庭收支和债务管理、退休养老规划、财富传承规划

D. 教育投资规划、移民及留学规划、财富传承规划

29. 根据《证券期货经营机构私募资产管理计划运作管理规定》,私募资产管理计划的初始募集规模不得低于(　　)。

A. 1 000 万元　　B. 1 亿元　　C. 5 000 万元　　D. 100 万元

30. 根据监管规定,理财产品风险评级结果由低到高至少包括(　　)等级。

A. 4 个　　B. 3 个　　C. 6 个　　D. 5 个

31. 境内个人参与境外上市公司员工持股计划、认股期权计划等所涉及外汇业务,应通过所属公司或境内代理机构统一向(　　)申请获准后办理。

A. 中国证券监督管理委员会　　B. 国家外汇管理局

C. 中华人民共和国商务部　　D. 中国银行保险监督管理委员会

32. 王先生将1万元用于投资某项目,该项目的预期收益率为10%,投资期限为3年,每个季度计息一次,投资期满后一次性支付投资者本利,则该投资的有效年利率约为(　　)。

A. 10%　　B. 10.38%　　C. 10.31%　　D. 10.575%

33. 在客户信息收集和整理阶段,下列表述错误的是(　　)。

A. 定量信息主要靠客户自行填写,定性信息更多是靠理财师与客户沟通中观察和了解

B. 通过家庭收支储蓄表对客户的收入、支出和储蓄结构、状况进行分类、统计

C. 客户信息整理通常针对定量信息，一般汇总为家庭资产负债表和收支储蓄表
D. 通过资产负债表对客户家庭的资产负债进行分类、统计

34. 下列关于债券的说法，错误的是(　　)。
A. 贴现债券是以低于债券面值的价格发行，到期按面值支付本息的债券
B. 地方国有独资企业发行的债券属于地方政府债
C. 债券的投资收益主要包括利息收益，资本利得等
D. 金融债券是由银行和非银行金融机构发行的债券

35. 下列商业银行做法不正确的是(　　)。
A. 销售不能独立测算的理财计划
B. 设置理财计划的期限和销售起点金额
C. 对理财计划的资金成本与收益进行独立测算
D. 提供非保证收益理财计划预期收益率的测算数据

36. 某县为了鼓励当地国有啤酒厂增创税收，县长与啤酒厂厂长签订合同约定：2014 年如果啤酒厂能够完成年度税收 500 万元的指标，则 2015 年该厂厂长和全厂职工都可以提升工资。该合同为(　　)。
A. 双方民事法律行为　　B. 效力待定民事行为
C. 附条件民事行为　　D. 不属于民事法律行为

37. 在商业银行采用的风险限额指标中，应至少包括(　　)。
A. 交易限额　　B. 错配限额
C. 止损限额　　D. 风险价值限额

38. 下列关于封闭式基金的特征的说法，错误的是(　　)。
A. 交易场所为沪、深证券交易所　　B. 基金规模固定
C. 可以随时提出购买或赎回申请　　D. 单位资产净值每周至少公告一次

39. 下列不属于金融市场的特点的是(　　)。
A. 市场商品的特殊性　　B. 市场交易价格的一致性
C. 市场交易活动的长期性　　D. 交易主体角色的可变性

40. 根据证监会公布的基金“一对多”合同内容与格式准则，单个“一对多”账户人数上限为 200 人，每个客户准入门槛不得低于(　　)万元。
A. 200　　B. 150　　C. 100　　D. 50

41. 理财证书认证的 4E 认证标准不包括(　　)。
A. 教育(Education)　　B. 职业道德(Ethics)
C. 工作经验(Experience)　　D. 精力旺盛的(Energetic)

42. 我们按年龄层可以把个人生命周期比照家庭生命周期分为(　　)6 个阶段。
A. 探索期、建立期、稳定期、维持期、高峰期、退休期
B. 探索期、建立期、成长期、维持期、高峰期、退休期
C. 探索期、形成期、稳定期、维持期、高峰期、退休期
D. 探索期、建立期、稳定期、维持期、成熟期、退休期

43. 个人提取外币现钞当日累计等值(　　)万美元以下(含)的，可以在银行直接办理；超过上述金额的，凭本人有效身份证件、提钞用途证明等材料向银行所在地外汇局事前报备。
A. 3　　B. 5　　C. 1　　D. 10

44. 下列关于个人理财业务人员与一般产品销售人员的工作职责的说法中，错误的是(　　)。
A. 商业银行应当明确个人理财业务人员与一般产品销售和服务人员的工作范围界限

B. 客户在办理一般产品业务时，如需要银行提供相关个人理财顾问服务，一般产品销售和服务人员可以直接为其提供服务

C. 商业银行禁止一般产品人员向客户提供理财投资咨询顾问意见、销售理财计划

D. 如确有需要，一般产品销售和服务人员可以协助理财业务人员向客户提供个人理财顾问服务

45. 投资连结保险销售人员应至少有(　　)以上的保险销售经验，接受过不少于(　　)的专项培训，无不良记录。

A. 1 年;20 小时　　B. 半年;40 小时　　C. 1 年;40 小时　　D. 2 年;60 小时

46. 根据《银行业消费者权益保护工作指引》和《中华人民共和国消费者权益保护法》的规定，下列关于银行业金融机构的行为准则的表述，错误的是(　　)。

A. 银行业金融机构应当尊重银行业消费者的公平交易权，公平、公正制定格式合同和协议文本，不得出现误导、欺诈等侵害银行业消费者合法权益的条款

B. 银行业金融机构应当在产品销售过程中，严格区分自有产品和代销产品，不得混淆、模糊二者性质向银行业消费者误导销售金融产品

C. 银行业金融机构应当向银行业消费者提供经营地址、联系方式、服务的数量和质量、价款或者费用、履行期限和方式，安全注意事项和风险警示、售后服务、民事责任等信息

D. 银行业金融机构应当严格遵守国家关于金融服务收费的各项规定，披露收费项目和标准，可以根据市场状况自主更改收费项目或调整收费标准

47. 下列行为中，违反银行业从业人员职业操守要求的是(　　)。

A. 某商业银行客户经理为客户设计外汇资产结构规避外汇风险

B. 某商业银行客户经理利用关联企业委托贷款为客户规避所得税

C. 某商业银行客户经理为客户推荐国债

D. 某商业银行客户经理为客户设计用汇方案

48. 现值复利因子与终值复利因子的确切关系是(　　)。

A. 两者之和等于 0　　B. 互为倒数关系

C. 两者之和等于 1　　D. 正比关系

49. 根据《民法典》的相关规定，下列表述错误的是(　　)。

A. 夫妻有互相抚养的义务　　B. 离婚时家庭土地经营权益归丈夫所有

C. 家庭债务由夫妻共同偿还　　D. 离婚时夫妻共同财产由双方协议处理

50. FPAT 在考试方面，要求学员参加六个科目的考试且全部合格，分科目计分，未能一次通过者，已经及格的科目成绩可保留(　　)年。

A. 2　　B. 4　　C. 3　　D. 5

51. 在商业银行理财顾问服务中，客户根据商业银行和理财人员提供的理财顾问服务自行管理和运用资金，(　　)。

A. 客户获取由此产生的收益并承担风险

B. 客户获得由此产生的收益，客户和银行共同承担由此产生的风险

C. 客户与银行共同获得由此产生的收益，客户承担由此产生的风险

D. 客户获得由此产生的收益，银行承担由此产生的风险

52. 下列选项中，属于间接融资工具的是(　　)。

A. 股票　　B. 银行贷款　　C. 债券　　D. 商业票据

53. 王先生在 2014 年投资 100 万元于投资回报率为 6% 的货币基金产品中，用查表法计算 10 年后王先生可以拿到(　　)万元。

A. 178　　B. 178.1　　C. 179.1　　D. 180

54. 一般来说,处于(　　)的投资人的理财理念是避免财富的快速流失,承担低风险的同时获得有保障的收益。

A. 少年成长期　　B. 青年成长期　　C. 中年稳健期　　D. 退休养老期

55. 下列银行理财产品的销售行为中,错误的是(　　)。

A. 客户不得利用理财业务洗钱,不得将罪犯所得及其收益用来购买理财产品

B. 合格投资者购买固定收益类产品时无须进行风险评级

C. 银行应根据理财产品的性质,确定不同类型理财产品的投资起点

D. 客户应当确保提供的身份证件真实,合法

56. 专门融通短期资金和交易期限在1年以内(包括1年)的有价证券市场被称为(　　)。

A. 期货市场　　B. 资本市场　　C. 现货市场　　D. 货币市场

57. 将10万元现金存为银行定期存款,期限为3年,年利率为4%。下列表述错误的是(　　)。(答案取近似数值)

A. 以单利计算,3年后的本利和是112 000元

B. 以复利计算,3年后的本利和是112 490元

C. 若每季度付息一次(复利),则3年后的本息和是112 680元

D. 若每半年付息一次(复利),则3年后的本息和是112 540元

58. 与货币市场相比,资本市场的主要特点不包括(　　)。

A. 风险大　　B. 流动性较差　　C. 期限长　　D. 收益波动较低

59. 某永续年金每年向客户支付5 000元的股利,如果无风险收益率为4%,则该年金的现值为(　　)万元。

A. 12.5　　B. 4.17　　C. 6.25　　D. 20

60. 下列不能成为民事法律关系主体的是(　　)。

A. 自然人　　B. 法人　　C. 标的物　　D. 国家

61. 关于期货合约和远期合约,下列表述错误的是(　　)。

A. 期货合约的流动性要比远期合约高　　B. 远期合约比期货合约违约风险高

C. 期货合约实质上是标准化的远期合约　　D. 期货合约的作用是规避价格风险

62. 下列有关股票与债券特征的比较,错误的是(　　)。

A. 股票没有期限,债券通常有确定的到期日

B. 普通股票所有者可以参与公司决策,债券持有者通常无此权利

C. 股票的收益一定比债券的收益高

D. 股票不具有偿还性,而债券一般情况下应偿还本金

63. 李先生准备投资一笔钱用于8年后为儿子购置一套婚房,预计需要50万元作为首付,现有一个期望收益率为6%的基金产品非常适合他,那么他需要为购房准备的投资资金是(　　)万元。(答案取近似数值)

A. 31.35　　B. 35.18　　C. 29.8　　D. 33.78

64. 个人独资企业解散后,原投资人对个人独资企业存续期间的债务仍应承担偿还责任,但债权人在(　　)年内未向债务人提出偿债请求的,该责任消灭。

A. 2　　B. 3　　C. 4　　D. 5

65. 下列选项中,风险承受能力相对较高的是(　　)。

A. 资金需动用的时间离现在越近者　　B. 年龄大者

C. 投资经验丰富者　　D. 负债比率高者

66. 商业票据的市场参与主体不包括(　　)。

A. 发行者　　B. 投资者　　C. 居民个人　　D. 销售商

67. 下列说法中,不属于私人银行业务(服务)特征的是(　　)。
A. 准入门槛高　　B. 综合化服务　　C. 经营成本高　　D. 个性化服务
68. 子女教育需求增加,购房、购车贷款仍保持较高需求,成员收入稳定,家庭风险承受能力不断提升,指的是理财中家庭生命周期的(　　)阶段。
A. 形成期　　B. 成长期　　C. 成熟期　　D. 衰老期
69. 下列关于保险相关要素的说法,不正确的是(　　)。
A. 保险合同是投保人与保险人约定保险权利义务的协议
B. 投保人按保险合同负有支付保险费的业务
C. 保险人承担赔偿或者给付保险金责任
D. 投保人和被保险人不能是同一人
70. 保险公司和银行合作是为了利用银行的(　　)。
A. 丰富的人才资源　B. 发达的销售渠道　　C. 高效的管理模式　　D. 产品创新能力
71. 与普通的保障型产品相比,下列(　　)不是投连险的特点。
A. 保单持有人可以根据资金运用情况享受分红
B. 给付的保险金包括风险保障金和投资收益两部分
C. 保费中含有投资保费
D. 不兼顾基本保障功能和投资功能
72. 下列属于艺术品投资所面临的风险是(　　)。
A. 流通性差、保管难、价格波动较小　　B. 流通性差、保管难、价格波动较大
C. 流通性强、保管难、价格波动较大　　D. 流通性强、保管难、价格波动较小
73. 某增长型永续年金明年将分红 1.30 元,并将以 5% 的速度增长下去,年贴现率为 10%,那么该年金的现值是(　　)元。
A. 30　　B. 20　　C. 26　　D. 25
74. 王先生将 1 000 元存入银行,银行的年利率是 5%,如果按照单利计算,5 年后取得的总额为(　　)元。
A. 1 250　　B. 1 050　　C. 1 200　　D. 1 276
75. 杨先生在未来 10 年内,每年年初获得 1 000 元,年利率为 8%,则这笔年金的现值为(　　)元。
A. 4 658.69　　B. 5 823.87　　C. 7 246.89　　D. 7 347.98
76. 下列属于客户定量信息的是(　　)。
A. 就业预期　　B. 风险特征　　C. 收入与支出　　D. 投资偏好
77. 金融市场分为有形市场和无形市场,是(　　)进行的分类。
A. 按照金融市场的构成要素　　B. 按照金融交易的场地和空间
C. 按照交易标的物　　D. 按金融工具发行和流通特征
78. 时间价值既是资源稀缺性的体现也是人类心理认知的反应,表现在信用货币体制下,未来所持有的货币比当前持有的等额货币具有(　　)的价值。
A. 同等　　B. 更高　　C. 不能确定　　D. 更低
79. 在人的生命周期中,理财策略最简单的时期是(　　)。
A. 探索期　　B. 建立期　　C. 稳定期　　D. 维持期
80. 根据《民法典》的相关规定,下列属于不动产的是(　　)。
A. 钢筋　　B. 飞机　　C. 林木　　D. 船舶
81. 下列投资品种不属于另类资产投资的是(　　)。
A. 对冲基金　　B. 艺术品　　C. 普洱茶　　D. 境外股票

82. 收藏品的投资在国内越来越盛行，下列关于收藏品投资的说法中，不正确的是(　　)。

A. 流动性较差

B. 价格波动主要受市场偏好的影响

C. 需要投资者有相当高程度的鉴别能力

D. 收益率较高，适合普通投资者的投资理财

83. 按照(　　)划分，金融衍生工具可以分为远期、期货、期权和互换。

A. 基础工具的种类　B. 交易场所　C. 交易方式　D. 交易时间

84. 在资产管理中，(　　)成为大部分普通投资者非常重要的投资品种。

A. 黄金　B. 白银　C. 公募证券投资基金　D. 股票

85. 单利和复利的区别在于(　　)。

A. 单利的计息期总是一年，而复利则有可能为季度，月或日

B. 用单利计算的货币收入没有现值和终值之分，而复利就是有现值和终值之分

C. 单利属于名义利率，而复利则为实际利率

D. 单利仅在原有本金上计算利息，而复利是对本金及产生的利息一并计算

86. 下列关于债券的分类的表述，错误的是(　　)。

A. 按利息支付方式可分为附息债券、一次还本付息债券和贴现债券等

B. 按债券发行主体可分为信用债券、不动产抵押债券、担保债券等

C. 按债券发行主体可分为政府债券、公司债券、金融债券等

D. 按债券期限可分为短期债券、中期债券和长期债券等

87. 除支付某一个最低金额的第一期保险费外，投保人可以在任何时间支付任何金额的保险费，并且任意提高或降低死亡的给付金额，只要保单积存的现金价值足够支付以后各期的成本和费用就可以，上述表述体现了(　　)的特征。

A. 万能险　B. 投连险　C. 年金险　D. 分红险

88. 金融衍生品是指价值依赖于原生性金融工具的一类金融产品，其中，期货合约与远期合约最本质的区别是(　　)。

A. 期货合约的条款是标准化的　B. 收益不同

C. 期货价格的超前性　D. 所起的作用不同

89. 如果投资者预期某项资产的市场价格将会上涨，那么他可以(　　)。

A. 买入看跌期权　B. 卖出看涨期权　C. 卖出该项资产　D. 买入看涨期权

90. 下列理财顾问服务所不能提供的功能是(　　)。

A. 资产管理　B. 投资咨询　C. 理财产品推介　D. 财务规划

二、多项选择题。以下各小题所给出的五个选项中，有两项或两项以上符合题目的要求，请选择相应选项，多选、少选、错选均不得分。(共40题，每题1分，共40分)

91. 一般情况下，银行在进行客户关系管理时，将理财客户细分为(　　)进行分层管理。

A. 私人银行客户　B. 普通理财客户　C. 重点客户

D. 潜在客户　E. 财富管理客户

92. 个人独资企业需具备的条件包括(　　)。

A. 投资人为一个自然人

B. 有合法的企业名称

C. 有投资人申报的出资

D. 有固定的生产经营场所和必要的生产经营条件

E. 有必要的从业人员

93. 根据《民法典》的规定,不得抵押的财产包括(　　)。
A. 为公益目的成立的非营利法人的教育设施
B. 建设用地使用权
C. 正在建造的航空器
D. 土地所有权
E. 所有权、使用权不明或者有争议的财产

94. 下列关于凭证式债券的说法,正确的有(　　)。
A. 券面上印制票面金额
B. 凭证式债券是一种国家储蓄债,可记名、挂失
C. "凭证式国债收款凭证"记录债权,不能上市流通
D. 凭证式债券不可以提前兑付
E. 凭证式国债的收益高于记账式国债

95. 房地产价格构成的基本要素有(　　)。
A. 土地价格　B. 土地使用费　C. 房屋建筑成本
D. 税金　E. 利润

96. 商业银行代理理财产品销售应遵循的原则有(　　)。
A. 避免利益冲突　B. 适当性　C. 客观性
D. 行内员工优先　E. 高收益

97. 下列关于保险代理人的说法正确的有(　　)。
A. 保险代理人在办理保险业务活动中不得承诺向受益人予以保险合同规定之外的其他利益
B. 保险代理人在代理权过期的情况下代为办理保险业务的行为,由保险人承担责任,保险人不可以追究保险代理人的责任
C. 保险代理人在办理保险业务活动中不得隐瞒与保险合同相关的重要情况
D. 保险代理人应缴存保证金或投保职业责任保险
E. 保险人委托保险代理人代办保险业务的,应当与保险代理人签订委托代理协议

98. 商业银行(　　),应包含相应的风险提示内容。
A. 向客户提供可能影响投资决策的材料　B. 销售的各类投资产品的介绍
C. 对客户投资情况的评估和分析　D. 提供个人理财顾问服务
E. 销售代销的证券投资基金

99. 保险合同的基本当事人有(　　)。
A. 保险人　B. 投保人　C. 被保险人
D. 受益人　E. 代理人

100. 对资本资产定价模型的理解,正确的有(　　)。
A. 资本资产定价模型中,风险的测度是通过贝塔系数来衡量的
B. 一个充分分散化的资产组合的收益率和系统性风险相关
C. 市场资产组合的贝塔值是0
D. 某个证券的贝塔系数等于该证券收益与市场收益的协方差除以市场收益的方差
E. 一个充分分散化的资产组合的系统风险可以忽略

101. 下列表述中,属于养老保险年金特点的有(　　)。
A. 年金的终值与递延期无关　B. 年金的第一次收付发生在若干期以后
C. 年金的现值与递延期无关　D. 有现值
E. 没有终值

102. 关于投资规划,下列表述正确的有(　　)。
A. 公募证券投资基金已成为大部分普通投资者非常重要的投资品种
B. 理财师根据客户的需求和风险属性,按不同比例把客户的资产科学地配置在不同资产类别中,这就是资产配置
C. 普通家庭可以直接投资股票、债券、房产、黄金等,也可以通过掌握企业经营权进行实业投资
D. 为不同时期的理财目标而设计的
E. 为客户制订根据其理财目标和自身情况的投资计划,主要是为了获得更高的投资收益

103. 下列关于家庭衰老期理财行为的表述,正确的有(　　)。
A. 在核心资产组合中,不应该有高风险的股票配置
B. 不建议有新增负债
C. 将养老险转即期年金
D. 夫妻年龄一般在50岁至60岁
E. 核心资产配置应以固定收益为主

104. (　　)属于资本项目外汇账户。
A. 外国投资者投资专用账户　　B. 特殊目的公司专用外汇账户
C. 投资并购专用账户　　D. 外汇结算账户
E. 外汇储蓄联名账户

105. 与个人理财直接相关的定义有(　　)。
A. 财富管理　　B. 私人银行　　C. 资产管理业务
D. 人员管理　　E. 资格管理

106. 审慎性监督管理谈话可以使监管人员(　　)。
A. 与被监管的银行业金融机构保持持续不断的沟通
B. 及时了解被监管的银行业金融机构的经营状况
C. 及时了解被监管的银行业金融机构的风险状况
D. 预测被监管的银行业金融机构的发展趋势
E. 提高监管效率

107. 保险产品的功能包括(　　)。
A. 转移风险　　B. 分摊损失　　C. 补偿损失
D. 融通资金　　E. 套期保值

108. 在生命周期内,个人或家庭决定其目前的消费和储蓄需要综合考虑的因素有(　　)。
A. 可预期开支　　B. 未来收入　　C. 退休时间
D. 工作时间　　E. 即期收入

109. 已知一个投资项目要求的回报率和现金流状况是:初始投资10 000元,共投资4年,第一年收回2 000元,第二年收回3 000元,第三年收回4 000元,第四年收回5 000元,如果贴现率为5%,该项目的回报率要求是5%,以下说法正确的有(　　)。
A. 该项目盈亏平衡
B. 净现值 $NPV = 2\ 194.71 > 0$,表明该项目在5%的回报率要求下是不可行的
C. 净现值 $NPV = 2\ 194.71 > 0$,表明该项目在5%的回报率要求下是可行的
D. 净现值 $NPV = 2\ 194.71$,说明投资是亏损的
E. 净现值 $NPV = 2\ 194.71$,说明投资能够盈利

110. 以(　　)出质的,当事人应当订立书面合同。
A. 债券　　B. 存款单　　C. 汇票

D. 支票　　E. 本票

111. 目前黄金的需求主要包括(　　)。

A. 饰金需求　　B. 官方储备需求　　C. 工业需求

D. 投资需求　　E. 流通需求

112. 商业银行应当在客户首次购买理财产品前在本行网点进行风险承受能力评估。风险承受能力评估依据主要包括(　　)。

A. 投资经验　　B. 客户年龄　　C. 流动性要求

D. 财务状况　　E. 风险认识

113. 下列关于个人理财业务的表述,正确的有(　　)。

A. 可分为理财顾问服务和综合理财服务　　B. 是建立在委托代理关系基础之上的银行业务

C. 属于一般性业务咨询服务　　D. 服务对象是个人和家庭

E. 是种个性化、综合化服务

114. 下列关于 LOF 的表述,正确的有(　　)。

A. 可在指定网点申购与赎回,也可在交易所买卖该基金

B. 深圳交易所已经开通的基金场内申购赎回,在场内认购的 LOF 无须办理转托管手续,可直接抛出

C. LOF 兼具封闭式基金交易方便、交易成本较低和开放式基金价格贴近净值的优点

D. 在指定网点申购的基金份额若要上网抛出,须办理一定的转托管手续

E. LOF 的申购赎回必须以一揽子股票换取基金份额或者以基金份额换回一揽子股票

115. 下列选项中属于金融市场经济功能的有(　　)。

A. 交易功能　　B. 避险功能　　C. 集聚功能

D. 财富功能　　E. 反映功能

116. 下列关于股票的表述,正确的有(　　)。

A. 股票是股份公司发行的有价证券

B. 股票能够给持有者带来收益

C. 股票表明投资者的投资份额及其权利和义务

D. 股票的实质是公司的产权证明书

E. 股票是一种债权凭证

117. 一般而言,下列关于信托产品流动性的表述,正确的有(　　)。

A. 信托资金可以申请提前支取

B. 受益人可以转让信托受益权

C. 信托产品是高流动性投资产品

D. 若无特别约定信托资金不可以提前支取

E. 信托受益权转让需要缴纳手续费

118. 一般而言,与间接融资相比,直接融资的特点有(　　)。

A. 融资风险由债权人独自承担

B. 融资风险可通过融资中介进行分散

C. 由于资金供求双方直接联系,投资对象的经营受到更多关注

D. 部分不可逆性

E. 有利于广泛募集社会闲散资金

119. 理财师在进行保险业务销售时,需遵守(　　)的原则。

A. 销售前需要了解你的客户　　B. 销售中要透明公开

C. 销售后要建立归档制度　　D. 积极处理客户投诉

E. 尽最大能力提高销售业绩

120. 商业银行个人理财业务面临的主要风险有(　　)。

A. 流动性风险　　B. 法律风险　　C. 操作风险

D. 信用风险　　E. 声誉风险

121. 需要告知客户的理财服务信息包括(　　)。

A. 解决财务问题的条件和方法

B. 了解、收集客户相关信息的必要性

C. 如实告知客户自己的能力范围

D. 了解并明确客户的财务问题或理财目标

E. 清楚表达能为客户提供和不能为客户提供的服务

122. 家庭生命周期中,家庭成熟期阶段会产生的财务状况有(　　)。

A. 支出随成员固定而趋于稳定,但子女上大学后学杂费用负担重

B. 可积累的资产达到巅峰,要逐步降低投资风险

C. 与老年父母同住或夫妻两人居住

D. 收入增加而支出稳定,在子女上大学前储蓄逐步增加

E. 收入达到巅峰,支出可望降低

123. 金融理财的几种计算工具各有其特点,下列描述正确的有(　　)。

A. 复利与年金表优点是计算精确;缺点是烦冗复杂,不便使用

B. Excel 表格优点是使用成本低,操作简单;缺点是局限性较大

C. 复利与年金表优点是简单,效率高;缺点是计算答案不够精准

D. 专业理财软件优点是功能齐全,附加功能;缺点是局限大,内容缺乏弹性

E. 财务计算器优点是便于携带,精准;缺点是操作流程复杂,不易记住

124. 投资顾问在银行理财产品运作中所提供的顾问服务内容主要包括(　　)。

A. 提供投资组合建议　　B. 提供投资计划建议

C. 提供投资策略建议　　D. 提供具体投资产品的建议

E. 提供投资原则和投资理念建议

125. 理财师在与客户面谈沟通前需要准备的事项包括(　　)。

A. 面谈的主要内容　　B. 面谈的主要目的

C. 客户的基本情况　　D. 客户以往接触历史

E. 安排好自己的工作时间

126. 下列金融工具中属于货币市场工具的有(　　)。

A. 短期政府债券　　B. 证券投资基金

C. 商业票据　　D. 银行承兑汇票

E. 长期企业债券

127. 相对于普通股,优先股的特征有(　　)。

A. 一般无表决权　　B. 股息分派优先　　C. 股息率固定

D. 股份不可转让　　E. 剩余资产分配优先

128. 商业银行在销售不需要审批的理财计划之前,应向原中国银行业监督管理委员会或其派出机构报告。商业银行最迟应在销售理财计划前 10 日,将(　　)资料按照有关业务报告的程序规定报送原中国银行业监督管理委员会或其派出机构。

A. 拟销售理财计划的客户档案材料

B. 理财计划拟销售的客户群,以及相关分析说明
C. 拟销售理财计划的工作人员档案材料
D. 理财计划拟销售的规模,资金成本与收益测算,以及相关计算说明
E. 拟销售理财计划的对外介绍材料和宣传材料

129. 按账户交易性质分,个人外汇账户可分为(　　)。
A. 外汇储蓄账户　　B. 境内个人外汇账户
C. 资本项目账户　　D. 境外个人外汇账户
E. 外汇结算账户

130. 下列属于货币市场的有(　　)。
A. 短期政府债券市场　　B. 回购市场
C. 商业票据市场　　D. 同业拆借市场
E. 银行承兑汇票市场

三、判断题。请对以下各项描述做出判断,正确的为 A,错误的为 B。(共 15 题,每题 1 分,共 15 分)

131. 理财规划方案可以是单项理财目标的规划,也可以是涵盖客户所有主要理财目标的综合理财规划方案,两者的选择主要是由客户愿意提供的信息和需求所决定。(　　)

132. 法人是具有民事权利能力和民事行为能力、依法独立享有民事权利和承担民事义务的组织。(　　)

133. 保险费的数额同保险金额的大小、保险费率的高低和保险期限的长短成反比,即保险金额越大,保险费率越高,保险期限越长,则保险费也就越多。(　　)

134. 成长型基金强调为投资者带来经常性收益,所以常按时派息给投资者,使投资者有固定的收入来源。(　　)

135.《关于规范金融机构资产管理业务的指导意见》的主要目标是推动资产管理业务回归本源,打破刚性兑付,统一各类资产管理产品的监管标准,保护金融消费者合法权益,防控金融风险,引导社会资金更好地服务实体经济。(　　)

136. 银行对未到期的商业汇票予以承兑后,银行成为票据的第一债务人,出票人负第二责任。(　　)

137. QDII 即合格境外机构投资者,它是在中国境外设立,经中国有关部门批准从事境内证券市场的股票、债券等有价证券业务的证券投资基金。(　　)

138. 纸黄金是指将资金委托专业经理人全权处理,用于投资黄金类产品,也称为“黄金存折”。(　　)

139. 个人存入外币现钞当日累计等值 2 万美元(含)以下的,凭本人有效身份证件在银行办理。(　　)

140. 可赎回债券往往有赎回保护期。在保护期内,发行者不得行使赎回权,常见的赎回保护期是发行后的 2 ~ 5 年。(　　)

141. 按照股票是否流动,可将其分为流通股及非流通股两大类。非流通股除流通权与流通股不一样外,其他权利和义务也是有差别的。(　　)

142. 土地所有权可以用于抵押。(　　)

143. 境外个人可以随意购买境内权益类和固定收益类金融产品。(　　)

144. 根据投资目标的不同,可以将基金划分为成长型基金、收入型基金和平衡型基金。(　　)

145. 商业银行在销售理财计划时,可将一般储蓄存款产品单独当作理财计划销售,或者将理财计划与本银行储蓄存款进行搭配销售。(　　)

机考题库·真题试卷(二)

答题卡

本试卷采用虚拟答题卡技术，自动评分

考生扫描右侧二维码，将答题选项填入虚拟答题卡中，题库系统可自动统计答题得分，生成完整的答案及解析。题库系统根据考生答题数据，自动收集整理错题，记录考生薄弱知识点，方便考生在题库系统中查漏补缺。

一、单项选择题。以下各小题所给出的四个选项中,只有一项符合题目要求,请选择相应选项,不选、错选均不得分。(共90题,每题0.5分,共45分)

1. 下列国内机构中,无法提供理财服务的是(　　)。

A. 基金公司　　B. 保险公司　　C. 信托公司　　D. 律师事务所

2. 境外个人对境内机构提供贷款或担保,应当符合(　　)的有关规定。

A. 外汇管理　　B. 资本管理　　C. 外债管理　　D. 贸易管理

3. 证券投资基金可以通过构造有效资产组合最大限度地(　　)。

A. 降低非系统风险　　B. 规避通货膨胀风险

C. 降低不可分散风险　　D. 降低系统风险

4. (　　)是银行从业人员制定个人财务规划的基础和根据,决定了客户的目标和期望是否合理,以及完成个人财务规划的可能性。

A. 财务信息　　B. 个人储蓄　　C. 理财目标　　D. 股票投资

5. 交易类外汇产品是指个人可以通过外汇账户买卖外汇获得(　　)。

A. 外汇价差收入　　B. 本币价差收益

C. 本币利息　　D. 外币利息

6. 近年来国内理财师队伍发展彰显的特征不包括(　　)。

A. 理财师队伍迅速扩张　　B. 理财师趋向高学历

C. 理财师素质参差不齐　　D. 市场认可度有待提高

7. 理财师的工作流程6个步骤依次是(　　)。

(1)执行理财规划方案　　(2)收集、整理和分析客户的家庭财务状况

(3)制订理财规划方案　　(4)后续跟踪服务

(5)明确客户的理财目标　　(6)接触客户,建立信任关系

A. (3)(2)(6)(1)(5)(4)　　B. (3)(4)(6)(2)(5)(1)

C. (6)(2)(5)(3)(1)(4)　　D. (6)(2)(3)(5)(1)(4)

8. 假定某客户投资75.13万元于某理财产品,该产品年收益率为10%,按年复利计算需要(　　)年的时间可以回收100万元。(答案取近似数值)

A. 1　　B. 3　　C. 4　　D. 2

9. 包含保险保障功能并至少在一个投资账户拥有一定资产价值的人身保险产品是(　　)。

A. 万能险　　B. 投连险　　C. 分红险　　D. 年金险

10. 某项目在5年建设期内每年年初向银行借款100万元,借款年利率为10%,那么项目竣工时应付本息的总额是(　　)。

A. 512.72万元　　B. 581.49万元　　C. 610.54万元　　D. 671.56万元

11. 下列表述中,最符合家庭成长期理财特征的是(　　)。

A. 尽力保全已积累的财富、厌恶风险　　B. 愿意投资预期收益较高,风险适度的产品

C. 没有或仅有较低的理财需求和理财能力　　D. 风险厌恶程度较高,追求稳定的投资收益

12. 在收集客户信息的过程中,属于定性信息的是(　　)。
A. 客户的投资规模　　B. 雇员福利
C. 资产与负债　　D. 投资偏好

13. 李女士想在5年后得到10万元,目前有两种方案可供选择:A方案,现在存入一笔钱,按照每年5%的单利计息;B方案,现在存入一笔钱,按照每年4%的复利计息。李女士如何选择才对自己有利?(　　)
A. 选择A方案　　B. 两个方案不能比较
C. 选择B方案　　D. 两个方案一样,任选一个

14. 从客户风险态度分类来说,在下列选项中,风险厌恶型客户会选择(　　)。
A. 80%的可能损失5 000元,20%的可能无损失
B. 确定4 000元收入
C. 80%的可能获得5 000元,20%的可能获得0元
D. 确定的10 000元损失

15. 赵先生8年后退休,他打算为退休后准备一笔旅游基金。理财经理为他推荐一款固定收益率为7%的基金产品,赵先生决定每年存入5 000元。那么赵先生退休后能获得(　　)旅游基金。
A. 63 455元　　B. 56 789元　　C. 51 299元　　D. 49 833元

16. 个人理财顾问服务的风险揭示管理措施有(　　)。
A. 商业银行应用专业术语准确地向客户进行风险揭示
B. 商业银行通过理财服务销售的其他产品,可以不进行风险揭示
C. 客户不必抄录"本人已经阅读上述风险提示,充分了解并清楚知晓本产品的风险,愿意承担相关风险",但应在该提示栏里签名
D. 商业银行销售各类理财产品,以及商业银行对客户投资情况的评估和分析,都应包含相应的风险揭示内容

17. 个人外汇账户按账户性质区分为(　　)。
A. 经常账户和资本账户
B. 贸易账户和融资账户
C. 外汇结算账户、资本项目账户和外汇储蓄账户
D. 境内个人外汇账户和境外个人外汇账户

18. (　　)阶段建议进一步提升资产安全性,将80%以上资产投资于储蓄及固定收益类理财产品,同时购买长期护理类保险。
A. 家庭形成期　　B. 家庭成长期
C. 家庭成熟期　　D. 家庭衰老期

19. 关于买入看涨期权,下列表述正确的是(　　)。
A. 当标的资产市场价格下跌时可规避风险
B. 潜在利润最大为期权费
C. 当标的资产市场价格等于期权执行价格与期权费之和时,达到盈亏平衡
D. 潜在最大损失为无穷大

20. 一般来说,各类基金的风险收益特征由高到低的排序依次是(　　)。
A. 股票型基金、混合型基金、债券型基金、货币市场型基金
B. 货币市场型基金、债券型基金、混合型基金、股票型基金
C. 货币市场型基金、混合型基金、债券型基金、股票型基金
D. 股票型基金、债券型基金、混合型基金、货币市场型基金

21. 下列对公司型基金特点的描述,错误的是(　　)。
A. 投资者无权对基金的重大经营决策发表自己的意见

B. 在资产运用状况良好、需要扩大规模增加资产时,可以向银行申请贷款

C. 依据《中华人民共和国公司法》组建,并依据公司章程经营基金资产

D. 具有法人资格

22. 下列(　　)不属于理财师的工作流程所包含的内容。

A. 接触客户,建立信任关系　　B. 明确客户的理财目标

C. 制订理财规划的财务预算方案　　D. 后续跟踪服务

23. 一般而言,对于稳健型投资者来说,其风险承受能力(　　),适合的理财产品包括(　　)。

A. 较低;低风险、中低风险、中风险和中高风险

B. 较低;低风险、中低风险和中风险

C. 一般;极低风险、低风险和中等风险

D. 一般;低风险、中低风险、中风险和中高风险

24. 在下列各类金融资产中,不属于货币市场工具的是(　　)。

A. 银行承兑汇票　　B. 大额可转让定期存单

C. 3 年期国债　　D. 回购协议

25. 当事人为了重复使用而预先拟订,并在订立合同同时未与对方协商的条款是(　　)。

A. 格式条款　　B. 无效条款　　C. 可撤销条款　　D. 委托代理条款

26. 生命周期理论指出个人是在(　　)实现消费的最佳配置。

A. 整个工作周期　　B. 整个生命周期

C. 整个家庭内　　D. 整个社会内

27. 当事人之间订立有关设立、变更、转让和消灭不动产物权的合同,合同生效日为(　　)。

A. 合同成立日　　B. 办理物权登记日

C. 合同成立次日　　D. 办理物权登记次日

28. 下列关于房地产投资特点的表述,错误的是(　　)。

A. 房地产投资可以使用高财务杠杆率

B. 房地产的流动性比证券类产品要弱

C. 一项房地产的估价等于持有房地产获得的现金流入的现值

D. 房地产价值受政策环境、市场环境和法律环境等因素的影响较大

29. 个人携带外币现钞等入境,超过等值(　　)美元的应向海关书面申报。

A. 3 000　　B. 10 000　　C. 5 000　　D. 1 000

30. 根据《民法典》,下列关于代理的说法错误的是(　　)。

A. 代理人和相对人恶意串通,损害被代理人合法权益的,代理人和相对人应当承担连带责任

B. 代理人知道或者应当知道代理事项违法仍然实施代理行为,或者被代理人知道或者应当知道代理人的代理行为违法未作反对表示的,由代理人承担责任

C. 代理人不履行职责而给被代理人造成损害的,应当承担民事责任

D. 超越代理权的行为只有经被代理人的追认,被代理人才承担民事责任

31. 如果名义利率是5%,通货膨胀率为7%,那么实际利率为(　　)。

A. -2%　　B. 2%　　C. 5%　　D. 12%

32. 信托业务中,在受托人无过失的情况下,信托财产的风险由(　　)负责。

A. 委托人和受益人　　B. 受托人和受益人　　C. 委托人和受托人　　D. 受托人和担保人

33. (　　)是成功进行股票投资的重要基础。

A. 确定投资政策　　B. 股票投资分析　　C. 评估业绩　　D. 修正投资策略

34. 综合考虑客户所属的人生周期以及相匹配的风险承受能力等因素,向客户推荐适合的产品,此举符合银行代理理财产品销售应遵循的(　　)原则。

A. 全面性　　B. 风险性　　C. 客观性　　D. 适当性

35. 下列对《关于规范金融机构资产管理业务的指导意见》内容的表述，错误的是（　　）。
A. 要求资管产品投资非标准化债权类资产应当遵守监管部门有关限额管理等要求，做到期限匹配
B. 要求规范嵌套层级和通道业务，除公募基金外，允许再往下投资两层资管产品
C. 要求打破刚性兑付，明确资管业务是金融机构的表外业务，金融机构不得承诺保本保收益
D. 确立了资管产品的分类标准，资管产品按照募集方式可以分为公募产品和私募产品两大类

36. 基金份额总额不固定，而且可以在基金合同约定的时间和场所申购或者赎回的基金是（　　）。
A. 契约型基金　B. 公司型基金　C. 封闭式基金　D. 开放式基金

37.（　　）不是高净值客户。
（1）小王单笔认购理财产品 150 万元人民币。
（2）小李购买理财产品时，出示 120 万元个人储蓄存款证明。
（3）小张提供了最近 3 年的个人收入证明，每年超过 20 万元。
（4）小赵提供了最近 3 年每年 28 万元的家庭收入证明。
A. 小李　B. 小王　C. 小赵　D. 小张

38. 在家庭衰老期，理财师应建议进一步提升资产安全性，投资于储蓄及固定收益类理财产品的资产占比至少为（　　）。
A. 50%　B. 60%　C. 80%　D. 90%

39. 稳定扩大家庭财产，为自己和配偶积累养老金；如果孩子仍在学习，继续承担培养子女的责任，如果父母健在，继续履行照顾老人的义务是（　　）个人理财的主要任务。
A. 求学成长期　B. 成家立业期　C. 年富力强期　D. 稳定成熟期

40. 下列选项中，不属于金融市场构成要素的是（　　）。
A. 主体　B. 客体　C. 中介　D. 相关第三者

41.（　　）是指个人理财业务的需求方。
A. 商业银行　B. 非银行业机构　C. 监管机构　D. 个人客户

42.（　　）是指为了使家庭财产及其产生的收益在家庭成员之间实现合理的分配而做的财务规划。
A. 财产传承规划　B. 财产分配规划　C. 财富分配　D. 传承规划

43. 注重投资于增长较快、升值潜力较大的企业，强调为投资者带来较高投资回报的是（　　）。
A. 平衡型基金　B. 收入型基金　C. 指数型基金　D. 成长型基金

44. 买卖双方在交易所签订的、在将来的某一确定时间、按确定的价格购买或者出售某项金融资产的标准化协议是（　　）。
A. 金融远期合约　B. 金融期货合约　C. 金融互换合约　D. 金融期权合约

45. 下列理财产品中，最适合风险厌恶型投资者进行短期投资的是（　　）。
A. 商品及衍生品类理财产品　B. 权益类理财产品
C. 混合类理财产品　D. 现金管理类理财产品

46. 王先生到银行存入 1 000 元，假设年利率是 5%，5 年后单利终值是（　　）元。（答案取近似数值）
A. 1 296　B. 1 210　C. 1 300　D. 1 250

47. 根据 F. 莫迪利安尼等家庭生命周期理论，不适合处于家庭成长期的投资人的理财策略是（　　）。
A. 保持资产的流动性，投资部分期货型基金　B. 适当投资债券型基金
C. 拒绝合理使用银行信贷工具　D. 适当投资股票等高成长性产品

48. 下列商业银行销售管理理财产品（计划）的做法，不正确的是（　　）。
A. 向客户推介投资产品服务前，首先调查了解客户，评估客户是否适合购买所推介的产品
B. 客户评估报告认为某一客户不适宜购买某一产品或计划，但客户仍然要求购买的，商业银行应制定专门的文件，列明商业银行的意见、客户的意愿和其他的必要说明事项，双方签字认可

C. 向客户说明相关投资风险时,使用通俗易懂的语言,配以必要的示例,说明最不利的投资情形和投资结果

D. 主动向无相关交易经验的客户推介或销售与衍生交易相关的投资产品

49. 金融市场引导众多分散的小额资金汇聚并投入社会再生产,这是金融市场的(　　)。

A. 风险管理功能　　B. 流动性功能

C. 财务功能　　D. 资金融通集聚功能

50. 客户的基本信息不包括(　　)。

A. 姓名　　B. 年龄　　C. 婚姻状况　　D. 储蓄

51. 在理财规划业务中,未涉及的商业保险种类有(　　)。

A. 责任保险　　B. 人身保险　　C. 失业保险　　D. 财产保险

52. (　　)指在一定期限内,时间间隔相同、不间断、金额不相等但每期增长率相等、方向相同的一系列现金流。

A. 永续年金　　B. 期末年金　　C. 增长型年金　　D. 期初年金

53. 下列关于外汇市场及外汇产品的说法正确的是(　　)。

A. 目前外汇市场交易以远期外汇交易为主

B. 为稳定汇价,当外汇市场的外汇供给持续大于需求时,中央银行应在外汇市场上卖出外汇

C. 远期外汇交易的交割期一般按周计算

D. 远期外汇合约的期限一般为 30 天、60 天、90 天、180 天及 1 年

54. 投保人对(　　)应当具有法律上承认的利益。

A. 保险责任　　B. 保险风险　　C. 保险利益　　D. 保险标的

55. 关于现值和终值,下列说法错误的是(　　)。

A. 随着复利计算频率的增加,实际利率增加,现金流量的现值增加

B. 期限越长,利率越高,终值就越大

C. 货币投资的时间越早,在一定时期期末所积累的金额就越高

D. 利率越低或年金的期间越长,年金的现值越大

56. 下列关于我国上市公司股票的表述,不恰当的是(　　)。

A. 证券交易遵循价格优先和时间优先的原则

B. 股票持有人有优先受偿权

C. 股票发行市场又被称为股票一级市场

D. 股票是一种权益性工具

57. 马斯洛需求从低到高五个层次分别是(　　)。

A. 生理需求、安全需求、爱和归属感的需求、尊重的需求、自我实现的需求

B. 生理需求、安全需求、尊重的需求、爱和归属感的需求、自我实现的需求

C. 安全需求、生理需求、尊重的需求、爱和归属感的需求、自我实现的需求

D. 安全需求、生理需求、爱和归属感的需求、尊重的需求、自我实现的需求

58. 价值受主题和发行量的影响较大,因此和鉴赏能力、题材炒作等高度相关,和金价的关联度反而较小的是(　　)。

A. 纯金币　　B. 纪念金币　　C. 黄金基金　　D. 纸黄金

59. 某基金的资产配置长期维持在如下水平:股票 75%、债权 20%、现金 5%,则基本上可以判断该基金是(　　)。

A. 成长型基金　　B. 股票型基金　　C. 债券型基金　　D. 混合型基金

60. 下列投资渠道中,不属于个人投资者参与国内货币市场投资渠道的是(　　)。

A. 货币市场基金　　B. 同业折借

C. 大额可转让定期存单　　D. 交易所国债逆回购

61. 下列做法中,违反了《银行业从业人员职业操守》中保护商业秘密与客户隐私的原则的是( )。
A. 某银行工作人员根据在为上市公司办理贷款业务时获得的非公开信息进行股票投资
B. 某银行工作人员由于业务繁忙,将办理企业贷款业务的公章交给同事代其办理
C. 某银行工作人员将其客户 A 的贷款信息透露给另一名客户 B
D. 某银行工作人员在办理企业贷款业务时,错误计算了贷款利率
62. 小华月末投资 1 万元,年报酬率为 6%,10 年后累计( )。
A. 年金终值为 1 438 793.47 元　　B. 年金终值为 1 538 793.47 元
C. 年金终值为 1 638 793.47 元　　D. 年金终值为 1 738 793.47 元
63. 下列关于个人产品组合的主要理财工具的特征,表述正确的是( )。
A. 贵金属是典型的高风险、高收益、高流动性投资工具
B. 证券的安全性高、流动性好,但是收益性较低
C. 银行存款的安全性高、收益性中等,但是流动性低,变现能力较差
D. 国债是相对安全的投资工具,其收益一般高于定期存款,但是流动性较低
64. 衡量债券持有人按自己的需要和市场实际状况灵活地转让债券的难易程度的指标是( )。
A. 偿还性　　B. 收益性　　C. 流动性　　D. 安全性
65. 与契约型基金比较而言,下列不属于公司型基金的特点的是( )。
A. 公司型基金具有法人资格
B. 依据《公司法》组建,并依据公司章程经营基金资产
C. 在需要扩大规模、增加资产时,可以向银行申请贷款
D. 投资者对基金运用没有发言权
66. 下列关于净现值的说法,错误的是( )。
A. $NPV=0$ 表示项目实施后的投资收益率正好达到预期,而不是投资项目盈亏平衡
B. $NPV<0$ 表示项目实施后,未能达到预定的收益率水平,而不能确定项目已亏损
C. 净现值不受内部报酬率的影响
D. $NPV>0$ 表示项目实施后,除保证可实现预定的收益率外,尚可获得更高的收益
67. 商业银行销售风险评级为( )(含)以上理财产品时,除非与客户书面约定,否则应当在商业银行网点进行。
A. 五级　　B. 四级　　C. 二级　　D. 三级
68. ( )是个人理财业务的供给方,是个人理财服务的提供商之一。
A. 证券公司　　B. 基金公司　　C. 监管机构　　D. 商业银行
69. 私人银行业务中最常见的法人客户是营利法人,下列属于营利法人的是( )。
A. 事业单位　　B. 基金会　　C. 股份有限公司　　D. 社会团体
70. 在理财规划方面,生活费、房租与保险费通常发生在( ),收入的取得、每期房贷本息的支出、利用储蓄来投资等,通常是( )。
A. 期初;期末年金　　B. 期末;期初年金　　C. 期末;期末年金　　D. 期初;期初年金
71. 成功的沟通,应该能做到 3 点,不包括( )。
A. 角色互换　　B. 连声附和　　C. 仔细倾听　　D. 鼓励发言
72. 下列关于现金流分析的说法,不正确的是( )。
A. 现金流分析有助于真实、准确地反映商业银行在未来短期内的流动性状况
B. 根据历史数据研究,流动性剩余额与总资产之比小于 3% ~5% 时,对商业银行的流动性风险是一个预警
C. 商业银行的规模越大,业务越复杂,现金流分析的可依赖度越强
D. 应当将商业银行的流动性“剩余”或“赤字”与融资需求在不同的时间段内进行比较,以合理预估商业银行的流动性需求

73. 商业银行利用理财顾问服务向客户推介投资产品时,不恰当的行为是(　　)。

A. 评估客户的财务状况　　B. 演示理财产品的风险状况

C. 了解客户的风险承受能力　　D. 了解客户的风险偏好

74. 下列金融衍生工具中,(　　)赋予持有人的实质是一种权利。

A. 金融期货　　B. 金融期权　　C. 金融互换　　D. 金融远期

75. 如果第1年年初投资100万元,希望在第10年年末得到340万元,假设投资的年收益率(必要回报率)是8.0%,则需每年年末追加投资(　　)万元。(答案取近似数值)

A. 8.57　　B. 9.56　　C. 7.93　　D. 8.12

76. 下列关于理财顾问服务和综合理财服务的描述,错误的是(　　)。

A. 理财顾问服务是指商业银行向客户提供财务分析与规划、投资建议、个人投资产品推介等专业化服务

B. 综合理财服务是指商业银行在向客户提供理财顾问服务的基础上,接受客户的委托和授权,按照与客户事先约定的投资计划和方式进行投资和资产管理的业务活动

C. 理财顾问服务是综合理财服务的前提和基础,综合理财服务是理财顾问服务的核心和延伸部分

D. 理财顾问服务只是提供资产的投资和管理等服务,而综合理财服务则提供包括咨询、建议、理财计划制订和执行、资产的投资和管理在内的一揽子理财服务

77. 金融机构应当按规定建立客户身份识别制度,下列做法错误的是(　　)。

A. 客户由他人代办业务时,应同时对代理人和被代理人的身份证件进行核对

B. 要求金融机构为其提供一次性金融服务时,可以不提供身份证件

C. 对获得的客户身份资料真实性有疑问的,应当重新识别客户的身份

D. 不得为身份不明的客户提供服务或与其交易

78. 按投资主体的性质来划分股票,不属于该股票划分的是(　　)。

A. 国家股　　B. 法人股　　C. 社会公众股　　D. 普通股

79. 不属于阻绝干扰电话步骤的是(　　)。

A. 处理　　B. 拒接　　C. 暂缓　　D. 速办

80. 下列黄金产品通常被称为“黄金存折”的是(　　)。

A. 实物黄金　　B. 纸黄金　　C. 金币　　D. 条块现货

81. 赵女士有一个女儿,她对女儿教育目标的设定不符合子女教育规划重要原则的是(　　)。

A. 理财目标的设定要切合实际,角度宽松

B. 尽早给孩子准备教育金

C. 定期定额强制储蓄来实现子女教育基金的储蓄

D. 投资时可以采取积极策略以获得更多收入来筹集教育金

82. 综合理财计划市场风险控制方法是(　　)。

A. 商业银行应采用多重指标管理市场风险限额,在风险限额指标中至少应包含错配限额

B. 商业银行除了制定银行可承受的市场风险限额,还应当按照风险管理权限,制定不同的交易部门和交易人员的风险限额,并确定每一理财产品的限额

C. 商业银行可根据实际业务情况确定流动性风险限额管理,但流动性风险限额应至少包括风险价值限额

D. 对未事先审批而突破风险价值限额的交易,应记录检查

83. 根据监管机构的相关规定,商业银行应建立理财从业人员(　　)管理制度,完善理财业务人员的准入机制。

A. 绩效激励　　B. 风险评估　　C. 持证上岗　　D. 业务考核

84. 下列不能成为商业银行个人理财业务客户的是(　　)。
A. 无民事行为能力的自然人　B. 完全民事行为能力的自然人
C. 限制民事行为能力人的法定代理人　D. 无民事行为能力人的法定代理人

85. 根据《分红保险精算规定》,保险公司每一会计年度向分红险保单持有人实际分盈余的比例应不低于当年可分配盈余的(　　)。
A. 70%　B. 60%　C. 90%　D. 80%

86. 假定一项投资的年利率为20%,每半年计息一次,则有效年利率为(　　)。
A. 40%　B. 20%　C. 21%　D. 10%

87. 股票型基金的赎回一般是(　　)到账。
A. $T+1$　B. $T+2$　C. $T+3$　D. $T+4$

88. 下列金融工具中不属于货币市场工具的是(　　)。
A. 短期政府债券　B. 商业票据　C. 银行承兑汇票　D. 中长期债券

89. 下列关于商业银行开展个人理财业务的基本条件的表述中,错误的是(　　)。
A. 具有相应的风险管理体系和内部控制制度
B. 具备有效的市场风险识别、计量、监测和控制体系
C. 信誉良好,近一年内未发生损害客户利益的重大事件
D. 有具备开展相关业务工作经验和知识的高级管理人员、从业人员

90. 下列金融衍生品中,不是场内交易工具的是(　　)。
A. 黄金期货　B. 远期合约　C. 股指期货　D. 期权

二、多项选择题。以下各小题所给出的五个选项中,有两项或两项以上符合题目的要求,请选择相应选项,多选、少选、错选均不得分。(共40题,每题1分,共40分)

91. 下列关于商业银行私人银行业务的说法中,正确的有(　　)。
A. 私人银行业务是银行提供的一种标准化产品,是以产品为中心的
B. 私人银行业务的主要任务是通过丰富理财产品满足客户的财富增值的需要
C. 私人银行业务不限于为客户提供理财产品,还包括个人理财,以及与个人理财相关的法律、财务、税务、财产继承、子女教育等专业顾问服务
D. 私人银行业务是向所有银行客户提供的一种理财业务
E. 私人银行业务超越了简单的银行资产、负债业务,实际属于混合业务

92. 基金子公司的产品类型多样,风险收益特征也比较灵活,投资基金子公司产品需要注意的有(　　)。
A. 充分了解产品发行人的情况　B. 了解产品的风险管理措施
C. 了解产品类型和风险收益特征　D. 了解信息披露方式和项目进展情况
E. 确定资金最终流向和投资标的物

93. 在时间管理优先矩阵中,需要客户紧急处理的重要事件包括(　　)。
A. 危机、客户投诉　B. 有期限压力的任务
C. 防患于未然　D. 突发事件
E. 与核心价值观联系紧密的事

94. 下列属于我国主要资本市场的有(　　)。
A. 债券市场　B. 同业拆借市场　C. 银行柜台市场
D. 商业票据市场　E. 股票市场

95. 在个人理财投资管理中,商业银行应按照符合(　　)原则,建立健全相应的内部控制和风险管理制度体系,并定期或不定期检查相关制度体系和运行机制,保障理财资金投资管理的合规性和有效性。
A. 银行效率优先　B. 银行利益　C. 客户利益

D. 银行风险可控　　E. 客户风险承受能力

96. 债券投资的风险因素包括(　　)。

A. 利率风险　　B. 违约风险　　C. 提前偿付风险

D. 再投资风险　　E. 赎回风险

97. 对理财师口头表达能力的要求包括(　　)。

A. 吐字清晰　　B. 语速中等　　C. 说话简明扼要

D. 用词妥当　　E. 避重就轻

98. 下列属于专业理财软件的缺点的有(　　)。

A. 局限性大　　B. 计算答案不够精准　　C. 操作流程复杂

D. 内容缺乏弹性　　E. 操作简单

99. 目前,在银行代理的保险险种中,占据主流的有(　　)。

A. 房贷险　　B. 家庭财产险　　C. 分红险

D. 万能险　　E. 投连险

100. 信托是投资人将自己合法拥有的资金委托给信托公司进行管理、运用和处分的业务行为,其特点主要包括(　　)。

A. 受托人不可用信托财产为他人担保　　B. 信托财产权利主体与利益主体相分离

C. 信托具有资金融通的功能　　D. 受托人承担无过错的损失风险

E. 信托是以信任为基础的财产管理制度

101. 通过分析客户的个人资产负债表,银行从业人员可以了解客户的(　　)。

A. 资产结构　　B. 家庭结构　　C. 财务状况

D. 投资偏好　　E. 负债结构

102. 下列关于货币时间价值的表述,正确的有(　　)。

A. 货币的时间价值认为等量资金在不同时点上的价值量不相等

B. 货币的时间价值是指货币在风险的条件下发生的增值

C. 货币的时间价值也被称为资金的时间价值

D. 货币的时间价值是指货币经历一定时间的投资和再投资所增加的价值

E. 货币的时间价值也被称为资金的使用价值

103. 某投资者预期某金融资产市场价格在未来一段时间内会上涨。场上存在以该金融资产为标的资产的看涨期权、看跌期权以及金融期货。据自己的预期,该投资者可能会采取的投资策略有(　　)。

A. 卖出金融期货　　B. 卖出看跌期权　　C. 买入看涨期权

D. 买入看跌期权　　E. 卖出看涨期权

104. 下列选项中可以出质的有(　　)。

A. 仓单　　B. 汇票、本票　　C. 可以转让的股权

D. 生产设备　　E. 建筑物

105. 下列各项中,关于货币具有时间价值的原因有(　　)。

A. 铸币厂生产货币也需要时间

B. 生产与制造产生了货币的时间价值

C. 货币的购买力会受到通货膨胀的影响而降低

D. 未来的投资收入预期具有不确定性

E. 现在持有的货币可以用作投资,从而获得投资回报

106. 理财师在工作中涉及的法律包括(　　)。

A.《中华人民共和国信托法》

B.《中华人民共和国商业银行法》

C.《商业银行理财业务监督管理办法》
D.《中华人民共和国民法典》
E.《证券期货经营机构私募资产管理业务管理办法》

107. 金融市场中介主要可分为交易中介和服务中介两类,下列属于交易中介的有(　　)。
A. 投资顾问　B. 银行　C. 交易所
D. 证券经纪人　E. 证券承销商

108. 银行从业人员在对客户进行财务分析时,应当包含的内容有(　　)。
A. 客户当前现金收支情况分析　B. 客户资产负债分析
C. 客户生命周期分析　D. 宏观经济形势分析
E. 客户财务保障情况分析

109. 一定数量的货币在两个时点之间的价值差异称为货币时间价值,货币之所以具有时间价值的原因有(　　)。
A. 货币存入银行可获得利息
B. 投资可能产生投资风险,需要提供风险补偿
C. 通货膨胀可能造成货币贬值
D. 货币可以满足当前消费,货币占用具有机会成本
E. 货币可以用于投资而产生回报

110. 信托当事人不包括(　　)。
A. 信托人　B. 委托人　C. 受托人
D. 托管人　E. 受益人

111. 债券的收益来源有(　　)。
A. 资本利得　B. 红利　C. 股息
D. 再投资收益　E. 利息收益

112. 开放式基金与封闭式基金的区别包括(　　)。
A. 基金信息披露不同　B. 基金的法律地位不同
C. 基金规模的可变性不同　D. 基金的价格决定因素不同
E. 基金的投资策略不同

113. 个人理财的客户包括(　　)。
A. 无民事行为能力的法定代理人　B. 无民事行为能力人
C. 限制民事行为能力人的法定代理人　D. 完全民事行为能力人
E. 限制民事行为能力人

114. 下列关于黄金价格变动影响因素的表述,正确的有(　　)。
A. 在一定价格水平上,如果黄金供大于求,会导致黄金价格下降
B. 在通货膨胀压力情况下,黄金名义价格下降,此时不宜对黄金进行投资
C. 实际利率上升时,会导致黄金价格下降;实际利率下降时,会导致黄金价格上升
D. 在通货膨胀压力情况下,黄金名义价格上升,此时黄金投资具有保值的作用
E. 实际利率上升时,会导致黄金价格上升,实际价格上升;实际利率下降时,会导致黄金价格下降

115. 平等的民事法律主体之间进行的民事法律活动,应当遵循的原则有(　　)。
A. 公开　B. 公平　C. 诚信
D. 不违背公序良俗　E. 自愿

116. 根据生命周期理论,个人生命周期阶段包括(　　)。
A. 萌芽期　B. 高峰期　C. 退休期
D. 探索期　E. 成长期

117. 优先股股权持有者可以享有的权利有(　　)。

A. 赎回股票的权利
B. 获得股息的权利
C. 优先认股权
D. 公司决策权
E. 分配剩余资产的权利

118. 社会保险的特点主要包括(　　)。

A. 社会公平性
B. 营利性
C. 非营利性
D. 强制性
E. 自愿性

119. 商业银行经营保险代理业务,应当具备的条件有(　　)。

A. 主业经营情况良好,最近5年无重大违法违规记录
B. 已建立保险代理业务管理制度和机制,并具备相应的专业管理能力
C. 已建立符合中国银保监会规定的保险代理业务信息系统
D. 所有销售人员均须取得保险从业资格证书
E. 具有中国银保监会或其派出机构颁发的金融许可证

120. 目前,我国银行代理可记名、可挂失的国债种类有(　　)。

A. 凭证式国债
B. 折实式国债
C. 实物式国债
D. 永久式国债
E. 记账式国债

121. 企业是重要的资金供给者,通过(　　)等将资金注入金融市场。

A. 存款
B. 回购
C. 基金
D. 商业票据
E. 企业债券

122. 根据《关于规范金融机构资产管理业务的指导意见》,以下可接受投资者委托,并对受托财产进行投资和管理,从事资产管理业务的机构有(　　)。

A. 商业银行
B. 金融租赁公司
C. 信托公司
D. 证券公司
E. 期货公司

123. 一般而言,下列属于货币市场特征的有(　　)。

A. 交易频繁
B. 风险低、收益低
C. 交易量巨大
D. 期限短
E. 流动性高

124. 金融期货和金融远期合约的重要区别在于(　　)。

A. 金融远期合约能够降低风险,但金融期货合约不能降低风险
B. 金融远期合约大多在场外进行交易,金融期货合约在交易所内进行交易
C. 金融远期合约的收益和损失一般在合约到期日实现,金融期货合约的盈利和亏损在每个交易日结束前清算和执行
D. 金融远期合约买卖双方一般不进行实物交割,金融期货合约一般都进行实物交割
E. 金融远期合约的二级市场非常活跃,金融期货合约的二级市场非常不活跃

125. 理财业务是指商业银行接受投资者委托,按照与投资者事先约定的(　　)对受托的投资者财产进行投资和管理的金融服务。

A. 投资策略
B. 风险承担方式
C. 流动性要求
D. 客户要求
E. 收益分配方式

126. 基金推介材料必须真实、准确,与基金合同、基金招募说明书相符,不得有(　　)情形。

A. 违规承诺收益或者承担损失
B. 以低于成本的费用销售基金
C. 虚假记载,误导性陈述或者重大遗漏
D. 预测该基金年化收益率为10%
E. 误导稳健型投资者购买高风险基金产品

127. 金融衍生品市场的功能包括(　　)。

A. 提高交易效率
B. 价格发现
C. 转移风险
D. 优化资源配置
E. 平摊成本

128. 下列关于各类债券的风险和收益的叙述中，正确的有(　　)。
A. 金融债券的信用风险最小
B. 附息债券属于固定收益证券，但是也存在风险
C. 长期债券是对抗通货膨胀的好工具
D. 债券的价格因市场利率变化而涨跌，这称为债券的利率风险
E. 债券的流动性风险是指投资者在债券到期前若想收回债券投资，则需要在债券市场折现，从而可能带来一定损失

129. 理财师工作职责的要求(　　)。
A. 了解自己的客户
B. 提供专业化服务和加强客户关系
C. 准确理解和把握客户需求以及对金融服务、产品的综合运用的水平
D. 为客户制订能够满足其理财需求和承受能力的合理的综合理财方案
E. 把自己认为最好的投资计划提供给客户

130. 下列财产中为夫妻一方的个人财产的有(　　)。
A. 一方的婚前财产
B. 一方因身体受到伤害获得的医疗费
C. 遗嘱或赠与合同中确定只归夫或妻一方的财产
D. 一方专用的生活用品
E. 残疾人生活补助费

三、判断题。请对以下各项描述做出判断，正确的为 A，错误的为 B。(共 15 题，每题 1 分，共 15 分)

131. 金融远期合约是为了赚取交易价差而产生的。(　　)
132. 在同业拆借市场上，商业银行仅扮演资金供给者的角色。(　　)
133. 债券是投资者向政府、公司或金融机构提供资金的债权凭证，表明发行人负有在指定日期向持有人支付利息，并在到期日偿还本金的责任。(　　)
134. “投资顾问”和“销售员”之间最大的差别在于如何帮助客户梳理投资决定与未来理财目标之间的关系。(　　)
135. 债务人逾期未履行的，留置权人只能与债务人协议以留置财产折价。(　　)
136. 商业银行研发新的投资产品，应当制定产品开发审批程序与规范，在进行任何新的投资产品开发之前，都应当就产品开发的背景、可行性、拟销售的潜在目标客户群等进行分析，并报内控合规部门批准。(　　)
137. 信托公司接受委托人的委托，全权管理受托资金或财产，所以信托管理公司对信托产品要承担绝大部分风险。(　　)
138. 金融衍生品交易所可以直接参与金融衍生品的交易。(　　)
139. 因为我国目前是实行银行业和保险业分业经营的，所以银行不得代理保险业务。(　　)
140. 合同中的特殊条款是当事人为了重复使用而预先拟订，并在订立合同时未与对方协商的条款。(　　)
141. 某银行在其发行的一款理财产品的宣传材料写道：“本产品预期最高年化收益××%(上不封顶)”，同时也在材料底端用小字注明了“预期收益率不代表产品的实际收益率”。由于银行已在产品说明书中对风险进行了揭示，因此银行认为不需要在宣传材料中重复提示风险。(　　)
142. 金融市场上有固定的货币资金供应者和需求者，并且角色不会发生变化。(　　)
143. 实际生活中的现金流的周期并不一定以年为周期，也可以是半年、季度、月现金流。(　　)
144. 商业银行使用保证收益理财计划附加条件所产生的投资风险应由银行承担。(　　)
145. 永续年金既无现值也无终值。(　　)

机考题库·真题试卷参考答案及解析

机考题库·真题试卷(一)

一、单项选择题

1. D 【解析】个人理财业务中客户委托商业银行理财,实质就是商业银行代理客户理财,客户和商业银行就是委托和代理关系。

2. D 【解析】夫妻对婚姻关系存续期间所得的财产约定归各自所有,夫或者妻一方对外所负的债务,相对人知道该约定的,以夫或者妻一方的个人财产清偿。

3. A 【解析】财富积累主要讨论的是家庭收支与债务管理。财富保障主要针对人身、财产保障等的保险计划。财富增值主要解决的财务问题是教育和养老的资金需求和投资规划。财富分配包含税务安排和遗产分配。

4. C 【解析】根据限制民事行为能力人的相关规定,8周岁以上的未成年人是限制民事行为能力人,可以进行与他的年龄、智力相适应的民事活动;其他民事活动由他的法定代理人代理,或者征得他的法定代理人的同意;限制民事能力人的监护人是其法定代理人。因此,选项A、选项B、选项D正确。选项C错误,根据规定应该是,不能完全辨认自己行为的精神病人是限制民事行为能力人。

5. B 【解析】价格发现功能是金融衍生品市场和债券市场共同的功能。选项A为债券市场的功能。选项C、选项D是金融衍生品市场的功能。

6. A 【解析】普通合伙人是基金的实际运作者,是基金投资的决策者和执行者,在合伙协议授权的范围内,基金的投资决策完全由普通合伙人完成,不受其他有限合伙人的干涉和影响。故选A。

7. D 【解析】货币时间价值是市场各参与方共同面临的客观存在,可以用国债收益率、商业银行存款利率和商业银行贷款利率表示,一般不用超额存款准备金利率表示。故选D。

8. A 【解析】货币市场基金被称为准储蓄,它可以给中小投资者带来相对安全的增值收益,同时又与一般开放式基金一样有较好的流动性,几乎与银行的活期储蓄同样便利。

9. B 【解析】成长型基金一般不会直接将股息分配给投资者。故选B。

10. A 【解析】当投资的固定收益可以完全覆盖个人或者家庭发生的各项支出时,我们就认为达到了财务自由的层次,个人或者家庭的生活目标比相对财务安全层次有了更强大的经济保障。

11. B 【解析】附息债券是指在债券券面上附有息票的债券,或是按照债券票面载明的利率及支付方式支付利息的债券。附息债券属于固定收益证券,但是也存在风险。

12. D 【解析】多期中现值的计算公式:$PV = FV \div (1+r)^n = 1\,000\,000 \div (1+10\%)^5 \approx 620\,921$(元)。

13. B 【解析】被动型基金是指一般不主动寻求超越市场的表现,一般选取特定指数作为跟踪对象,以复制跟踪对象的表现,又被称为“指数基金”。

14. D 【解析】根据《民法典》,遗产按照下列顺序继承:①第一顺序:配偶、子女、父母;②第二顺序:兄弟姐妹、祖父母、外祖父母。

15. B 【解析】按照债券的面值与发行价格的不同,可以将债券发行分为三种情况:①发行价格等于票面价值,按票面价值偿还,这种发行方式被称为平价发行;②发行价格高于票面价值,按票面价值偿还,这种发行方式被称为溢价发行;③发行价格低于票面价值,按票面价值偿还,这种发行方式被称为折价发行。

16. B 【解析】终值利率因子与利率、时间呈正比关系,时间越长,利率越高,终值越大。故选B。

17. A 【解析】根据《公开募集证券投资基金销售机构监督管理办法》,负责基金销售业务的部门取得基金从业资格的人员不低于该部门员工人数的1/2。

18. D 【解析】选项A,FOF是一种专门投资于其他证券投资基金的基金,它并不直接投资股票或债券,其投资范围仅限于其他基金;选项B,ETF是一种跟踪“标的指数”变化且在交易所上市的开放式基金,投资者可以像买卖股票那样买卖ETF;选项C,LOF的申购、赎回都是基金份额与现金的交易,可在代销网点进行。

19. A 【解析】货币型理财产品和目前商业银行推出的债券型理财产品都属于保守、稳健型产品。债券既属于货币型理财产品的投资对象,也属于债券型理财产品的投资对象，由此可见，债券投资较为稳健。

20. D 【解析】个人以外汇账户内资金购买外币旅行支票的，一次性购买外币旅行支票在等值 50 000 美元以下(含)的，凭本人有效身份证件办理。

21. D 【解析】理财师的工作流程可概括为以下 6 个方面：①接触客户，建立信任关系；②收集、整理和分析客户的家庭财务状况；③明确客户的理财目标；④制订理财规划方案；⑤理财规划方案的执行；⑥后续跟踪服务。选项 D 工作顺序颠倒，故选 D。

22. C 【解析】多期中的终值表示一定金额投资某种产品，并持续好几期，在最后一期结束后所获得的最终价值。其计算公式：$FV = PV \times (1+r)^n$，其中 $(1+r)^n$ 是终值利率因子($FVIF$)，也称复利终值系数。

23. A 【解析】经各行风险评级确定为较高风险等级产品，本金安全受影响，基础资产收益波动性较大。

24. B 【解析】金融远期合约的特点表现在以下几方面：①非标准化合约，每份远期合约千差万别，这就给远期合约的流通造成较大不便；②柜台交易，不利于信息交流和传递，也不利于形成统一的价格；③没有履约保证，当价格变动对一方有利时，另一方就有可能不履行或无力履行合约，因此，违约风险较高。选项 B 属于期货交易的主要制度。

25. A 【解析】货币时间价值是指货币在无风险的条件下，经历一定时间的投资和再投资而发生的增值，或者是货币在使用过程中由于时间因素而形成的增值，也被称为资金时间价值。简单来说就是，今天手中拥有的 1 元钱与未来手中获得的 1 元钱的价值是不一样的。故选 A。

26. C 【解析】生命周期理论指出个人是在相当长的时间内计划他的消费和储蓄行为的，在整个生命周期内实现消费的最佳配置。家庭生命周期分为形成期、成长期、成熟期和衰老期四个阶段。

27. B 【解析】私人银行业务的服务对象主要是高净值客户，涉及的业务范围更加广泛。故选 B。

28. C 【解析】个人理财核心内容包括家庭收支和债务管理、财富保障与规划、教育投资规划、退休养老规划、投资规划、税务规划、财富传承规划及中小企业主理财规划八部分内容。

29. A 【解析】私募资产管理计划的初始募集规模不得低于 1 000 万元。

30. D 【解析】《商业银行理财产品销售管理办法》第 24 条规定了理财产品风险评级结果应当以风险等级体现，由低到高至少包括 5 个等级。故选 D。

31. B 【解析】境内个人参与境外上市公司员工持股计划、认股期权计划等所涉外汇业务，应通过所属公司或境内代理机构统一向外汇局申请获准后办理。

32. B 【解析】有效年利率是能给投资者系统回报的年收益率，计算公式：$EAR = (1 + r \div m)^m - 1 = (1 + 10\% \div 4)^4 - 1 \approx 10.38\%$。式中 EAR 为有效年利率，r 为名义利率，m 为一年内盈利次数。

33. A 【解析】定量信息主要靠理财师收集，定性信息更多的是靠理财师与客户沟通过程中的观察和了解。故选 A。

34. C 【解析】收益性，即债券能为投资者带来一定的收入，债券的收入主要来自利息收益、资本利得(投资者可以通过债券交易取得买卖差价)以及债券利息的再投资收益。

35. A 【解析】商业银行应对理财计划的资金成本与收益进行独立测算，采用科学合理的测算方式预测理财投资组合的收益率。商业银行不得销售不能独立测算或收益率为零或负值的理财计划。故选 A。

36. D 【解析】《民法典》规定，民事法律行为是民事主体通过意思表示设立、变更、终止民事法律关系的行为。民事法律行为是由自然人、法人等民事主体做出的行为，与政府机关行使国家权力做出的国家行为、法院依审判权做出的裁判行为不同，题中的行为属于政府行为。

37. D 【解析】商业银行应采用多重指标管理市场风险限额。市场风险的限额可以采用交易限额、止损限额、错配限额、期权限额和风险价值限额等，但在所采用的风险限额指标中，至少应包括风险价值限额。

38. C 【解析】封闭式基金在期限内不得直接赎回基金，须通过上市交易套现，选项 C 错误。

39. C 【解析】金融市场的特点包括市场商品的特殊性、市场交易价格的一致性、市场交易活动的集中性和交易主体角色的可变性。

40. C 【解析】根据证监会公布的基金“一对多”合同内容与格式准则，单个“一对多”账户人数上限为 200 人，每个客户准入门槛不得低于 100 万元，每年至多开放一次，开放期原则上不得超过 5 个工作日。

41. D 【解析】理财证书认证的 4E 认证标准包括教育(Education)、考试(Examination)、工作经验(Experience)和职业道德(Ethics)。

42. A 【解析】根据家庭生命周期，可以按年龄层把个人生命周期分为 6 个阶段，即探索期、建立期、稳定期、维持期、高峰期、退休期。故选 A。

43. C 【解析】个人提取外币现钞当累计等值1万美元以下(含)的,可以在银行直接办理;超过上述金额的,凭本人有效身份证件、提钞用途证明等材料向银行所在地外汇局事前报备。故选C。

44. B 【解析】客户在办理一般产品业务时,如需要银行提供相关个人理财顾问服务,一般产品销售和服务人员应当把客户移交给理财业务人员。

45. C 【解析】投资连结保险销售人员应至少有1年以上的保险销售经验,接受过不少于40小时的专项培训,无不良记录。

46. D 【解析】银行业金融机构应当严格遵守国家关于金融服务收费的各项规定,披露收费项目和标准,不得随意增加收费项目或调整收费标准。

47. B 【解析】作为现代社会的个人理财师必须做一个遵纪守法的公民;同时,理财师从事的工作会涉及诸多理财产品销售、合同签订、税务筹划、证券投资等多个领域,因此,会涉及许多相关的法律法规,如《中华人民共和国民法典》《中华人民共和国个人所得税法》《中华人民共和国信托法》《中华人民共和国保险法》《中华人民共和国反洗钱法》等。所以一名合格的理财师,应该了解各项法律法规,清楚自己能做(说)什么,不能做(说)什么,并能严格遵守、执行。

48. B 【解析】现值复利因子与终值复利因子互为倒数。故选B。

49. B 【解析】对夫或者妻在家庭土地承包经营中享有的权益等,应当依法予以保护。

50. D 【解析】FPAT在考试方面,要求学员参加六个科目的考试且全部合格,分科目计分,未能一次通过者,已经及格的科目成绩可保留5年。故选D。

51. A 【解析】客户接受商业银行和理财人员提供的理财顾问服务后,可自行管理和运用资金,并获取和承担由此产生的收益和风险。故选A。

52. B 【解析】在金融市场上,实现资金融通一般有两种方式:直接融资和间接融资。直接融资是指资金需求者通过发行股票、债券、票据等直接融资工具,向社会资金盈余方筹集资金,实现资金从盈余方向短缺方流动;与此相对应,在间接融资市场上,资金的盈缺转移是通过银行等金融中介实现的。

53. C 【解析】在复利终值系数表中,纵向n表示投资年限,横向r表示投资回报率,本题中,产品的投资回报率r为6%,投资年限n为10,通过查表找到r与n相交的数字为1.791,即复利终值系数$(1+r)^n$为1.791。那么10年后王先生可以拿到:$FV=PV\times(1+r)^n=100\times1.791=179.1$(万元),故选C。

54. D 【解析】一般来说,随着年龄增长,投资人的投资理念会越来越趋于保守。少年成长期的投资人的理财理念是增加消费、减少负债;青年成长期的投资人的理财理念是快速增加资本积累;中年稳健期的投资人的理财理念是适度增加财富;退休养老期的投资人的理财理念是避免财富的快速流失,承担低风险的同时获得有保障的收益。故选D。

55. B 【解析】商业银行应当对非机构投资者的风险承受能力进行评估,确定投资者风险承受能力等级,由低到高至少包括一级至五级,并可以根据实际情况进一步细分。

56. D 【解析】货币市场又称短期资金市场,是实现短期资金融通的场所。一般是指专门融通短期资金和交易期限在1年以内(包括1年)的有价证券市场。

57. D 【解析】每半年付息一次(复利),则3年后的本息和$FV=100\,000\times(1+4\%\div2)^6=112\,616$(元)。其他三项均计算正确。

58. D 【解析】资本市场是筹集长期资金的场所,一般而言,资本市场是指提供长期(1年以上)资本融通和交易的市场,包括股票市场、中长期债券市场和证券投资基金市场等。资本市场的主要特点:①期限长、流动性较差;②风险大、收益较高。

59. A 【解析】永续年金的现值=股利/无风险利率=5 000÷4%=125 000(元),即12.5(万元)。

60. C 【解析】民事法律关系主体是指参与民事法律关系、享有民事权利并承担民事义务的“人”,这里的“人”包括自然人、法人以及非法人组织。

61. D 【解析】金融远期合约的作用是规避价格风险。

62. C 【解析】一般情况下,相比债券,股票具有高风险、高收益的特征,收益波动性大。经营不佳、业绩低下的公司股票的收益也可能低于较为稳定的债券的收益。

63. A 【解析】$PV=FV\times(1+r)^{(-n)}=50\times(1+6\%)^{(-8)}=50\times0.627\,4=31.37$(万元)。

64. D 【解析】《个人独资企业法》规定,个人独资企业解散后,原投资人对个人独资企业存续期间的债务仍应承担偿还责任,但债权人在5年内未向债务人提出偿债请求的,该责任消灭。

65. C 【解析】投资经验比较丰富的投资者风险承受能力相对较高。资金需动用的时间离现在越近者、年龄大者和负债比率高者的风险承受能力都相对较低。故选C。

66. C 【解析】商业票据市场主体包括发行者、投资者、销售商。故选C。

67. C 【解析】私人银行业务特征:①准入门槛高;②综合化服务;③个性化服务。

68. B 【解析】理财规划的家庭生命周期中的成长期是指子女教育需求增加,购房、购车贷款仍保持较高需求,成员收入稳定,家庭风险承受能力不断提升。

69. D 【解析】投保人的资格一般不受限制,被保险人可以是自己,也可以是投保人以外的第三人。

70. B 【解析】银行代理保险是保险公司和商业银行采取相互协作的战略,充分利用和协同双方的优势资源,通过银行的销售渠道代理销售保险公司的产品,以一体化的经营方式来满足客户多元化金融需求的一种综合化的金融业务。银行有众多的营业网点和发达的销售渠道。

71. D 【解析】投连险的保障功能与投资功能是高度统一的。故选 D。

72. B 【解析】艺术品投资具有较大的风险,主要体现在流通性差、保管难、价格波动较大。

73. C 【解析】(期末)增长型永续年金的现值计算公式$(r>g)$:$PV=C\div(r-g)=1.30\div(10\%-5\%)=26$(元)。故选 C。

74. A 【解析】王先生 5 年后能取得金额 $=1\ 000\times(1+5\%\times5)=1\ 250$(元)。

75. C 【解析】$PV=(1\ 000\div8\%)\times[1-1\div(1+8\%)^{10}]\times(1+8\%)=7\ 246.89$(元)。

76. C 【解析】定量信息是可以用货币量化分析的客户信息,通常包括客户的资产和负债、收入与支出、保单信息、雇员福利、养老金规划等;定性信息是不能用货币量化分析的信息,包括客户的就业预期、风险特征、投资偏好、理财知识水平、金钱观、家庭关系等。

77. B 【解析】按照金融交易的场地和空间划分,金融市场分为有形市场和无形市场。故选 B。

78. D 【解析】时间价值既是资源稀缺性的体现也是人类心理认知的反应,表现在信用货币体制下,当前所持有的货币比未来等额的货币具有更高的价值。

79. A 【解析】人的生命周期中,建立期、稳定期、维持期都比探索期拥有资金多,故理财策略也要相对复杂得多。

80. C 【解析】个人财产体现为个人的不动产和动产。不动产是指不可移动的有形财产,如土地及房屋、林木等地上附着物;动产是以移动的有形财产,如飞机、船舶、汽车、电视机等。

81. D 【解析】另类资产是指除传统股票、债券和现金之外的金融资产和实物资产,如房地产、证券化资产、对冲基金、私募股权基金、大宗商品、巨灾债券、低碳产品和艺术品等。选项 D 所列“境外股票”属于传统股票范围。

82. D 【解析】古玩、字画、玉器和陶瓷等收藏品的价值一般都比较高,投资人要具有相当的经济实力和鉴别能力,不适合普通投资者的投资理财。

83. C 【解析】金融衍生工具按照基础工具的种类可以划分为股权衍生工具、货币衍生工具和利率衍生工具。按照交易场所划分为场内交易工具和场外交易工具。按照交易方式划分为远期、期货、期权和互换。

84. C 【解析】“资产管理”,即由专业的投资团队集合社会资金进行专业管理,已经形成各种不同的产品,其中公募证券投资基金成为大部分普通投资者非常重要的投资品种。

85. D 【解析】单利仅在原有本金上计算利息,而复利是对本金及产生的利息一并计算。故选 D。

86. B 【解析】债券的分类方式有 4 种,按利息的支付方式不同,债券可划分为附息债券、一次还本付息债券和贴现债券等。根据发行主体不同,债券可划分为政府债券、公司债券、金融债券等。按期限不同,债券可划分为短期债券,中期债券和长期债券。按募集方式分类,可分为公募债券和私募债券。

87. A 【解析】万能保险(万能险)在投资收益方面为保单账户价值提供最低收益保证。也就是说,在支付某一个最低金额的第一期保险费以后,投保人可以在任何时间支付任何金额的保险费,并且任意提高或者降低死亡给付金额,只要保单积存的现金价值足够支付以后各期的成本和费用就可以。

88. A 【解析】金融远期合约是非标准化合约,而期货合约是标准化合约。

89. D 【解析】按照对价格的预期,金融期权可分为看涨期权和看跌期权。当人们预期某种标的资产的未来价格上涨时购买的期权,叫作看涨期权;当人们预期某种标的资产的未来价格下跌时购买的期权,叫作看跌期权。

90. A 【解析】按是否接受客户委托和授权对客户资金进行投资和管理,理财业务可分为理财顾问服务和综合理财服务。综合理财服务是指商业银行在向客户提供理财顾问服务的基础上,接受客户的委托和授权,按照与客户事先约定的投资计划和方式进行投资和资产管理的业务活动。选项 A 属于综合理财服务。

二、多项选择题

91. ABE 【解析】一般情况下,银行在进行客户关系管理时,将理财客户细分为普通理财客户、财富管理客户、私人银行客户进行分层管理。

92. ABCDE 【解析】《个人独资企业法》规定，个人独资企业，是指依照本法在中国境内设立，由一个自然人投资，财产为投资人个人所有，投资人以其个人财产对企业债务承担无限责任的经营实体。其中与个人理财业务相关的重要法条包括以下内容：①投资人为一个自然人；②有合法的企业名称；③有投资人申报的出资；④有固定的生产经营场所和必要的生产经营条件；⑤有必要的从业人员。

93. ADE 【解析】《民法典》规定，下列财产不得抵押：①土地所有权；②宅基地、自留地、自留山等集体所有土地的使用权，但法律规定可以抵押的除外；③学校、幼儿园、医疗机构等为公益目的成立的非营利法人的教育设施、医疗卫生设施和其他公益设施；④所有权、使用权不明或者有争议的财产；⑤依法被查封、扣押、监管的财产；⑥法律、行政法规规定不得抵押的其他财产。

94. BC 【解析】我国的凭证式债券通过各种银行储蓄网点和财政部门国债服务部面向社会发行，券面上不印制票面金额，根据认购者的认购额填写实际的缴款金额，是一种国家储蓄债，可记名、挂失，所以选项A错误，选项B正确；"凭证式国债收款凭证"记录债权，不能上市流通，从购买之日起计息，所以选项C正确；在持有期，持券人如遇到特殊情况需要提取现金，可以到原购买网点提前兑取，所以选项D错误；凭证式国债的收益固定，而记账式国债随市场行情而变化，故二者收益不能直接比较，所以选项E错误。

95. ABCDE 【解析】房地产价格构成的基本要素有土地价格或使用费、房屋建筑成本、税金和利润等。

96. ABC 【解析】商业银行代理理财产品销售应遵循的原则：①适当性原则；②客观性原则；③避免利益冲突原则。

97. ACDE 【解析】保险代理人不得给予或者承诺给予投保人、被保险人、受益人保险合同约定以外的保险费回扣或者其他利益。保险代理人不得隐瞒与保险合同有关的重要情况；保险代理机构、保险经纪人应当按照国务院保险监督管理机构的规定缴存保证金或者投保职业责任保险。保险人委托保险代理人代为办理保险业务，应当与保险代理人签订委托代理协议，依法约定双方的权利和义务。保险代理人没有代理权、超越代理权或者代理权终止后以保险人名义订立合同，使投保人有理由相信其有代理权的，该代理行为有效。保险人可以依法追究越权的保险代理人的责任。

98. ABCDE 【解析】商业银行向客户提供的所有可能影响客户投资决策的材料，商业银行销售的各类投资产品介绍，以及商业银行对客户投资情况的评估和分析等，都应包含相应的风险揭示内容。商业银行通过理财服务销售的其他产品，也应进行明确的风险揭示。商业银行提供个人理财顾问服务业务时，要向客户进行风险提示。

99. AB 【解析】保险合同是投保人与保险人约定保险权利义务关系的协议。

100. ABD 【解析】资本资产定价模型中，市场资产组合的贝塔值为1，选项C错误；充分分散化的资产组合可以规避或减少非系统风险，但无法规避系统风险，选项E错误。

101. ABD 【解析】养老保险年金特点包括年金的终值与递延期无关、年金的第一次收付发生在若干期以后、有现值。

102. ABCD 【解析】为客户制订根据其理财目标和自身情况的投资计划，并不是单纯地追求更高的投资收益，合理的投资规划是根据客户自身情况制定的风险与收益的平衡选择，更是为客户不同时期的理财目标而设计的，实现既定的理财目标和预期收益是最好的评价标准，故选项E表述错误。

103. ABCE 【解析】衰老期的特征之一是从夫妻双方退休到一方过世，故夫妻年龄一般在60岁以后，故选项D表述错误。

104. ABCDE 【解析】外国投资者投资专用账户、特殊目的公司专用外汇账户、投资并购专用账户、外汇结算账户和外汇储蓄联名账户都属于资本项目外汇账户。

105. ABC 【解析】资产管理业务、财富管理和私人银行是与个人理财直接相关的定义。

106. ABCDE 【解析】监管谈话的作用是使监管人员与被监管的银行业金融机构保持持续不断的沟通，及时了解其经营状况、风险状况，并预测发展趋势，以便继续跟踪监管，提高监管效率。

107. ABCD 【解析】保险产品的功能包括：风险转移，损失分摊功能，损失补偿功能和资金融通功能。

108. ABCDE 【解析】一个人将综合考虑其即期收入、未来收入，以及可预期开支、工作时间、退休时间等诸因素来决定目前的消费和储蓄，以使其消费水平在一生内保持相对平稳的水平，而不至于出现消费水平的大幅波动。

109. CE 【解析】对于一个投资项目，如果 $NPV>0$，表明该项目在 r 的回报率要求下是可行的，且 NPV 越大，投资收益越高。

110. ABCDE 【解析】以汇票、支票、本票、债券、存款单、仓单、提单出质的,当事人应当订立书面合同。故选项均正确。

111. ABCD 【解析】世界黄金的需求主要包括工业、投资、官方储备和饰金需求。故选A、B、C、D。

112. ABCDE 【解析】风险承受能力评估依据至少应当包括客户年龄、财务状况、投资经验、投资目的、收益预期、风险偏好、流动性要求、风险认识以及风险损失承受程度等。故选A、B、C、D、E。

113. ABDE 【解析】按是否接受客户委托和授权对客户资金进行投资和管理,理财业务可分为理财顾问服务和综合理财服务。个人理财业务是建立在委托代理关系基础之上的银行业务,是一种个性化、综合化的服务活动,并非一般性业务咨询服务。

114. ABCD 【解析】LOF发行结束后,投资者既可以在指定网点申购与赎回基金份额,也可以在交易所买卖该基金。投资者如果是在指定网点申购的基金份额,想要上网抛出,须办理一定的转托管手续,在场内认购的LOF无须办理转托管手续,可直接抛出。LOF兼具封闭式基金交易方便、交易成本较低和开放式基金价格贴近净值的优点,是交易所交易基金在中国现行法规下的变通品种,被称为中国特色的ETF。ETF的申购赎回必须以一揽子股票换取基金份额或者以基金份额换回一揽子股票,选项E错误。

115. ABCDE 【解析】金融市场功能包括以下内容:①资金融通集聚;②财富投资和避险;③交易功能;④优化资源配置;⑤调节经济;⑥反映经济运行。

116. ABCD 【解析】股票是由股份公司发行的、表明投资者投资份额及其权利和义务的所有权凭证,是一种能够给持有者带来收益的有价证券,其实质是公司的产权证明书。股票是一种权益性工具,因此,股票市场又被称为权益市场。

117. BDE 【解析】通常情况下,信托资金不可以提前支取,故选项A表述错误;信托产品是为满足客户的特定需求而设计的,个性化较强,并且缺少转让平台,因而流动性比较差,故选项C表述错误。故选B、D、E。

118. ACD 【解析】在直接融资中,融资的风险由债权人独自承担,故选项A正确;在直接融资中,资金供求双方直接联系,可根据各自的融资条件灵活实现资金融通,投资对象的经营受到更多关注,故选项C正确;直接融资具有部分不可逆性的特征,故选项D正确。

119. ABCD 【解析】理财师在进行保险业务销售时,需遵守:销售前需要了解你的客户;销售中要透明公开、有依有据;销售后要建立归档制度、积极处理客户投诉。故选项A、选项B、选项C、选项D符合题意。

120. ACD 【解析】最常见的银行理财产品风险包括政策风险、违约风险或信用风险、市场风险、流动性风险、利率风险、操作风险、交易对手管理风险、不可抗力及意外事件等风险,不同级别的理财产品给不同风险承受能力的客户。

121. ABCDE 【解析】题中5个选项均属于需要告知客户的理财服务信息。

122. BE 【解析】选项A、选项D属于家庭成长期阶段会产生的财务状况。选项C不属于财务状况,故排除。

123. BCDE 【解析】复利与年金表的优点是简单、效率高;缺点是计算答案不够精准,故选项A表述错误。

124. ABCDE 【解析】理财顾问服务是指商业银行向客户提供财务分析与规划、投资建议、个人投资产品推介等专业化服务,是一种针对个人客户的专业化服务,区别于为销售储蓄存款、信贷产品等进行的产品介绍、宣传和推介等一般性业务咨询活动。

125. ABCDE 【解析】理财师在面见客户前要有所准备,准备工作包括面谈的主要内容或目的、客户的基本情况和以往接触历史等;除此之外,安排好自己的工作计划、时间,不得迟到或让客户久候。

126. ACD 【解析】货币市场工具包括政府发行的短期政府债券、商业票据、银行承兑汇票、可转让大额定期存单以及货币市场共同基金等。这些交易工具可以随时在市场上出售变现。选项B、选项E属于资本市场工具。

127. ABCE 【解析】优先股在利润分红及剩余财产分配的权利方面优先于普通股。优先股股东享有以下权利:优先分配权;优先求偿权。

128. BDE 【解析】《商业银行个人理财业务管理暂行办法》第52条规定,商业银行销售不需要审批的理财计划之前,应向原中国银行业监督管理委员会或其派出机构报告。商业银行最迟应在销售理财计划前10日,将以下资料按照有关业务报告的程序规定报送原中国银行业监督管理委员会或其派出机构:①理财计划拟销售的客户群,以及相关分析说明;②理财计划拟销售的规模,资金成本与收益测算,以及相关计算说明;③拟销售理财计划的对外介绍材料和宣传材料;④原中国银行业监督管理委员会要求的其他材料。

选项A、选项C 都不符合题意要求。

129. ACE 【解析】个人外汇账户按主体类别区分为境内个人外汇账户与境外个人外汇账户；按账户性质区分为外汇结算账户、资本项目账户及外汇储蓄账户。故选A、C、E。

130. ABCDE 【解析】具体来说，货币市场主要有以下几个子市场：①同业拆借市场；②商业票据市场；③银行承兑汇票市场；④回购市场；⑤短期政府债券市场；⑥大额可转让定期存单市场；⑦货币市场基金。故选A、B、C、D、E。

三、判断题

131. A 【解析】理财规划方案可以是单项理财目标的规划，也可以是涵盖客户所有主要理财目标的综合理财规划方案，两者的选择主要是由客户愿意提供的信息和需求所决定。

132. A 【解析】具有民事权利能力和民事行为能力，依法独立享有民事权利和承担民事义务的组织是法人。

133. B 【解析】保险费的数额同保险金额的大小、保险费率的高低和保险期限的长短成正比，即保险金额越大，保险费率越高，保险期限越长，则保险费也就越多。

134. B 【解析】成长型基金重视基金的长期成长，强调为投资者带来经常性收益。成长型基金一般不会直接将股息分配给投资者，而是将股息再投资于市场，以追求更高的回报率；收入型基金一般均按时派息给投资者，使投资者有固定的收入来源。

135. A 【解析】《关于规范金融机构资产管理业务的指导意见》的主要目标是推动资产管理业务回归本源，打破刚性兑付，统一各类资产管理产品的监管标准，保护金融消费者合法权益，防控金融风险，引导社会资金更好地服务实体经济。

136. A 【解析】银行承兑汇票市场是以银行承兑汇票为交易对象的市场，银行对未到期的商业汇票予以承兑，以自己的信用为担保，成为票据的第一债务人，出票人只负第二责任。

137. B 【解析】银行理财产品 QDII 即合格境内机构投资者，它是在中国境内设立，经中国有关部门批准从事境外证券市场的股票、债券等有价证券业务的证券投资基金。

138. B 【解析】黄金基金是将资金委托专业经理人全权处理，用于投资黄金类产品；银行纸黄金让投资者免除了储存黄金的风险，也让投资者有随时提取所购买黄金的权利，或按当时的黄金价格，将账户里的黄金兑换成现金，通常也称为"黄金存折"。

139. B 【解析】《经常项目外汇业务指引》第 87 条规定，个人存入外币现钞当日累计等值 1 万美元以下（含）的，凭本人有效身份证件在银行办理。

140. A 【解析】可赎回债券往往规定有赎回保护期，在保护期内，发行者不得行使赎回权。常见的赎回保护期是发行后的 2～5 年。

141. B 【解析】与其他国家股票市场不同，在我国上市公司的股票中存在一些非流通股。这些非流通股股票主要是指在上市公司的股票中，暂时不能上市流通的国家股和法人股。非流通股除流通权与流通股不一样外，其他权利和义务都是完全一样的。

142. B 【解析】根据《民法典》的规定，关于不得抵押的财产的规定，土地所有权不得抵押。

143. B 【解析】根据《个人外汇管理办法》第 23 条规定，除国家另有规定外，境外个人不得购买境内权益类和固定收益类等金融产品。境外个人购买 B 股，应当按照国家有关规定办理。

144. A 【解析】根据投资目标的不同，基金可分为成长型基金、收入（收益）型基金和平衡型基金。

145. B 【解析】商业银行不得将一般储蓄存款产品单独当作理财计划销售，或者将理财计划与本行储蓄存款进行强制性搭配销售。

机考题库·真题试卷(二)

一、单项选择题

1. D 【解析】除银行外，证券公司、基金公司、信托公司、保险公司以及一些独立的投资理财公司（如第三方理财公司）等其他金融机构也为个人客户提供理财服务。其他 3 项均属于金融机构。

2. C 【解析】境外个人对境内机构提供贷款或担保，应当符合外债管理的有关规定。故选 C。

3. A 【解析】基金通过汇集众多中小投资者的小额资金，形成较大的资金实力，将资产分别配置到股票、债券等多种资产上，通过有效的资产组合降低投资风险。这里的风险主要是非系统风险。

4. A 【解析】财务信息是理财师制定客户个人财务

规划的基础和根据,决定了客户的目标、期望是否合理,以及实现客户各项理财目标、人生规划的可能性和需要采取的相关措施,具体来说影响其理财方案、工具的路径、选择。

5. A 【解析】交易类产品是个人通过外汇账户买卖外汇获得外汇价差收入的一种理财产品,此类理财产品对客户的要求比较高,不仅需要客户掌握外汇市场相关知识,还需要一定的交易技巧,此类理财产品以外汇实盘交易为主。故选A。

6. B 【解析】近年来国内理财师队伍发展彰显的特征包括以下内容:①理财师队伍迅速扩张;②理财师素质参差不齐;③市场认可度有待提高。

7. C 【解析】理财师的工作流程概括为如下6个方面:①接触客户,建立信任关系;②收集、整理和分析客户的家庭财务状况;③明确客户的理财目标;④制订理财规划方案;⑤理财规划方案的执行;⑥后续跟踪服务。故选C。

8. B 【解析】由复利终值公式可得 $75.13\times(1+10\%)^n=100$,可得 $n=3$。

9. B 【解析】投资连结保险(以下简称投连险),是一种寿险与投资相结合的新型寿险产品。根据国务院保险监督管理机构的规定,投连险是指包含保险保障功能并至少在一个投资账户拥有一定资产价值的人身保险产品。

10. D 【解析】$FV=C\times[(1+r)^n-1]\times(1+r)\div r=100\times[(1+10\%)^5-1]\times(1+10\%)\div10\%=671.56$(万元)。

11. B 【解析】处于家庭成长期阶段的夫妻年龄为30~55岁,核心资产配置为股票60%、债券30%、货币10%,可投资预期收益较高、风险适度的银行理财产品。

12. D 【解析】客户信息也可以分为定量信息和定性信息,客户财务方面的信息基本属于定量信息;非财务信息,即客户基本信息和个人兴趣爱好、职业生涯发展和预期目标等属于定性信息。故选D。

13. A 【解析】根据单利情况下现值与终值的转换公式:$FV=PV\times(1+r\times n)$,得到A方案的现值:$PV=10\div(1+5\%\times5)=8$(万元);根据复利情况下现值与终值的转换公式:$FV=PV\times(1+r)^n$,得到B方案的现值:$PV=10\div(1+4\%)^5=8.22$(万元),A方案比B方案的投入少,所以选择A方案有利。

14. B 【解析】风险厌恶型,对待风险态度消极,不愿为增加收益而承担风险,非常注重资金安全,极力回避风险;投资工具以安全性高的储蓄、国债、保险等为主。

15. C 【解析】根据年金终值公式:$FV=5\,000\times[(1+7\%)^8-1]\div7\%=51\,299$(元)。

16. D 【解析】《商业银行个人理财业务风险管理指引》第29条规定,风险揭示应当充分、清晰、准确,确保客户能够正确理解风险揭示的内容。选项A、选项B错误,选项D正确。第30条规定,风险提示客户确认栏应载明以下语句,并要求客户抄录后签名:"本人已经阅读上述风险提示,充分了解并清楚知晓本产品的风险,愿意承担相关风险。"因此选项C错误。

17. C 【解析】账户按交易性质分为外汇结算账户、外汇储蓄账户、资本项目账户。故选C。

18. D 【解析】养老护理和资产传承是家庭衰老期阶段的核心目标,家庭收入大幅降低,储蓄逐步减少。因此,该阶段建议进一步提升资产安全性,将80%以上资产投资于储蓄及固定收益类理财产品,同时购买长期护理类保险。

19. C 【解析】价格上涨时可规避风险,故选项A错误;买方潜在损失最大为期权费,利润理论上无穷大,故选项B、选项D错误。

20. A 【解析】货币市场基金低风险,低收益,高流动性;债券类基金较低风险,较低收益;混合型基金,实现风险收益平衡;股票类基金,高风险,高收益。

21. A 【解析】选项A属于契约型基金的特点。

22. C 【解析】理财师的工作流程主要包括以下内容:①接触客户,建立信任关系;②收集、整理和分析客户的家庭财务状况;③明确客户的理财目标;④制订理财规划方案;⑤理财规划方案的执行;⑥后续跟踪服务。

23. C 【解析】稳健型的投资者风险承受能力一般,适合其的理财产品包括极低风险、低风险和中等风险产品。

24. C 【解析】主要的货币市场工具由短期国债、大额可转让存单、商业票据、银行承兑汇票、回购协议和其他货币市场工具构成。故选C。

25. A 【解析】格式条款是当事人为了重复使用而预先拟定,并在订立合同同时未与对方协商的条款。

26. B 【解析】生命周期理论是指自然人在相当长的期间内计划个人的储蓄消费行为,以实现生命周期内收支的最佳配置。也就是说,一个人将综合考虑其当期、将来的收支,以及可预期的工作、退休时间等诸多因素,并决定目前的消费和储蓄,以保证其消费水平处于预期的平稳状态,而不至于大幅波动。

27. A 【解析】根据《民法典》第215条的规定,当事人之间订立有关设立、变更、转让和消灭不动产物权的合同,除法律另有规定或者当事人另有约定外,自合同成立时生效;未办理物权登记的,不影响合同效力。故选A。

28. C 【解析】对一项房地产的估价不仅应当包括来自资产的现金流收入的折现，还应该估计到资产价值的升值。

29. C 【解析】个人携带外币现钞等入境，超过等值5 000美元的应向海关书面申报。

30. B 【解析】代理人知道或者应当知道代理事项违法仍然实施代理行为，或者被代理人知道或者应当知道代理人的代理行为违法未作反对表示的，被代理人和代理人应当承担连带责任。故选B。

31. A 【解析】费雪效应：实际利率＝名义利率－通货膨胀率＝5%－7%＝－2%。

32. A 【解析】信托业务是一种以信用为基础的法律行为，一般涉及三方面当事人，即投入信用的委托人，受信于人的受托人，以及受益于人的受益人。故选A。

33. B 【解析】股票投资分析是成功进行股票投资的重要基础。

34. D 【解析】适当性原则是指在销售代理理财产品时，要综合考虑客户所属的人生周期以及相匹配的风险承受能力、客户的投资目标、投资期限长短、产品流动性等因素，为客户推荐适合的产品。总体来说，要有适合的产品、适合的客户、适合的网点、适合的销售人员。

35. B 【解析】规范嵌套层级和通道业务、允许资管产品再投资一层资管产品，禁止开展规避投资范围、杠杆约束等监管要求的通道业务。

36. D 【解析】开放式基金的规模不固定，可以随时提出购买或赎回申请；封闭式基金份额固定且不能直接赎回。故选D。

37. C 【解析】高资产净值客户是满足下列条件之一的商业银行客户：①单笔认购理财产品不少于100万元人民币的自然人；②认购理财产品时，个人或家庭金融净资产总计超过100万元人民币；③个人收入在最近3年每年超过20万元人民币或者家庭合计收入在最近3年内每年超过30万元人民币。故选C。

38. C 【解析】养老护理和资产传承是家庭衰老期的核心目标，家庭收入大幅降低，储蓄逐步减少。因此，该阶段建议进一步提升资产安全性，将80%以上资产投资于储蓄及固定收益类理财产品，同时购买长期护理类保险。故选C。

39. D 【解析】成家立业之后，夫妻两人的事业开始进入稳定的上升阶段，收入有大幅度的提高，财富积累较多，为金融投资创造了条件，而且这一时期两人的工作、收入、家庭比较稳定，面临着未来的子女教育、父母赡养、自己退休三大人生重任，这时的理财任务是尽可能多地储备资产、积累财富，未雨绸缪。所以，题干所述是稳定成熟期个人理财的主要任务。

40. D 【解析】金融市场的构成要素包括主体、客体及中介。

41. D 【解析】个人客户是指个人理财业务的需求方，也是金融机构如商业银行个人理财业务的服务对象。

42. B 【解析】财产分配规划是指为了使家庭财产及其产生的收益在家庭成员之间实现合理的分配而做的财务规划。

43. D 【解析】成长型基金重视基金的长期成长，强调为投资者带来经常性收益。故选D。

44. B 【解析】金融期货合约是指买卖双方在交易所签订的、在将来的某一确定时间、按确定的价格购买或者出售某项金融资产的标准化协议。故选B。

45. D 【解析】风险厌恶型投资者的投资工具以安全性高的储蓄、国债、保险等为主。

46. D 【解析】1 000×(1+5%×5)=1 250(元)。

47. C 【解析】根据F.莫迪利安尼等家庭生命周期理论，在家庭成长期，子女教育金需求增加，购房、购车贷款仍保持较高需求，成员收入稳定，家庭风险承受能力进一步提升。因此，该阶段建议依旧保持资产流动性，并适当增加固定收益类资产，如债券基金、浮动收益类理财产品。

48. D 【解析】对于市场风险较大的投资产品，特别是与衍生交易相关的投资产品，商业银行不应主动向无相关交易经验或经评估不适宜购买该产品的客户推介或销售该产品。故选D。

49. D 【解析】资金融通集聚功能。金融市场为人们创造了丰富的金融工具和多种交易方式，为不同投资偏好的资金供给者及需求者进行多种形式的金融投资融资交易创造了便捷的条件，使社会资金实现在盈余部门和短缺部门的融通和调剂。通过金融市场把分散在不同主体手中的小额资金聚集为大额资金。短期续接为长期，储蓄转化为投资，进而促进经济发展。

50. D 【解析】客户的基本信息大体包括客户的姓名、年龄、联系方式、工作单位与职务、国籍、婚姻状况、健康状况，以及重要的家庭、社会关系信息(包括需要供养父母、子女信息)。储蓄属于客户的财务信息。

51. C 【解析】失业保险属于社会保险，由政府统一提供，商业保险未涉及。

52. C 【解析】增长型年金(等比增长型年金)是指在一定期限内，时间间隔相同、不间断、金额不相等但每期增长率相等、方向相同的一系列现金流。故选C。

53. D 【解析】外汇市场交易以即期外汇交易为主，故选项 A 错误；当外汇市场的外汇供给持续大于需求时，中央银行应在外汇市场上买入外汇，故选项 B 错误；远期外汇合约的交割期限一般按照月计算，故选项 C 错误。

54. D 【解析】保险利益是指被保险人或投保人对保险标的具有的法律上承认的利益。

55. A 【解析】单利现值计算公式：$PV = FV/(1 + r \times n)$，复利现值的计算公式：$PV = FV/(1 + r)^n$，在该公式中可以看到，现金流量与复利的计算频率呈反向关系，也就是说，随着复利计算频率的增加，现金流量的现值在减小。故选 A。

56. B 【解析】债权人具有剩余财产的优先受偿权。股票是一种权益性工具；股票发行市场又被称为股票一级市场，股票流通市场又被称为股票二级市场；证券交易所内的证券交易按价格优先、时间优先原则竞价成交。

57. A 【解析】马斯洛需求从低到高五个层次分别是生理需求、安全需求、爱和归属感的需求、尊重的需求、自我实现的需求。

58. B 【解析】纪念金币的价值受主题和发行量的影响较大，因此和鉴赏能力、题材炒作等高度相关，和金价的关联度反而较小。故选 B。

59. D 【解析】市场上比较常见的基金分类方式是按照基金投资对象的不同来划分的。根据相关法规的规定，80% 以上的基金资产投资于股票的为股票型基金；80% 以上的基金资产投资于债券的为债券型基金；仅投资于货币市场工具的为货币市场基金；投资于股票、债券和货币市场工具，并且股票投资和债券投资的比例不符合前面所说的股票型、债券型基金的，被称为配置基金（也称混合型基金）。

60. B 【解析】同业拆借是指银行等金融机构之间相互借贷，以调剂资金余缺的行为。

61. C 【解析】选项 A 违反了内幕交易的规定；选项 B 违反了岗位职责的规定；选项 D 是工作中的失误，不属于违反职业操守的做法。

62. C 【解析】求年金终值问题，月报酬率 $r = 6\% \div 12 = 0.5\%$，期数为 120，年金为 10 000 元，$FV = C \times [(1+r)^n - 1] \div r = 10\,000 \times [(1 + 0.5\%)^{120} - 1] \div 0.5\% \approx 1\,638\,793.47$（元）。

63. D 【解析】选项 A，金银等贵金属安全性高、收益性中等，但是流动性低，变现能力较差；选项 B，证券主要指股票，是典型的高风险、高收益、高流动性投资工具；选项 C，银行存款是安全性高，流动性好，收益低，变现能力强的资产。

64. C 【解析】作为一种理财产品，债券具有以下 4 个特征：①偿还性，债券有规定的偿还期限，债务人必须按期向债权人支付本息；②流动性，债券持有人可以转让债券；③安全性，债券持有人的收益相对固定；④收益性，债券能为投资者带来一定的收入。其中，债券流动性是指债券持有人可按自己的需要和市场的实际状况，转让债券收回本息的灵活性，它主要取决于对转让所提供的便利程度。故选 C。

65. D 【解析】选项 D 属于契约型基金的特点。

66. C 【解析】净现值（*NPV*）是指所有现金流（包括正现金流和负现金流在内）的现值之和。内部回报率（*IRR*），又称内部报酬率或者内部收益率，是指使现金流的现值之和等于零的利率，即净现值等于零的贴现率。内部报酬率和净现值有密切关系。

67. B 【解析】《商业银行理财产品销售管理办法》规定，商业银行销售风险评级为四级（含）以上理财产品时，除非与客户书面约定，否则应当在商业银行网点进行。

68. D 【解析】商业银行是个人理财业务的供给方，是个人理财服务的提供商之一。

69. C 【解析】《民法典》以法人活动的性质为标准，将法人分为营利法人、非营利法人和特别法人。其中，营利法人包括有限责任公司、股份有限公司和其他企业法人等；非营利法人包括事业单位、社会团体、基金会、社会服务机构等。

70. A 【解析】根据等值现金流发生的时间点的不同，年金可以分为期初年金和期末年金。期初年金是指在一定时期内每期期初发生系列相等的收付款项，即现金流发生在当期期初，如生活费支出、教育费支出、房租支出等；期末年金即现金流发生在当期期末，如房贷支出等。

71. B 【解析】成功的沟通，应该能做到以下 3 点：角色互换、鼓励发言和仔细倾听。

72. C 【解析】在风险管理中，银行或客户规模越大，业务越复杂，隐藏风险就越多，管理就越麻烦，就不利于风险管理。因此，分析人员所能获得完整现金流量的可能性和准确性随之降低，现金流分析的可依赖度越低。

73. B 【解析】商业银行利用理财顾问服务向客户推介投资产品时，应了解客户的风险偏好、风险认知能力和承受能力，评估客户的财务状况，提供合适的投资产品由客户自主选择，并应向客户解释相关投资工具的运作市场及方式，揭示相关风险。故选 B。

74. B 【解析】金融期货和金融远期实质上是一种买卖合约；金融互换实质上是一种交换协议；金融期权赋予了其持有人在未来某一特定的时间内按买

卖双方约定的价格,购买或出售一定数量某种金融资产的权利,因此,它实质上是赋予持有人一种权利的金融衍生工具。故选B。

75. A 【解析】第1年年初的100万元10年后可得到215.9万元$[100\times(1+8\%)^{10}]$,与340万元的差额为124.1万元。根据期末年金终值公式:$FV=C\times[(1+r)^n-1]\div r=C\times[(1+8\%)^{10}-1]\div 8\%=124.1$(万元),$C\approx8.57$(万元)。

76. D 【解析】理财顾问服务只是提供财务分析与规划、投资建议、个人投资产品推介等服务,不涉及资产的投资和管理;综合理财服务是指商业银行在向客户提供理财顾问服务的基础上,接受客户的委托和授权,按照与客户事先约定的投资计划和方式进行投资和资产管理的业务活动。故选D。

77. B 【解析】任何单位和个人在与金融机构建立关系或者要求金融机构为其提供一次性金融服务时,都应当提供真实有效的身份证件或者其他身份证明文件。

78. D 【解析】按投资主体的性质,股票分为国家股、法人股和社会公众股。根据股东享有权利和承担风险大小不同,股票分为普通股股票和优先股股票。

79. B 【解析】阻绝干扰电话步骤包括处理、转接、暂缓和速办。拒接是不恰当的处理方式,可能会错过重要电话。

80. B 【解析】纸黄金交易是指没有实物黄金介入的交易,主要通过记账方式来投资黄金,并不涉及实物黄金的交收,交易成本更低。银行的纸黄金业务让投资者免除了储存黄金的风险,也赋予了投资者随时提取所购买黄金的权利,或按当时的黄金价格将账户中的纸黄金兑换成现金的权利,通常也称为黄金存折。

81. D 【解析】子女教育规划是指客户为子女将来的教育费用进行规划,对子女的教育可以分为基础教育、大学教育及大学后教育。制定子女教育规划应该遵循的重要原则为目标合理,提前规划,定期定额和稳健投资。

82. B 【解析】商业银行所采用的风险限额指标中,至少应包括风险价值限额,选项A错误。商业银行除应制定银行总体可承受的市场风险限额外,还应当按照风险管理权限,制定不同的交易部门和交易人员的风险限额,并确定每一理财计划风险限额,选项B正确。商业银行可根据实际业务情况确定流动性风险限额的管理。但流动性风险限额应至少包括期限错配限额,选项C错误。对于未事先审批而突破交易限额的交易,应予以记录并调查处理,选项D错误。

83. C 【解析】《关于进一步规范商业银行个人理财业务有关问题的通知》规定,商业银行应建立理财从业人员持证上岗管理制度,完善理财业务人员的处罚和退出机制,加强对理财业务人员的持续专业培训和职业操守教育,要建立问责制,对发生多次或较严重误导销售的业务人员,及时取消其相关从业资格,并追究管理负责人的责任。

84. A 【解析】个人理财业务的客户应当是完全民事行为能力的自然人,以及无民事行为能力人、限制民事行为能力人的法定代理人。故选A。

85. A 【解析】按照《分红保险精算规定》,保险公司每一会计年度向保单持有人实际分配盈余的比例不低于当年可分配盈余的70%。

86. C 【解析】设有效年利率为i,则$1+i=(1+20\%\div2)^2$,所以$i=21\%$。故选C。

87. D 【解析】股票型基金一般是$T+4$或$T+5$到账。

88. D 【解析】货币市场又称短期资金市场,是实现短期资金融通的场所,一般是指专门融通短期资金和交易期限在1年以内(包括1年)的有价证券市场。它包括银行短期借贷市场、银行间同业拆借市场、商业票据市场、银行承兑汇票市场、可转让大额定期存单市场等。

89. C 【解析】根据个人理财业务的不同特点,商业银行开展需要批准的个人理财业务应具备《商业银行个人理财业务管理暂行办法》第48条规定的以下条件:①具有相应的风险管理体系和内部控制制度;②有具备开展相关业务工作经验和知识的高级管理人员、从业人员;③具备有效的市场风险识别、计量、监测和控制体系;④信誉良好,近两年内未发生损害客户利益的重大事件;⑤原中国银行业监督管理委员会规定的其他审慎性条件。

90. B 【解析】远期合约是必须履行的协议,不同于可选择不行使权利(即放弃交割)的期权。远期合约亦与期货不同,其合约条件是为买卖双方量身定制的,通过场外交易(OTC)达成,而后者则是在交易所买卖的标准化合约。

二、多项选择题

91. CE 【解析】私人银行业务的核心是个人理财,如果说一般理财业务中产品和服务的比例为7:3的话,那么私人银行业务中产品和服务的比例为3:7,选项A、选项B说法错误;私人银行是一种向高净值客户提供的金融服务,选项D说法错误;私人银行业务不限于为客户提供理财产品,还包括为个人理财,以及与个人理财相关的法律、财务、税务、财产继承、子女教育等专业顾问服务。私人银行业务领域不仅包括传统银行的个人信用、按揭等业务,更提供衍生理财产品、保险规划、财产信托等诸多产品和服务。因此,选项C、选项E说法正确。

92. ABCDE 【解析】基金子公司的产品类型多样,风险收益特征也比较灵活,投资基金子公司产品需要注意以下几点:充分了解产品发行人的情况、了解产品类型和风险收益特征、了解产品的风险管理措施、确定资金最终流向和投资标的物、了解信息披露方式和项目进展情况。

93. ABDE 【解析】时间管理优先矩阵里面的第一象限属于重要事件,需要紧急处理,主要包括以下内容:①危机、客户投诉;②紧迫的问题;③有期限压力的任务;④突发事件;⑤与核心价值观联系紧密的事。

94. AE 【解析】资本市场是筹集长期资金的场所,一般而言,资本市场是指提供长期(1年以上)资本融通和交易的市场,包括股票市场、中长期债券市场和证券投资基金市场等。交易对象主要包括股票、债券和证券投资基金。与货币市场不同,在资本市场上资金融通的期限一般在1年以上,因此资本市场也被称为中长期资金市场。具体按金融工具的基本性质分类,资本市场包括股票市场、债券市场和证券投资基金市场等。

95. CE 【解析】《关于进一步规范商业银行个人理财业务投资管理有关问题的通知》第2条规定,商业银行应按照符合客户利益和风险承受能力的原则,建立健全相应的内部控制和风险管理制度体系,并定期或不定期检查相关制度体系和运行机制,保障理财资金投资管理的合规性和有效性。

96. BCDE 【解析】债券投资的风险因素有价格风险、再投资风险、违约风险、赎回风险、提前偿付风险和通货膨胀风险。影响债券类产品收益的因素主要有债券期限、基础利率、市场利率、票面利率、债券的市场价格、流动性、债券信用等级、税收待遇以及宏观经济状况等。

97. ABCD 【解析】理财师在和客户交谈的过程中要吐字清晰、语速中等,说话简明扼要、层次分明、用词妥当、有逻辑性、有针对性,既不夸夸其谈,也不避重就轻。

98. AD 【解析】专业理财软件的缺点为局限性大,内容缺乏弹性。选项B属于复利与年金表的缺点。选项C属于财务计算器的缺点。选项E为Excel表格的优点。

99. CDE 【解析】目前,银行主要代理的险种包括寿险和财产险。占据市场主流的三大险种全部来自寿险,包括分红险、万能险和投连险。财产险是目前各家银行正大力发展的险种。

100. BCE 【解析】信托的特点:①信托是以信任为基础的财产管理制度;②信托财产权利主体与利益主体分离;③信托经营方式灵活、适应性强;④信托财产具有独立性;⑤信托管理具有连续性;⑥信托不承担无过失的损失风险;⑦信托利益分配、损益计算遵循实绩原则;⑧信托具有资金融通的职能。

101. AE 【解析】通过分析客户的个人资产负债表,银行从业人员不仅可以了解客户的资产和负债信息,而且能够了解客户的资产和负债结构。

102. ACD 【解析】货币的时间价值是指货币在无风险的条件下,经历一定时间的投资和再投资而发生的增值,选项B表述错误;货币的时间价值也被称为资金时间价值,而不是资金使用价值,选项E表述错误。故选A、C、D。

103. BC 【解析】该投资者预期该金融资产未来价格将上升,因此应该持有该标的资产的多头,买入看涨期权,或者卖出看跌期权赚取权利金收入。

104. ABC 【解析】债务人或者第三人有权处分的下列权利可以出质:①汇票、本票、支票;②债券、存款单;③仓单、提单;④可以转让的基金份额、股权;⑤可以转让的注册商标专用权、专利权、著作权等知识产权中的财产权;⑥现有的以及将有的应收账款;⑦法律、行政法规规定可以出质的其他财产权利。

105. CDE 【解析】货币之所以具有时间价值,主要是因为以下三点:①现在持有的货币可以用作投资,从而获得投资回报;②货币的购买力会受到通货膨胀的影响而降低;③未来的投资收入预期具有不确定性。

106. ABD 【解析】选项C、选项E属于理财师在实际工作中涉及的行政法规。法规是由政府机构依照相应法律进行细化后的规则,虽然效力不及法律,但更加贴近理财师的实际工作,是理财师执业中的主要依据。

107. BCDE 【解析】交易中介通过市场为买卖双方成交撮合,并从中收取佣金,包括银行、有价证券承销人、证券交易经纪人、证券交易所和证券结算公司等。故选B、C、D、E。

108. ABE 【解析】综合家庭财务现状分析,主要是根据信息整理情况,提供家庭财务现状中以下几个方面的综合分析:①家庭流动性现状分析;②信用和债务管理现状分析;③收支储蓄现状分析;④资产结构、资产配置和投资现状分析;⑤家庭财务保障现状分析。

109. BCDE 【解析】货币之所以具有时间价值,是因为:①货币可以满足当前消费或用于投资而产生回报,货币占用具有机会成本;②通货膨胀可能造成货币贬值;③投资可能产生投资风险,需要提供风险补偿。故选B、C、D、E。

110. AD 【解析】信托业务是一种以信用为基础的法律行为,一般涉及三方面当事人,即投入信用的委托人,受信于人的受托人,以及受益于人的受益人。故选A、D。

111. ADE 【解析】债券能为投资者带来一定的收入,债券的收入来源主要来自利息收益、资本利得以及债券利息的再投资收益。

112. ACDE 【解析】开放式基金与封闭式基金的区别主要体现在:交易场所、基金存续期限、基金规模、赎回限制、价格决定因素、分红方式、费用、投资策略以及信息披露等。选项B按照法律地位的不同,基金可分为契约型基金和公司型基金。

113. ACD 【解析】个人理财的客户包括无民事行为能力的法定代理人、限制民事行为能力人的法定代理人、完全民事行为能力人。

114. ACD 【解析】黄金价格影响因素比较多,主要有以下几类:①供求关系及均衡价格。②通货膨胀。一般而言,在面对通货膨胀压力的情况下,黄金投资具有保值增值的作用。③利率。④汇率。

115. BCDE 【解析】平等的民事法律主体之间进行的民事法律活动,应当遵循民事法律的自愿、公平、不违背公序良俗及诚信原则。故选项B、选项C、选项D、选项E符合题意。

116. BCD 【解析】比照家庭生命周期,可以按年龄层把个人生命周期分为六个阶段:探索期、建立期、稳定期、维持期、高峰期、退休期。

117. BE 【解析】根据股东享有权利和承担风险大小不同,股票分为普通股股票和优先股股票。普通股股东按其所持有股份比例享有以下基本权利:①公司决策参与权;②利润分配权;③优先认股权;④剩余资产分配权。优先股在利润分红及剩余财产分配的权利方面优先于普通股。优先股股东享有以下权利:①优先分配权;②优先求偿权。

118. ACD 【解析】社会保险具有非营利性、社会公平性和强制性等特点。故选A、C、D。

119. ABCE 【解析】商业银行经营保险代理业务,应当具备下列条件:①具有中国银保监会或其派出机构颁发的金融许可证;②主业经营情况良好,最近2年无重大违法违规记录(已采取有效整改措施并经中国银保监会及其派出机构认可的除外);③已建立符合中国银保监会规定的保险代理业务信息系统;④已建立保险代理业务管理制度和机制,并具备相应的专业管理能力;⑤法人机构和一级分支机构已指定保险代理业务管理责任部门和责任人员;⑥中国银保监会规定的其他条件。

120. AE 【解析】目前银行代理国债的种类有三种:凭证式国债、实物式国债、记账式国债。实物式国债是一种实物债券,以实物券的形式记录债权,面值不等,不记名,不挂失,可上市流通。凭证式国债是一种国家储蓄债,可记名、挂失,以"凭证式国债收款凭证"记录债权,不能上市流通,从购买之日起计息。记账式国债以记账形式记录债权,通过证券交易所的交易系统发行和交易,可以记名、挂失。

121. ABC 【解析】企业通常通过商业票据、企业债券、资产证券化等形式融资。此外,企业也是重要的资金供给者,通过存款、回购以及基金等将资金注入金融市场。

122. ACDE 【解析】资管新规明确资产管理业务是指银行、信托、证券、基金、期货、保险资产管理机构、金融资产投资公司等金融机构接受投资者委托,对受托的投资者进行投资和管理的金融服务。

123. ABCDE 【解析】货币市场的特征有以下几点:①低风险、低收益;②期限短、流动性高;③交易量大、交易频繁。故选A、B、C、D、E。

124. BC 【解析】金融远期合约是柜台交易,大多在场外进行交易。金融期货合约在交易所内进行交易。金融远期合约的收益和损失一般在合约到期日实现,金融期货合约的盈利和亏损在每个交易日结束前清算和执行。所以,选项B和选项C符合题意。

125. ABE 【解析】2018年9月26日,中国银保监会正式颁布了《商业银行理财业务监督管理办法》,明确了"理财业务是指商业银行接受投资者委托,按照与投资者事先约定的投资策略、风险承担和收益分配方式,对受托的投资者财产进行投资和管理的金融服务"。故选A、B、E。

126. ABCDE 【解析】基金销售机构及其从业人员从事基金销售业务,不得有下列情形:①虚假记载、误导性陈述或者重大遗漏;②违规承诺收益、本金不受损失或者限定损失金额、比例;③预测基金投资业绩,或者宣传预期收益率;④误导投资人购买与其风险承担能力不相匹配的基金产品;⑤未向投资人有效揭示实际承担基金销售业务的主体、所销售的基金产品等重要信息,或者以过度包装服务平台、服务品牌等方式模糊上述重要信息;⑥采取抽奖、回扣或者送实物、保险、基金份额等方式销售基金;⑦在基金募集申请完成注册前,办理基金销售业务,向公众分发、公布基金宣传推介材料或者发售基金份额;⑧未按照法律法规、中国证监会规定、招募说明书和基金份额发售公告规定的时间销售基金,或者未按照规定公告即擅自变更基金份额的发售日期;⑨挪用基金销售结算资金或者基金份额;违规利用基金份额转让等形式规避基金销售结算资金闭环运作要求、损害投资人资金安全;⑩利用或者承诺利用基金资产和基金销售业务进行利益输送或者利益交换;⑪违规泄露投资人相关信息或者基金投资运作相关非公开信息;⑫以低于成本的费用销售基金;⑬实施歧视性、排他性、绑定性销售安排;⑭中国证监会规定禁止的其他情形。

127. ABCD 【解析】金融衍生品市场的功能包括以下内容:①转移风险;②价格发现;③提高交易效率;④优化资源配置。

128. BDE 【解析】国债是风险最小的债券,被称为"金边债券",选项A错误;通货膨胀使债券的实际收益率下降,长期债券面临的风险之一是通货膨胀风险,选项C错误。

129. ABCD 【解析】理财师的工作职责和定位,决定其首要工作就是必须了解自己的客户。对于理财师而言,提供专业化服务和加强客户关系主要指通过客户资料的收集、整理、分析判断,确定客户的需求,为客户制订能够满足其理财需求和承受能力的合理的综合理财方案。理财顾问服务体现了理财师对客户需求的准确理解和把握以及对金融服务、产品的综合运用的水平。了解客户和明确客户的需求是理财师工作的第一步和最为关键的一步。

130. ABCDE 【解析】《中华人民共和国民法典》规定,下列财产为夫妻一方的个人财产:①一方的婚前财产;②一方因受到人身损害获得的赔偿或者补偿;③遗嘱或者赠与合同中确定只归一方的财产;④一方专用的生活用品;⑤其他应当归一方的财产。

三、判断题

131. B 【解析】金融远期合约是指双方约定在未来的某一确定时间,按确定的价格买卖一定数量某种金融工具的合约。远期合约是为了满足买卖双方控制价格不确定性的需要而产生的,而不是为了赚取交易价差而产生的。因此,本题叙述是错误的。

132. B 【解析】同业拆借是指银行等金融机构之间相互借贷,以调剂资金余缺。既可能是供给者,也可能是需求者。

133. A 【解析】题干表述正确。

134. A 【解析】理财师一方面应向客户解释做投资决定应基于客户自身的风险承受能力和容忍态度,另一方面要帮助客户梳理这个投资决定和自己未来理财目标之间的关系。

135. B 【解析】债务人逾期未履行的,留置权人可以与债务人协议以留置财产折价,也可以就拍卖、变卖留置财产所得的价款优先受偿。故题干表述错误。

136. B 【解析】商业银行研发新的投资产品,应当制定产品开发审批程序与规范,在进行任何新的投资产品开发之前,都应当就产品开发的背景、可行性、拟销售的潜在目标客户群等进行分析,并报董事会或高级管理层批准。

137. B 【解析】信托公司是受人信托代人管理资产,与委托人之间是委托代理关系,不需要对信托产品承担风险。

138. B 【解析】金融衍生品交易所如期货交易所,本身不参与金融衍生品的交易。

139. B 【解析】银行代理保险业务,已成为商业银行满足客户保障与投资金融需求、增加中间业务收入的一个重要渠道。银行可为保险公司代理的业务种类众多,内容涉及与个人相关的各类人身保险与财产保险。

140. B 【解析】合同中的格式条款是当事人为了重复使用而预先拟订,并在订立合同时未与对方协商的条款。

141. B 【解析】根据规定,商业银行理财计划的宣传和介绍材料,应包含对产品风险的揭示,并以醒目、通俗的文字表达。对非保证收益理财计划,在与客户签订合同前,应提供理财计划预期收益率的测算数据、测算方式和测算的主要依据。本题中该银行在其宣传材料中显然是弱化风险、强调收益,对其风险揭示不充分。

142. B 【解析】在金融市场上,市场交易主体角色并非固定。一般来说,企业通常是资金的短缺方,往往是资金的需求者;家庭或个人通常是资金的富余方,往往是资金的供应者。企业资金也有闲置的时候,这时它就成了资金的供应者,而家庭或个人也可能成为资金的需求者。

143. A 【解析】实际生活中的现金流的周期并不一定以年为周期,也可以是半年、季度、月现金流。

144. B 【解析】商业银行使用保证收益理财计划附加条件所产生的投资风险应由客户承担。

145. B 【解析】永续年金是指无限期支付的年金,即一系列没有到期日的现金流。由于永续年金持续期无限,没有终止时间,因此没有终值,只有现值。

未来教育
Future Education

银行业专业人员职业资格考试（初级）

机考题库与高频考点

个人理财

◆机考题库·真题试卷（三）
◆机考题库·真题试卷（四）
（含参考答案及解析）

视频课程 智能题库 全真机考 直播互动 在线交流
微信扫码获取赠送学习资源
图书增值服务

《个人理财》机考题库·真题试卷

机考题库·真题试卷(三)

答题卡

本试卷采用虚拟答题卡技术，自动评分

考生扫描右侧二维码，将答题选项填入虚拟答题卡中，题库系统可自动统计答题得分，生成完整的答案及解析。题库系统根据考生答题数据，自动收集整理错题，记录考生薄弱知识点，方便考生在题库系统中查漏补缺。

一、单项选择题。以下各小题所给出的四个选项中，只有一项符合题目要求，请选择相应选项，不选、错选均不得分。(共90题，每题0.5分，共45分)

1. 商业银行个人理财业务可分为理财顾问服务和(　　)两类。

A. 理财规划服务　　B. 综合理财服务

C. 理财咨询服务　　D. 专业理财服务

2. 张先生在未来10年内每年年初获得1 000元，年利率为8%，则这笔年金的终值为(　　)元。

A. 12 324.32　　B. 13 454.67　　C. 14 343.76　　D. 15 645.49

3. 在委托代理关系中，发生的法律后果由(　　)。

A. 代理人与被代理人共同承担　　B. 代理人承担

C. 被代理人承担　　D. 视情况而定

4. 一般而言，债券价格与到期收益率成(　　)，债券价格越高，从二级市场买入债券的投资者所得到的实际收益率(　　)。

A. 正比;越低　　B. 反比;越低

C. 反比;越高　　D. 正比;越高

5. 根据《中华人民共和国民法典》的规定，合同是平等主体的自然人、法人、其他组织之间设立、变更、终止民事权利义务关系的协议，下列叙述中不正确的是(　　)。

A. 借款合同标的可以是货币，也可以是非货币

B. 合同生效后，当事人可以因为姓名、名称的变更而不履行合同义务

C. 当事人因防止损失扩大而支出的合理费用，由违约方承担

D. 实际交付借款是借款合同成立的条件

6. 商业银行理财产品的宣传和介绍材料中应全面反映产品的重要特性和与产品有关的重要事实，在(　　)最醒目位置揭示风险，说明最不利的投资情形和投资结果。

A. 最后一页　　B. 首页　　C. 文中任意部分　　D. 第二页

7. 6年分期付款购物，每年年初付200元，假设银行利率为10%，该项分期付款相当于一次现金支付的购价约是(　　)元。(答案取近似数值)

A. 354　　B. 1 200　　C. 758　　D. 958

8. 下列属于金融市场客体的是(　　)。

A. 居民个人　　B. 金融机构

C. 货币头寸　　D. 会计师事务所

9. 股票按股东承担风险和享有权利情况来划分，可以分为(　　)。

A. 记名股票和无记名股票　　B. 面额股票和无面额股票

C. 流通股票和非流通股票　　D. 普通股股票和优先股股票

10. 个人生命周期(　　)阶段的理财任务主要是妥善管理好积累的财富,积极调整投资组合,降低投资组合风险,以保守稳健型投资为主,使资产得以保值增值。
A. 稳定期　B. 维持期　C. 建立期　D. 高峰期

11. 下列市场属于资本市场的是(　　)。
A. 商业票据市场　B. 银行承兑汇票市场
C. 公司债券市场　D. 同业拆借市场

12. 货币性理财产品主要投资于信用级别较高、(　　)较好的金融工具。
A. 流动性　B. 收益性　C. 安全性　D. 风险性

13. 下列有关上证 180 指数的说法,不正确的是(　　)。
A. 上证 180 指数是采用流通市值加权法计算的
B. 上证 180 指数在某只成分股增发、配股时无须调整
C. 上证 180 指数是由在上海证券交易所上市的 180 只蓝筹股组成的
D. 上证 180 指数在某只成分股拆股时无须调整

14. 我国的信托制度最早诞生于 20 世纪初,20 世纪(　　)年代后得到真正发展。
A. 60　B. 70　C. 80　D. 90

15. 关于退休养老规划,下列表述不恰当的是(　　)。
A. 制定退休养老规划的目的是为保证客户在将来有一个自立、尊严、高品质的退休生活
B. 退休养老规划内容包括理想退休后生活设计、退休养老成本计算和退休后的收入来源估计和相应的储蓄、投资计划
C. 理财师应建议客户尽早进行养老规划,以投资、商业养老保险以及其他理财方式来补充退休收入的不足
D. 退休养老收入主要来源有社会养老保险、子女赡养费用和财产赠与

16. 在我国,境内个人和机构以其合法财产投入公司时,形成的可上市流通的股份为(　　)。
A. 法人股　B. 社会公众股　C. 优先股　D. 国有股

17. (　　),处于国外个人理财业务的形成和发展时期。
A. 20 世纪 30 年代　B. 20 世纪 50 年代
C. 20 世纪 70 年代　D. 20 世纪 90 年代

18. 保险原则是在保险发展过程中逐渐形成并被人们公认的基本原则,这些原则作为人们进行保险活动的准则,始终贯穿于整个保险业务,这些原则不包括(　　)。
A. 最大诚信原则　B. 首因原则　C. 损失补偿原则　D. 保险利益原则

19. 关于私人银行业务,下列表述错误的是(　　)。
A. 金融机构可从中收取服务费
B. 仅限于为客户提供资产管理、投资规划
C. 实际上属于综合化服务
D. 向个人业务中高资产净值客户提供全方位理财业务

20. 根据《中华人民共和国民法典》,合同是平等主体的自然人、法人、其他组织之间设立、变更、终止民事权利义务关系的协议,下列叙述中不正确的是(　　)。
A. 借款合同标的可以是货币,也可以是非货币
B. 合同生效后,当事人可以因为姓名、名称的变更而不履行合同义务
C. 当事人因防止损失扩大而支出的合理费用,由违约方承担
D. 实际交付借款是借款合同成立的条件

21. 下列属于货币市场的是(　　)。
A. 中长期债券市场　B. 全国银行间同业拆借市场
C. 中国大陆 A 股市场　D. 银行中长期信贷市场

22. 下列关于制订理财规划方案,表述错误的是(　　)。
A. 税收筹划、投资规划、退休养老规划、财产传承规划都属于单项理财规划方案
B. 理财方案可以是单项理财目标的规划,也可以是涵盖客户所有主要理财目标的综合理财规划方案,两者的选择主要是由理财师决定的
C. 综合理财规划方案注重各个目标规划的合理平衡、财务资源配置,整体设计和组合,才是真正符合客户做到一生收支平衡的理财规划方案
D. 税收筹划、投资规划、退休养老规划、教育投资规划都属于单项理财规划方案

23. 某投资产品的年化收益率为12%,胡先生现今投入5 000元,6年后他将获得(　　)元。
A. 8 867.89　B. 8 687.66　C. 9 698.34　D. 9 869.11

24. 应当先履行债务的合同一方已经掌握确凿的证据,证明合同对方的经营状况严重恶化,所以先行中止了债务履行,这种权利是指(　　)。
A. 不安抗辩权　B. 同时履行抗辩权　C. 先履行抗辩权　D. 后履行抗辩权

25. 下列各项年金中,只有现值没有终值的年金是(　　)。
A. 即付年金　B. 先付年金　C. 永续年金　D. 普通年金

26. 为了保证家庭财产实现代际相传、安全让渡而设计的财务方案是(　　)。
A. 税务规划　B. 投资规划　C. 财产传承规划　D. 资产配置

27. 理财师在收集客户信息时,下列不属于客户的定性信息的是(　　)。
A. 家庭基本信息　B. 客户的工作和收入信息
C. 家庭主要成员情况　D. 客户的期望和目标

28. 根据《中华人民共和国民法典》的规定,下列可以开办个人理财业务的是(　　)。
A. 12周岁的未成年人　B. 16周岁的但依靠父母生活的人
C. 10周岁以下的未成年人　D. 限制民事行为能力人的法定代理人

29. 客户在办理一般产品业务时,如需要银行提供相关个人理财顾问服务,一般产品销售和服务人员应(　　)。
A. 在持有理财师专业证书的理财业务人员配合下为其办理
B. 将客户带到理财专区并自行为其办理
C. 在持有理财师专业证书的理财业务人员指导下为其办理
D. 将客户移交持有理财师专业证书的理财业务人员

30. 用现金偿还债务与用现金购买股票对资产负债表的影响,下列说法正确的是(　　)。
A. 都不改变资产负债表中的项目　B. 净资产都不变
C. 总资产都不变　D. 资产负债率都不变

31. 金融市场中介分为交易中介和服务中介。按照这种划分方式,下列机构与其他机构性质不同的是(　　)。
A. 证券公司　B. 评级公司　C. 会计师事务所　D. 律师事务所

32. 在没有特别规定的情况下,信托业务中的受益人(　　)。
A. 不能将信托利益作为遗产交给继承人继承　B. 不能放弃信托利益
C. 可以用信托利益清偿其对外的欠债　D. 不能转让信托利益

33. 下列不是现货期权的是(　　)。
A. 外汇期权　B. 利率期权　C. 股指期权　D. 股指期货期权

34. 目前银行代理的国债分为凭证式国债、电子式储蓄国债和(　　)。
A. 记名式国债　B. 国家储蓄债　C. 不记名式国债　D. 记账式国债

35. 下列关于可转换债券收益的说法,不正确的是(　　)。
A. 可转换债券转换为股票前,持有人只享有利息
B. 可转换债券转换为股票后,持有人成为公司股东

C. 可转换债券转换为股票后,其收益水平与债券类似

D. 可转换债券适合在低风险、低收益与高风险、高收益这两种不同收益结构之间作出灵活选择的投资者

36. 下列选项中,不属于投资市场主体的是(　　)。

A. 无民事行为人　　B. 政府及政府机关

C. 中央银行　　D. 企业

37. 下列客户信息中不属于财务信息的是(　　)。

A. 客户的当前收支情况　　B. 客户的财务安排

C. 客户的资产负债情况　　D. 客户的购房规划

38. 刚刚参加工作一年的小王拿到年终奖8万元,计划储备5年后买房的首付款10万元,按复利计算,若投资的年收益率为8%,现在至少需要一次性投资(　　)万元。(答案取近似数值)

A. 5.8　　B. 7.8　　C. 6.8　　D. 8.8

39. 以下属于私募债的投资模式的是(　　)。

A. 强买强卖　　B. 买空卖空　　C. 杠杆组合　　D. 随机组合

40. 王先生通过银行购买了20 000元的国债,银行没有向他出具国债收款凭证,只是在他的银行卡中做了记录。那么,下列说法中正确的是(　　)。

A. 该投资者购买的是凭证式国债,不能上市流通

B. 该投资者购买的是凭证式国债,可以上市流通

C. 该投资者购买的是记账式国债,不能上市流通

D. 该投资者购买的是记账式国债,可以上市流通

41. 根据概率和收益的权衡,风险厌恶者在投资时通常会选择(　　)。

A. 50%的概率得2 000元,50%的概率得0元

B. 30%的概率得2 000元,70%的概率得0元

C. 20%的概率得2 000元,80%的概率得0元

D. 1 000元的确定收益

42. 基金销售机构应当建立健全档案管理制度,妥善保管投资人的开户资料和与基金销售业务有关的其他资料。投资人身份资料自业务关系结束当年计起至少保存(　　)年。

A. 10　　B. 15　　C. 20　　D. 5

43. 假如你有一笔资金收入,若目前领取可得10 000元,而3年后领取则可得15 000元。如果当前你有一笔投资机会,年收益率为20%,按复利计算,下列说法正确的是(　　)。

A. 目前领取并进行投资更有利

B. 3年后领取更有利

C. 目前领取并进行投资和3年后领取没有差别

D. 无法比较何时领取更有利

44. 下列关于内部控制的说法,不正确的是(　　)。

A. 对于可以由第三方托管的客户资产,应交由第三方托管

B. 商业银行内部可以根据人力、物力决定是否建立各自独立的监督和审核部门

C. 应当将银行资产与客户资产分开管理

D. 商业银行接受客户委托进行的个人理财业务应与客户签订合同,确保获得客户的充分授权

45. (　　)是北美洲最活跃的外汇市场。

A. 华盛顿　　B. 洛杉矶　　C. 纽约　　D. 波士顿

46. 现值利率因子(*PVIF*)也称为复利现值系数,与时间、利率的关系为(　　)。

A. 与时间呈正比关系,与利率呈反比关系

B. 与时间呈反比关系,与利率呈正比关系

C. 均为反比关系,时间越长、利率越高、现值利率因子则越小
D. 均为正比关系,时间越长、利率越高、现值利率因子则越大

47. 一般而言,下列属于人民币理财产品特点的是(　　)。
A. 低收益、低风险　　B. 期限不固定,收益波动较大
C. 高收益、高风险　　D. 期限固定,收益稳定

48. 下列不属于收藏品价格影响因素的是(　　)。
A. 生产或开采能力　　B. 市场供求因素
C. 储藏量或再生速度　　D. 投资者喜好及追捧程度

49. (　　)周岁以上不满(　　)周岁的公民,以自己的劳动收入为主要生活来源的视为完全民事行为能力人。
A. 16;18　　B. 20;24　　C. 14;16　　D. 18;20

50. 在下列四种证券中,信用风险最高的是(　　)。
A. 工商银行开具的银行承兑汇票　　B. 国内公开评级为A级的公司债券
C. 国债　　D. 政策性金融债

51. 健康保障属于(　　)。
A. 生理需求　　B. 安全需求　　C. 爱和归属感需求　　D. 被尊重的需求

52. (　　)是指经客户通过对风险的识别、衡量和评价,并在此基础上选择与优化组合各种风险管理工具和方法,对风险实施有效管理和妥善处理风险所导致损失的后果,以尽量小的成本去争取较为完善的安全保障和经济利益的行为。
A. 财务管理规划　　B. 理财管理规划　　C. 风险管理规划　　D. 现金理财规划

53. 关于理财师的工作流程,下列说法错误的是(　　)。
A. 理财师应当以客户的实际需求为准,不必拘泥于固定步骤或者某一特定的工作方法
B. 即使客户只有单项规划需求,理财师也应为客户制定综合全面的理财规划建议
C. 对于与理财师已经相识、关系到位且需求明确的客户,可以省略工作流程中的个别步骤
D. 理财师首先要深入了解客户,然后才能全面地去评估客户所要解决的财务问题

54. (　　)的特点是较为平民化,每个人都可以根据自己的财力进行投资。
A. 艺术品　　B. 古玩　　C. 纪念币　　D. 邮票

55. 根据我国《中华人民共和国民法典》的相关规定,下列表述不正确的是(　　)。
A. 继承开始后,有遗赠抚养协议的按照协议办理
B. 所有继兄弟姐妹均可作为继承人参与继承
C. 丧偶儿媳对公婆尽了主要赡养义务的可以作为第一顺序继承人
D. 继承开始后,没有第一顺序继承人的由第二顺序继承人继承

56. 按投资者对风险的态度划分,投资以储蓄、理财产品和债券为主,结合高收益的股票、基金和信托投资,优化组合模型,使收益与风险均衡化的客户类型是(　　)。
A. 风险厌恶型　　B. 风险偏好型　　C. 风险欣赏型　　D. 风险中立型

57. 某集团从2012年到2019年每年年底存入银行100万元,存款利率为5%,按复利计算2020年年初可累计约(　　)万元。
A. 954.9　　B. 940　　C. 805　　D. 814.2

58. 商业银行分支机构开展相关个人理财业务之前,应持其总行的授权文件,按照有关规定,向(　　)。
A. 所在地银保监会派出机构报告　　B. 所在地银保监会派出机构备案
C. 所在地中国人民银行分行报告　　D. 所在地中国人民银行分行备案

59.《银行业金融机构销售专区录音录像管理暂行规定》中规定银行业金融机构应建立统一的产品信息查询平台,并由专门部门负责平台的信息录入及管理工作,下列表述中错误的是(　　)。
A. 未在平台上收录的产品,一律不得销售

B. 银行业金融机构经报备银保监会,可以借助信息查询平台公开宣传私募产品
C. 产品信息查询平台应建立产品分类目录,严格区分自有与代销、公募与私募等不同产品类型
D. 充分披露产品信息,产品信息涵盖产品类型、发行机构、风险等级、合格投资者范围、收费标准、收费方式等内容

60. 理财师对客户家庭信息进行整理后,需要对客户家庭财务现状进行分析,其主要分析的内容不包括(　　)。
A. 储蓄结构分析　B. 收入结构分析　C. 资产负债结构分析　D. 投资组合分析

61. 在很多年前,陈先生因为投资股票遭受损失,再也不愿意投资股票,此外担心会遭受损失,对于理财师小王推荐的一些非保本收益理财产品也不大感兴趣。请问陈先生对待风险的态度为(　　)。
A. 无法判断　B. 风险中立型
C. 风险厌恶型　D. 风险偏好型

62. 下列关于看涨期权和看跌期权的说法,正确的是(　　)。
A. 当预期某种标的资产的未来价格会下跌,应该购买其看涨期权
B. 当预期某种标的资产的未来价格会上涨,应该购买其看跌期权
C. 看跌期权持有者可以在期权执行价格高于当前标的资产价格与期权费之和时执行期权,获得一定收益
D. 看涨期权和看跌期权的区别在于期权到期日不同

63. 一般而言,实际利率较高时,黄金持有者会(　　)黄金,从而导致黄金价格的(　　)。
A. 买入;上升　B. 卖出;下降　C. 买入;下降　D. 卖出;上升

64. 按照《个人外汇管理办法》,对经常项目个人外汇管理描述错误的是(　　)。
A. 经常项目的外汇管理按照可兑换原则管理
B. 从事货物进出口的个人对外贸易经营者,在商务部门办理对外贸易备案后,其贸易外汇资金的管理按照机构外汇收支进行管理
C. 个人进行工商登记后,可以凭有关单证办理委托具有对外贸易经营权的企业代理进出口项下的外汇资金收付、划转、结汇
D. 境内个人外汇汇出境外用于经常项目支出,单笔或当日累计汇出在规定金额以上的,应凭本人有效身份证件在银行办理

65. 商业银行面对信息技术基础设施严重受损以致影响正常业务运行的风险,不可以通过(　　)来进行操作风险缓释。
A. 提高电子化水平以取代手工操作　B. 制订连续营业方案
C. 购买电子保险　D. IT 系统灾难备援外包

66. 下列关于 ETF 基金特征的表述,错误的是(　　)。
A. 投资者可以现金申购赎回　B. 本质上是开放式基金
C. 基本上是指数型基金　D. 可在交易所挂牌买卖

67. 规划师在制定投资规划时首先要考虑的是(　　)。
A. 投资工具的流动比较好　B. 投资工具适合客户的财务目标
C. 投资工具的收益较高　D. 投资工具的风险较低

68. 财务自由指个人和家庭的收入主要来源于主动投资而不是被动工作。假设,去年 M 先生一家工资奖金等收入为 24 万元,金融投资和实业投资年收入 10 万元,其中固定收入 8 万元,去年日常各项支出(含还贷)为 12 万元,今年假设 M 先生一家如果工资奖金等收入和日常支出水平不变,只有投资收入结果改变,下列表述最恰当的是(　　)。
A. 今年 M 先生一家金融和实业投资收入 24 万元,实现了财务自由
B. 今年 M 先生一家金融和实业投资收入 13 万元,实现了财务自由

C. 今年 M 先生一家金融和实业投资年收入 15 万元,其中固定收入 10 万元,则实现了财务自由
D. 今年 M 先生一家金融和实业投资年收入 18 万元,其中固定收入 13 万元,则实现了财务自由

69. 关于私人银行业务,下列表述不恰当的是(　　)。
A. 金融机构可从中收取服务费
B. 向个人业务中高资产净值客户提供全方位理财业务
C. 限于为客户提供资产管理、投资规划
D. 实际上属于综合化服务

70. 保险公司每一会计年度向保单持有人实际分配盈余的比例不低于当年可分配盈余的(　　)。
A. 30%　　B. 50%　　C. 70%　　D. 80%

71. 理财师要以自己的专业水准来判断,坚持客观性,不带任何个人感情,这体现了(　　)的职业道德准则。
A. 正直守信　　B. 客观公正　　C. 勤勉尽职　　D. 专业胜任

72. 年金是指一定期间内每期相等金额的收付款项,按付款时点的不同分为普通年金和预付年金。普通年金是指在一定时期内每期(　　)等额收付的系列款项。
A. 期内　　B. 期末　　C. 期初　　D. 期中

73. 理财顾问服务有一定程序,一般而言,商业银行理财顾问业务的第一步是(　　)。
A. 分析客户家庭财务现状　　B. 接触客户,建立信任关系
C. 明确客户的理财目标　　D. 制订理财规划方案

74. 在理财师的实际工作中主要涉及法律体系中的法律不包括(　　)。
A.《中华人民共和国商业银行法》　　B.《中华人民共和国信托法》
C.《保险兼业代理管理暂行办法》　　D.《中华人民共和国民法典》

75. 一个家庭在其不同的人生阶段,涉及大量的风险,这些风险主要包括投资风险、信用风险、责任风险以及人身风险引发的家庭财务风险。所以人们需要对自己的家庭及个人进行风险管理,下列不属于有效风险管理方法的是(　　)。
A. 依靠家人及朋友的帮助及支持
B. 购买保险产品对潜在的人身、财产损失风险进行转移,满足家庭的财富保障和安全需要
C. 对资产进行分散投资来降低投资风险
D. 通过专业理财师进行家庭风险管理规划

76. 下列基金中流动性和安全性都较高的是(　　)。
A. 货币市场基金　　B. 股票市场基金
C. 混合型基金　　D. 债券市场基金

77. (　　)是指没有实物黄金介入的交易,主要通过记账方式来投资黄金,并不涉及实物黄金的交收,交易成本更低。
A. 纸黄金　　B. 基金　　C. 黄金准期货　　D. 纪念金币

78. 设立合伙企业应当具备的条件之一是有(　　)以上合伙人。
A. 1 个　　B. 2 个　　C. 3 个　　D. 4 个

79. (　　)让投资者免除了储存黄金的风险,也让投资者有随时提取购买黄金的权利。
A. 金币　　B. 纸黄金　　C. 黄金基金　　D. 条块现货

80. 某银行代理销售 A 货币基金,客户经理可以从银行代理销售取得的手续费中提取 20% 的业绩奖。从业人员小张的客户刘伟的投资组合中已经包括了 200 万元的货币市场基金,占其投资组合比重为 40%。小张为了增加业绩,建议刘伟再购买 150 万元 A 基金。根据银行业从业人员职业操守,小张的行为(　　)。
A. 违反了遵纪守法准则　　B. 违反了客观公正准则
C. 违反了勤勉正直守信　　D. 违反了专业胜任准则

81. 专业理财师的工作目标和重心是"帮助客户解决问题、实现其理财目标"。要达成这一目标,理财师首先要做的是(　　)。

A. 出具专业理财规划报告书　　B. 深入了解客户

C. 全面评估客户的财务问题　　D. 提出自己的见解和建议

82. 下列(　　)不属于合同履行的抗辩权。

A. 同时抗辩权　　B. 先履行抗辩权

C. 后履行抗辩权　　D. 不安抗辩权

83. 根据《经常项目外汇业务指引》的规定,个人携带外币现钞等入境,超过等值(　　)美元的应向海关书面申报。

A. 5 000　　B. 6 000　　C. 8 000　　D. 10 000

84. 证券发行可以通过公募和私募两种方式进行,其中公募是指(　　)推销证券。

A. 事先确定特定的发行对象,向社会公开

B. 事先不确定特定的发行对象,向社会广大投资者公开

C. 虽然事先不确定特定的发行对象,但是不向社会广大投资者公开

D. 发行公司只对特定的发行对象

85. 下列关于综合理财服务的说法,不正确的是(　　)。

A. 在综合理财服务活动中,投资收益与风险由客户或客户与银行按照约定方式承担

B. 在综合理财服务活动中,商业银行不可以向目标客户群销售理财计划

C. 在综合理财服务活动中,客户授权银行代表客户按照合同约定的投资方向和方式,进行投资和资产管理

D. 综合理财服务是商业银行在向客户提供理财顾问服务的基础上为客户提供的一种个性化、综合性服务

86. 下列关于回购协议中说法正确的是(　　)。

A. 回购协议是一种信用贷款协议

B. 回购协议比担保贷款更加不安全

C. 公司债券的信用等级低,所以不能作为回购协议的标的物

D. 资金借入方标的证券抵押给资金借出方,并承诺在未来某个时候用资金协议购回

87. (　　)是指商业银行向客户提供的财务分析与规划、投资建议、个人投资产品推介等专业化服务。

A. 综合理财服务　　B. 委托代理业务

C. 个人理财业务　　D. 理财顾问服务

88. 证券发行可以通过公募和私募两种方式进行,其中,公募发行的特征是(　　)。

A. 事先确定特定的发行对象,向社会公开

B. 发行公司只对特定的发行对象

C. 虽然事先不确定特定的发行对象,但是不向社会广大投资者公开

D. 事先不确定特定的发行对象,向社会广大投资者公开

89. 已知利率为10%,9年期的期末普通年金终值系数为13.579,11年期的期末普通年金终值系数为18.531,则10年期的期末年金终值系数值为(　　)。

A. 17.531　　B. 14.579　　C. 12.579　　D. 15.937

90. 形象大师罗伯特·庞德说:"7秒钟就决定了第一印象,永远没有第二次机会给对方留下第一印象。"这句话运用在理财师身上,体现了理财师(　　)的要求。

A. 明确自身定位　　B. 树立专业形象

C. 关注自身礼仪　　D. 关注工作的状态

二、多项选择题。以下各小题所给出的五个选项中，有两项或两项以上符合题目的要求，请选择相应选项，多选、少选、错选均不得分。(共40题，每题1分，共40分)

91. 以下属于理财师队伍扩张迅速的有(　　)。

A. 收入稳定、受人尊敬　　B. 行业自理和规范管理

C. 理财服务需求大　　D. 理财师培养工作推动

E. 终身的职业，越老越吃香

92. 李氏夫妇打算通过购买个人养老保险来进行退休规划，对此，理财客户经理给出的下列评价恰当的有(　　)。

A. 由于储蓄利率下调，传统寿险的预期利率低于以往，所以，购买养老保险不是令人满意的选择

B. 养老保险的利率高于银行存款的利率，所以养老保险比银行存款更适合于退休规划

C. 证券投资基金的期望收益率高于养老保险，所以证券投资基金是更合适的退休规划工具

D. 购买养老保险是长期投资，并且不能承担过高的风险

E. 与分红型、投资连结型保险相比，传统型养老保险的优点是保障收益稳定，而且相对而言保费较低

93. 下列关于保险代理人的说法正确的有(　　)。

A. 保险代理人应缴存保证金或投保职业责任保险

B. 保险代理人在办理保险业务活动中不得承诺向受益人予以保险合同规定之外的其他利益

C. 保险代理人在办理保险业务活动中不得隐瞒与保险合同相关的重要情况

D. 保险代理人在代理权过期的情况下代为办理保险业务的行为，由保险人承担责任

E. 保险人委托保险代理人代办保险业务的，应当与保险代理人签订委托代理协议

94. 黄大伟现有5万元资产与每年年底1万元储蓄，以3%实质报酬率计算，在下列目标中无法实现的有(　　)。(各目标之间没有关系，答案取近似数值)

A. 10年后将有18万元的子女高等教育金

B. 2年后可以达成7.5万元的购车计划

C. 5年后有15万元用于南极旅行

D. 20年后将有40万元的退休金

E. 4年后将有10万元的购房首付款

95. 夫妻在婚姻关系存续期间所得的(　　)财产，归夫妻共同所有。

A. 工资　　B. 生产、经营投资的收益

C. 知识产权的收益　　D. 一方因身体受到伤害获得的医疗费

E. 奖金

96. 下列关于短期债券的说法，错误的有(　　)。

A. 偿还期限在1年以下

B. 发行者主要是政府

C. 企业发行短期债券大多是为了筹集临时性周转资金

D. 政府发行短期债券多是为了平衡预算开支

E. 我国和美国政府发行的短期债券类型相同

97. 下列说法中，不正确的有(　　)。

A. 商业银行一般利用自身的渠道向个人客户提供个人理财服务

B. 商业银行是个人理财业务的供给方

C. 基金公司也可以提供理财相关服务

D. 非银行金融机构除通过自身渠道外，不可以利用商业银行渠道，为客户提供个人理财服务

E. 绝大多数第三方理财机构拥有自己的理财产品

98. 下列对保险产品的描述，错误的有(　　)。
A. 财产保险的标的和相关利益必须可用货币衡量
B. 传统的人寿保险包括生存保险、死亡保险和疾病保险
C. 再保险是指投保人按原保险签订保险协议
D. 商业保险遵循强制性原则
E. 人身保险的保险标的是指人的身体

99. 董老板打算投资100万元,希望在若干年后可以变成200万元,如果按照72法则估算,他需要选定(　　)的金融产品可大致达到预期目标。
A. 8%投资回报率,9年期限　　B. 4.5%投资回报率,16年期限
C. 4%投资回报率,18年期限　　D. 3%投资回报率,24年期限
E. 6%投资回报率,12年期限

100. 另类资产是指除(　　)以外的金融资产和实物资产。
A. 传统股票　　B. 房地产　　C. 债券
D. 对冲基金　　E. 现金

101. 下列关于金融理财工具的特点的说法中,错误的有(　　)。
A. 复利与年金系数表计算简单而且效率高,计算答案精准
B. 财务计算器便于携带但操作流程复杂
C. Excel表格使用成本低,操作简单
D. Excel表格试用性广泛,理财软件局限性较大
E. 专业理财软件功能齐全,附加功能多

102. 关于大额可转让定期存单的表述,正确的有(　　)。
A. 可在二级市场上流通转让　　B. 不记名
C. 可提前支取　　D. 固定面额
E. 利率既有固定的也有浮动的

103. 寿险中分红险的收益风险来源于(　　)。
A. 保险公司制定的预定营运管理费用　　B. 汇率的波动
C. 保险公司制定的预定死亡率　　D. 利率的波动
E. 保险公司制定的预定回报率

104. 下列属于影响货币时间价值的主要因素的有(　　)。
A. 时间　　B. 单利与复利　　C. 市场风险
D. 资金额度　　E. 通货膨胀率

105. 信托业务的当事人包括(　　)。
A. 受托人　　B. 经纪人　　C. 监管人
D. 受益人　　E. 委托人

106. (　　)形式的宣传推介材料应当包括为时至少5秒钟的影像显示,提示投资人注意风险并参考该基金的销售文件。
A. 电视　　B. 广播　　C. 互联网资料
D. 电影　　E. 公共网站链接

107. 下列属于银行个人理财业务从业人员必须具备的基本条件有(　　)。
A. 对与个人理财业务活动相关法律法规、行政规章和监管要求等,有充分的了解和认识
B. 掌握所推介产品或向客户提供咨询顾问意见所涉及产品的特性,并对有关产品市场有所认识和理解
C. 具备相关监管部门要求的行业资格
D. 遵守监管部门和商业银行制定的个人理财业务人员职业道德标准、行为守则
E. 具备相应的学历水平和工作经验

108. 下列关于国债的表述,正确的有(　　)。
A. 电子式国债可记名,但不可以上市流通
B. 记账式国债可记名、可挂失,但是交易成本高
C. 国债的流动性高于公司债券
D. 国债投资收益主要来自利息收益和价差收益
E. 凭证式国债可记名、可挂失,但是不能上市流通

109. 下列属于影响基金类产品收益的因素有(　　)。
A. 基金管理人员的投资策略　　B. 基金所投资的证券市场行情波动
C. 基金经理的投资管理能力　　D. 基金托管人的管理水平
E. 基金研究团队的研究实力

110. 在其他条件相同时,关于债券信用等级与发行利率之间的关系,下列表述正确的有(　　)。
A. 债券信用等级与债券发行利率无明确关系
B. 债券信用等级越低,债券发行利率越低
C. 债券信用等级越高,债券发行利率越高
D. 债券信用等级越低,债券发行利率越高
E. 债券信用等级越高,债券发行利率越低

111. 零售业务的特点是(　　)。
A. 资本回报率高　　B. 客户需求大
C. 市场认可度高　　D. 利润贡献度大
E. 抵御经济周期影响力强

112. 目前国内商业银行代理的国债种类有(　　)。
A. 实物式国债　　B. 记账式国债　　C. 美国国债
D. 凭证式国债　　E. 电子式储蓄国债

113. 当客户询问自己应该如何进行投资或者应该投资什么金融产品时,理财师应向客户(　　)。
A. 解释做投资决定应基于客户自身的风险承受能力和容忍态度
B. 帮助客户梳理这个投资决定和自己未来理财目标之间的关系
C. 立刻帮客户制作一份收益最大的理财计划
D. 让客户把钱给自己来进行投资
E. 以上做法均正确

114. 金融远期合约的特点主要有(　　)。
A. 履约大部分通过对冲方式　　B. 柜台交易
C. 违约风险较低　　D. 非标准化合约
E. 没有履约保证

115. 下列影响信托产品风险的重要因素有(　　)。
A. 信托项目的流动性风险
B. 信托产品结构设计
C. 信托公司项目评估能力
D. 信托项目主体的经营管理水平、财务状况及还款意愿
E. 信托项目自身的风险

116. 一般而言,银行代理贵金属业务的种类包括(　　)。
A. 条块现货　　B. 黄金 T + D　　C. 黄金基金
D. 纸黄金　　E. 金币

117. 根据基础资产划分,常见的金融远期合约主要包括(　　)。
A. 股指期货合约　　B. 债权类资产的远期合约

C. 远期利率协议　　D. 远期汇率协议
E. 股权类资产的远期合约

118. 某保险公司为增加业务量,特印制一批宣传材料进行宣传。下列行为中属于违规的宣传行为包括(　　)。
A. 保险宣传材料与某银行的理财产品宣传材料颜色、样式材料近似
B. 保险宣传材料中带有某商业银行字样,但明确指出保险产品不同于存款
C. 保险宣传材料中带有该保险产品与某银行合作开发字样
D. 保险宣传材料中带有某银行的标志及英文缩写
E. 各类保险宣传材料中不得出现“储蓄”“存款”等字样

119. 根据《中华人民共和国民法典》的相关规定,第一顺序继承人包括(　　)。
A. 子女　　B. 父母　　C. 祖父母
D. 兄弟姐妹　　E. 配偶

120. 个人理财业务的风险管理应包括(　　)。
A. 理财产品包含的相关交易工具的流动性风险
B. 理财产品包含的相关交易工具的市场风险
C. 商业银行进行有关投资操作面临的其他风险
D. 综合理财服务中面临的法律风险
E. 商业银行在提供个人理财顾问服务过程中面临的声誉风险

121. 电话沟通的优点包括(　　)。
A. 工作效率高　　B. 更好地了解客户的真实想法
C. 营销成本低　　D. 计划性强
E. 方便易行

122. 按照风险承受能力可将投资者分为(　　)。
A. 保守型　　B. 谨慎型
C. 稳健型　　D. 积极型
E. 固执型

123. 企业经营理念发展的趋势主要包括(　　)。
A. 转变金融经营理念
B. 借助互联网技术的发展
C. 信息技术与金融业务的有机整合
D. 理财师工作方法由简单的产品推销发展到综合的顾问式营销
E. 理财师向销售方向发展

124. 商业银行银行理财产品风险的主要风险有(　　)。
A. 流动性风险　　B. 法律风险
C. 操作风险　　D. 信用风险
E. 声誉风险

125. 夫妻可以约定婚姻关系存续期间所得的财产以及婚前财产(　　)。
A. 归各自所有　　B. 共同所有
C. 部分各自所有　　D. 部分共同所有
E. 仅可约定共同所有或部分各自所有两种形式

126. 债券的收益来源包括(　　)。
A. 租金收益　　B. 资本利得
C. 利息收入　　D. 再投资收入
E. 红利所得

127. 年金现值系数表的作用有(   )。

A. 已知年金求现值

B. 已知现值、年金、利率求期数

C. 已知现值求年金

D. 已知年金、现值、期数求利率

E. 已知终值求现值

128. 下列关于贴现、转贴现等市场行为的表述,正确的有(   )。

A. 再贴现实质上是中央银行对商业银行的贷款

B. 短期政府债券市场是以发行和流通短期政府债券所形成的市场

C. 贴现实质上是一种票据买卖关系

D. 转贴现实质上是一种票据再买卖关系

E. 回购市场是通过回购协议进行短期货币资金借贷所形成的市场

129. 下列属于国内个人理财业务迅速发展的原因的有(   )。

A. 居民财富积累

B. 居民理财需求上升

C. 居民理财技能欠缺

D. 投资理财工具日趋丰富

E. 金融机构转型的客观需要

130. 资本市场是筹集长期资金的场所,交易对象主要包括(   )。

A. 股票

B. 债券

C. 证券投资基金

D. 银行承兑汇票

E. 商业票据

三、判断题。请对以下各项描述做出判断,正确的为 A,错误的为 B。(共 15 题,每题 1 分,共 15 分)

131. 李先生不幸因车祸去世,留下遗产 300 万元,李先生父母均已离世,李先生夫妇与儿子、儿媳、孙子共同生活。李先生去世后无遗嘱,李先生孙子应分得遗产 100 万元。(   )

132. 商业票据是一种短期无担保信用凭证。(   )

133. 在签订远期利率协议之后,如果市场利率大幅波动,实际支付的利率也会随之变动。(   )

134. 凭证式国债不可以提前赎回。(   )

135. 艺术品投资是一种短期投资,其价值随着时间而提升。(   )

136. 自然人是基于出生而取得民事主体资格的人,包括本国居民、外国居民和无国籍人。(   )

137. 商业银行的流动性只表现为资产的流动性。(   )

138. 外汇理财产品只面临标的投资风险,不存在汇率换算风险。(   )

139. 对于封闭式理财产品,投资者在产品存续期既不能申购也不能赎回,或只能赎回不能申购。封闭式产品的赎回一般都会有特定的条款,该条款规定客户或者银行在触发条款规定时具有赎回的权利。(   )

140. 委托代理的基础法律关系一般是委托合同关系。民事法律行为的委托代理,既可以用书面形式,也可以用口头形式。(   )

141. 境外个人原兑换未用完的人民币兑回外汇凭本人有效身份证件和原兑换水单办理,原兑换水单的兑回有效期为自兑换日起 24 个月。(   )

142. 终值是未来收益按一定的贴现率后的当前价值,或者说是为取得将来一定本利和现在所需要的本金。(   )

143. 对于中长期债券而言,发生通货膨胀时,投资者投资债券的利息收入和本金都会受到不同程度的价值折损。(   )

144. 货币时间价值算式中,现金流应有负有正。(   )

145. 从业人员必须恪守保守秘密的职业道德准则,确保客户信息的保密性和安全性。(   )

机考题库·真题试卷(四)

答题卡

本试卷采用虚拟答题卡技术,自动评分

考生扫描右侧二维码,将答题选项填入虚拟答题卡中,题库系统可自动统计答题得分,生成完整的答案及解析。题库系统根据考生答题数据,自动收集整理错题,记录考生薄弱知识点,方便考生在题库系统中查漏补缺。

一、单项选择题。以下各小题所给出的四个选项中,只有一项符合题目要求,请选择相应选项,不选、错选均不得分。(共90题,每题0.5分,共45分)

1.(　　)的理财服务种类最为齐全,客户等级最高。

A. 投资管理业务　B. 理财业务　C. 财富管理业务　D. 私人银行业务

2. 理财产品包含的相关交易工具面临的风险不包括(　　)。

A. 流动性风险　B. 操作风险　C. 信用风险　D. 声誉风险

3. 在日常工作中,(　　)是理财师与客户最常见的沟通方式之一。

A. 电话沟通　B. 面对面沟通　C. 书信沟通　D. 电子邮件沟通

4. 取得台湾理财顾问证书,至少应经过(　　)次考试过程。

A. 1　B. 2　C. 3　D. 4

5. 按照投资目标不同,可以将证券投资基金划分为(　　)。

A. 开放式基金和封闭式基金　B. 成长型基金、收入型基金和平衡型基金

C. 主动型基金和被动型基金　D. 公司型基金和契约型基金

6. 顾先生进行一项投资,预计6年后会获得收益88万元,在年利率为5%的情况下,这笔收益的现值为(　　)万元。(答案取近似数值)

A. 62.54　B. 65.67　C. 46.66　D. 45.57

7. 房贷险的第一受益人是(　　)。

A. 贷款银行　B. 业主　C. 房产商　D. 保险公司

8. 信托制度起源于(　　)。

A. 英国　B. 美国　C. 中国台湾　D. 日本

9. 某增长型永续年金明年将分红1.30元,并将以5%的速度持续增长,年贴现率为10%,那么该年金的现值是(　　)元。

A. 30　B. 20　C. 26　D. 23

10. 为组建小家庭和生育子女准备必要的财力;为充电学习和充实生活准备必要的资金;为购置房产准备首付资金;如果计划创业,为创业积累资金是(　　)个人理财的主要任务。

A. 求学成长期　B. 成家立业期

C. 年富力强期　D. 稳定成熟期

11. 关于客户的理财目标,可概括为财富积累、财富保障、财富增值、财富分配四个方面,下列表述错误的是(　　)。

A. 财富保障,主要指针对人身、财产保障等的保险计划

B. 财富积累,主要讨论的是家庭收支管理

C. 财富分配,包含税务安排和遗产分配

D. 财富增值,主要解决的财务问题是教育和养老资金需求和投资规划

12. 下列选项中不属于家庭收支管理核心内容的是(　　)。

A. 投资管理　B. 增收节支　C. 建立应急基金　D. 现金管理

13. 在信托业务中,受益人自(　　)起享有信托受益权。
A. 信托生效之日　　B. 委托人指定受益人之日
C. 信托终止之日　　D. 签订信托合同之日

14. 一般来说,债券的价格与到期收益率成(　　),债券的市场交易价格与市场利率成(　　)。
A. 反比;反比　　B. 正比;正比　　C. 正比;反比　　D. 反比;正比

15. 合伙企业存续期间,合伙人向合伙以外的人转让其在合伙企业中的财产时,应当符合(　　)。
A. 只需通知其他合伙人即可　　B. 须经其他合伙人一致同意
C. 须经全体合伙人1/2以上同意　　D. 须经全体合伙人2/3同意

16. 某客户从银行贷款了一笔资金。贷款利率为6%,约定按年本利平均摊还,每年年末还20万元,持续10年,假设贷款利率不变,则银行向该客户发放(　　)万元贷款。(答案取近似数值)
A. 147.2　　B. 170.2　　C. 140.3　　D. 156.1

17. 银行理财师小于认为央行可能会加息,想建议客户钱先生将持有的债券卖掉。因无法取得联系,为避免客户损失,小于将钱先生的债券以市场价格售出,第二天,该债券价格下跌了5%。小于的行为违反的原则是(　　)。
A. 违反了专业胜任原则,因为他没有与客户沟通
B. 没有违反职业道德准则,因为他帮助客户避免了损失
C. 违反了遵纪守法原则,因为他没有获得客户授权
D. 违反了勤勉尽职原则,因为他没有获得客户授权

18. 下列关于信托特点的说法,不正确的是(　　)。
A. 信托财产具有独立性　　B. 信托是以信任为基础的财产管理制度
C. 受托人不承担无过失的损失风险　　D. 由受托人承担财产损失风险

19. 张先生在未来10年内每年年底获得1 000元,年利率为8%,则10年后可获得资金(　　)元。
A. 10 000　　B. 12 487　　C. 14 487　　D. 10 487

20. 根据生命周期理论,个人在稳定期的理财特征为(　　)。
A. 理财寻求稳定,不愿意承担太大风险
B. 愿意承担一些风险投资,加大投资比例
C. 愿意承担一些风险,有理财规划和目标
D. 保证本金安全,风险承受能力差,投资流动性较强

21. 下列关于私募基金设立和销售过程中应遵循的规则的表述,错误的是(　　)。
A. 不得承诺保底收益或最低收益　　B. 只能向特定的合格投资人销售
C. 应依法设立,完成相关登记备案　　D. 资金募集时,应通过多个渠道进行公告宣传

22. 偿还期在1年以上10年以下的债券是(　　)。
A. 短期债券　　B. 中期债券　　C. 长期债券　　D. 中长期债券

23. 下列关于港股通的表述,错误的是(　　)。
A. 港股通可投资的股票包括所有的香港联合交易所上市的股票
B. 港股通投资者可直接以人民币与证券公司进行交收
C. 港股通投资者不需要在香港股票市场开立专门投资账户
D. 港股通投资者不受每人每年等值5万美元的换汇额度限制

24. 开放式基金单位的交易价格主要取决于(　　)。
A. 基金总规模　　B. 基金单位净值
C. 基金存续期限　　D. 基金份额

25. 买进看涨期权的交易者,理论上讲其(　　)。
A. 风险是无限的,收益也是无限的　　B. 风险是有限的,收益也是有限的
C. 风险是有限的,收益是无限的　　D. 风险是无限的,收益是有限的

26. (　　)因其信誉好、利率优、风险小而被称为“金边债券”。

A. 金融债券　　B. 国债　　C. 公司债券　　D. 政府债券

27. 林先生在未来的 10 年内每年年初获得 10 000 元,年利率为 10%,则这笔年金的终值约为(　　)元。

A. 259 374　　B. 110 000　　C. 159 374　　D. 175 312

28. 下列不属于基金具有的特点的是(　　)。

A. 集合理财、专业管理　　B. 组合投资、分散投资

C. 利益稳定、风险较小　　D. 严格监管、信息透明

29. 在人的生命周期中,要尽可能多地储备资产、积累财富的时期是(　　)。

A. 建立期　　B. 维持期　　C. 高峰期　　D. 稳定期

30. 根据《商业银行代理保险业务管理办法》,下列表述正确的是(　　)。

A. 商业银行作为保险产品的代理销售方,遇到客户投诉、退保等情况应将客户直接转交给保险公司

B. 商业银行应向投保人提供完整合同,在客户明确同意删减的情况下,可选取部分重要内容进行提供

C. 商业银行销售保险时,需要通过银行扣划收取保费的可直接进行扣费

D. 商业银行应将完整、真实的客户投保信息提供给保险公司,不得截留

31. 客户信息分为定量信息和定性信息。下列不属于定量信息的是(　　)。

A. 家庭收入、支出金额　　B. 家庭资产、负债情况

C. 家庭储蓄额度　　D. 家庭理财风险偏好

32. 下列关于货币市场的说法中,错误的是(　　)。

A. 货币市场上的金融工具的期限通常不超过 1 年

B. 货币市场上的金融工具的流动性要比资本市场上的金融工具的流动性低

C. 货币市场可以看作货币资金的批发市场

D. 同业拆借市场是货币市场的一个组成部分

33. 按照资金融资方式不同,金融市场可分为(　　)。

A. 直接市场和间接市场　　B. 一级市场和二级市场等

C. 货币市场和资本市场等　　D. 有形市场和无形市场

34. A 银行提供一款理财产品“香港市场基金组合理财计划”,该产品的理财期限 3 年,每年分红一次,预期年收益率 2.0% ~2.7%,风险提示中明确说明由此产生的理财本金及收益损失的风险由投资人自行承担,该产品是(　　)。

A. 非保本浮动收益理财计划　　B. 保本浮动收益理财计划

C. 保证收益理财计划　　D. 固定收益理财计划

35. 结构性理财产品是指运用金融工程技术,将(　　)组合在一起而形成的一种新型金融商品。

A. 固定收益产品与衍生金融产品　　B. 股权产品与固定收益产品

C. 衍生金融产品与大宗商品　　D. 固定收益产品与大宗商品

36. 普通合伙企业由普通合伙人组成,合伙人对合伙企业债务承担无限连带责任。下列关于普通合伙企业的说法不正确的是(　　)。

A. 有书面合伙协议

B. 必须有 2 个以上合伙人

C. 出资方式只能是货币、实物、知识产权、土地使用权或者其他财产权利

D. 有合伙企业的名称和生产经营场所

37. 根据保险销售行为规范和相关要求,当(　　)时,向其销售保险产品原则上应为保单利益确定的保险产品,且保险合同不得通过系统自动核保现场出单,应将保单材料转至保险公司,经核保

人员核保后，由保险公司出单。

A. 期缴产品投保人年龄超过70周岁　B. 期缴产品投保人年龄超过65周岁
C. 投保人年龄超过70周岁　D. 投保人年龄超过65周岁

38. 根据《商业银行理财业务监督管理办法》，公募理财产品的单一投资者销售起点金额为(　　)。
A. 1万元　B. 5万元　C. 1元　D. 1 000元

39. 下列关于H股、N股、S股说法错误的是(　　)。
A. H股为在香港上市的股票　B. N股为在纽约上市的股票
C. S股为在上海上市的股票　D. S股为在新加坡上市的股票

40. 含有高收益性和高风险的投资产品的资产组合比较适合(　　)的家庭。
A. 家庭形成期　B. 家庭衰老期　C. 家庭成长期　D. 家庭成熟期

41. 一般来说，当预期未来利率水平上升，个人理财产品中应增加(　　)的配置。
A. 外汇　B. 债券　C. 储蓄　D. 股票

42. 销售机构的内审人员在进行销售行为审查时，应该重点审查(　　)的情况。
A. 客户的风险偏好　B. 理财投资建议是否存在误导客户
C. 客户的资产结构　D. 客户的收入水平

43. 在理财方案跟踪和定期评估方面，下列表述错误的是(　　)。
A. 如果客户正处于事业黄金期，收入增长较快；或者正面临退休，就需要理财师经常评估和修改理财方案；反之，家庭生活和财务状况比较稳定的客户就可以相应减少评估
B. 客户投资金额越大或占比越高，就越是经常需要对其理财规划方案进行检测与评估
C. 对理财规划方案的评估、修正实际上是理财规划服务的有机组成部分，每次评估和修正可以是局部、单项的财务安排或投资产品组合的调整，不应是较大规模或整体方案的修正
D. 有的客户偏爱风险高收益投资产品，投资风格积极主动；有的客户属于风险厌恶型的投资者，投资风格谨慎、稳健，前者比后者更需要经常性的理财

44. 资本市场的特征是(　　)。
A. 风险性高，收益也高　B. 收益高，安全性也高
C. 流动性低，安全性也低　D. 风险性低，安全性也低

45. 根据《商业银行理财业务监督管理办法》的规定，商业银行应当至少(　　)向投资者披露一次封闭式公募理财产品的资产净值和份额净值。
A. 每周　B. 每月　C. 每天　D. 每季度

46. 在理财产品销售过程中商业银行应当定期或不定期地在本行网点或采用(　　)方式对客户进行风险承受能力持续评估。
A. 电话银行　B. 短信　C. 电子邮件　D. 网上银行

47. 下列选项中，不符合期货交易制度的是(　　)。
A. 交易者按照其买卖期货合约价值缴纳一定比例的保证金
B. 交易所每周结算所有合约的盈亏
C. 会员持有的按单边计算的某一合约投机头寸存在限额
D. 会员结算准备金余额小于零，并未能在规定时限内补足的，应被强行平仓

48. 某校准备设立永久性奖学金，每年计划颁发36 000元资金，若年复利率为12%，该校现在应向银行存入(　　)元资金。
A. 350 000　B. 450 000　C. 300 000　D. 360 000

49. 张先生在未来10年内每年年初获得1 000元，年利率为8%，则这笔年金的现值为(　　)，终值为(　　)。
A. 6 711.54元；15 645.49元　B. 7 246.89元；15 646.49元
C. 6 711.54元；15 646.49元　D. 7 246.89元；15 645.49元

50. 下列有关货币时间价值的表述错误的是(　　)。
A. 收益率是决定一笔货币在未来增值程度的关键因素
B. 通货膨胀率是使货币购买力变化的正向因素
C. 时间的长短是影响货币时间价值的首要因素,时间越长,货币的时间价值越明显
D. 单利的计算始终以最初的本金为计算收益的基数,而复利则以本金和利息为基数计息
51. 下列关于商业银行和客户在理财顾问服务中角色的说法,正确的是(　　)。
A. 商业银行只提供建议,最终决策权在客户　B. 客户提供建议并作出决策,商业银行不参与
C. 客户只提供建议,最终决策权在商业银行　D. 商业银行提供建议并作出决策,客户不参与
52. (　　)是指经过专业资格认证,即持有相关从业资格牌照、代表金融机构为客户提供理财规划专业服务的专业人士。
A. 经济师　B. 会计师　C. 财富管理师　D. 分析师
53. 人们需要对自己的家庭及个人进行风险管理,下列不属于有效风险管理计划的是(　　)。
A. 通过选择优秀理财师来控制理财服务过程中的合规风险和操作风险
B. 依靠家人及朋友的帮助
C. 对资产进行分散投资来降低投资风险
D. 购买保险产品对潜在的人身、财产损失风险进行转移,满足家庭的财富保障和安全需要
54. 企业发行债券,在名义利率相同的情况下,对其最不利的复利计息期是(　　)。
A. 1 个月　B. 1 个季度　C. 1 年　D. 半年
55. 下列关于金融互换市场的说法中,不正确的是(　　)。
A. 互换是两个或两个以上的当事人交易
B. 货币互换需要交换等价的本金,而利率互换不需要交换本金
C. 金融互换是通过银行进行的场内交易
D. 如果没有双方同意,互换合约是不能单方面更改或终止的
56. 教育规划根据对象不同可分为个人教育投资规划和(　　)两种。
A. 老人教育规划　B. 亲人教育规划　C. 子女教育规划　D. 企业教育规划
57. 下列选项中,风险承受能力相对较高的是(　　)。
A. 资金需动用的时间离现在越近者　B. 年龄大者
C. 投资经验丰富者　D. 负债比率高者
58. 下列不属于黄金 T+D 交易时段的是(　　)。
A. 周四 20:00—02:30　B. 周二 09:00—11:30
C. 周六 20:00—02:30　D. 周三 13:30—15:30
59. 合伙制私募基金管理费的数额是所管理资金的一定百分比,通常为(　　)。
A. 0.25% ~0.5%　B. 0.25% ~2.5%　C. 0.5% ~2.5%　D. 0.5% ~1.5%
60. 在理财规划服务中,金融机构或理财师一般不涉及客户财务资源的具体操作,只提供建议,最终决策在客户。这体现了理财师的(　　)职业特征。
A. 顾问性　B. 专业性　C. 规范性　D. 动态性
61. 金融市场常被看作国民经济的"晴雨表"和"气象台",这体现了金融市场的(　　)。
A. 反映经济运行功能　B. 调节经济功能
C. 优化资产配置功能　D. 融通集聚功能
62. 下列市场中不属于资本市场的是(　　)。
A. 债券回购市场　B. 中长期债券市场
C. 股票市场　D. 证券投资基金市场
63. 已知某只基金的投资资产中现金持有量较小,则该只基金最有可能是一只(　　)。
A. 开放式基金　B. 公募基金　C. 国际基金　D. 成长型基金

64. 合伙制私募基金(　　)即私算基金的基金管理人,他们可与另外 1~49 名(　　)共同组建一只有限合伙制私募基金。

A. 有限合伙人;有限合伙人　　B. 普通合伙人;普通合伙人

C. 有限合伙人;普通合伙人　　D. 普通合伙人;有限合伙人

65. 假定年利率为 12%,小王投资本金 5 000 元,投资 3 年用单利和复利计算投资本金收益合计差额为(　　)元。

A. 6 800　　B. 224.64　　C. 7 024　　D. 225.68

66. 下列关于信托产品的表述,错误的是(　　)。

A. 银行可以开发信托产品　　B. 受托人不承担无过失的损失风险

C. 信托具有融通资金的职能　　D. 信托财产权利主体与利益主体相分离

67. 某投资者在股票市场上买入甲公司股票,担心股价会下跌,同时买进了甲公司的看跌期权,这体现了金融市场的(　　)。

A. 资源配置的功能　　B. 聚敛资金的功能

C. 调节微观经济的功能　　D. 避险功能

68. 金融市场引导众多分散的小额资金汇聚并投入社会再生产,这是金融市场的(　　)。

A. 资金融通集聚功能　　B. 财富投资功能

C. 交易功能　　D. 调节经济功能

69. 两款理财产品,风险评级相同:A 款,半年期,预期年化收益率 6%;B 款,一年期,预期年化收益率 6.05%。则这两款理财产品的有效年化收益率相比(　　)。

A. B 款更高　　B. A 款和 B 款相同　　C. A 款更高　　D. 两者无法比较

70. 下列关于债券的描述,错误的是(　　)。

A. 附息债券的息票率是固定的,所以不存在利率风险

B. 公司债券存在信用风险

C. 根据发行主体的不同,债券可分为政府债券、金融债券、公司债券等

D. 信用风险可以用发行者的信用等级来衡量

71. 下列选项中,量化一个完整的理财目标应包括的内容是(　　)。

A. 何时开始、需要多少整笔资金流出、每年需要多少资金流出、流出多少年

B. 有多少资产、多少年收入、收入可持续几年、已经安排好的现金流入

C. 何时开始、有多少资产、需要多少整笔资金流出、已经安排好的现金流入

D. 有多少年收入、收入可持续几年、每年需要多少资金流出、流出多少年

72. 根据《公开募集证券投资基金销售机构监督管理办法》,下列关于基金销售资质的表述,错误的是(　　)。

A. 基金销售机构应当对基金销售人员进行持续培训

B. 基金销售人员需持证上岗

C. 商业银行负责基金销售业务的部门中持证人员占比需达到 1/3

D. 基金销售业务资格申请实行注册制

73. 一般而言,按收益率从小到大顺序排列正确的是(　　)。

A. 普通债券、普通股票、国债　　B. 国债、普通债券、普通股票

C. 普通股票、国债、普通债券　　D. 普通股票、普通债券、国债

74. 下列关于债券的描述,错误的是(　　)。

A. 信用风险可以用发行者的信用等级来衡量

B. 附息债券的息票率是固定的,所以不存在利率风险

C. 公司债券存在信用风险

D. 根据发行主体的不同,债券可分为政府债券、公司债券等

75. 通常,可积累的财产达到巅峰,要逐步降低投资风险的时期属于家庭生命周期(　　)阶段。
A. 家庭成熟期　B. 家庭成长期　C. 家庭衰老期　D. 家庭形成期
76. 执行理财规划方案的原则不包括(　　)。
A. 了解原则　B. 连续性原则　C. 目标明确原则　D. 诚信原则
77. 下列属于境外主要股票价格指数的是(　　)。
A. 沪深300指数　B. 深圳综合指数
C. 标准普尔债券价格指数　D. 道琼斯股票价格平均指数
78. 对追求高投资回报的投资者来说,比较适合的基金类型是(　　)。
A. 收入型基金　B. 成长型基金　C. 债券型基金　D. 封闭型基金
79. 保险公司和银行合作是为了利用银行(　　)方面的优势。
A. 产品创新能力　B. 广泛的销售渠道
C. 高效的管理模式　D. 丰富的人才资源
80. 基金专户理财又称基金管理公司独立账户资产管理业务,是基金管理公司向特定对象提供的个性化财产管理服务,单个账户人数上限为(　　)人。
A. 50　B. 100　C. 300　D. 200
81. 一笔100万元的资金存入银行,20年后,按5%的年均复利计算比按5%的年均单利多出的钱,为(　　)元。
A. 653 298　B. 1 000 000　C. 1 653 298　D. 0
82. 某客户从银行贷款了一笔资金,贷款利率为6%,约定按年本利平均摊还,每年年初还20万元,持续10年,假设贷款利率不变,则银行向该客户发放(　　)万元贷款。
A. 156　B. 147　C. 170　D. 140
83. 根据《中华人民共和国保险法》的规定,健康保险属于(　　)范围。
A. 财产保险　B. 人身保险　C. 再保险　D. 人寿保险
84. 理财目标的确定,必须遵循一定的原则,这些原则不包括(　　)。
A. 理财目标绝不能增加投资风险　B. 理财目标是可以量化和检验的
C. 理财目标具备合理性和可行性　D. 理财目标要具体明确
85. 下列关于电子式国债说法错误的是(　　)。
A. 电子式国债是财政部在境内发行的,以电子方式记录债权的可流通人民币债券
B. 电子式储蓄国债是面向个人投资者发售的
C. 相较凭证式国债,电子式国债在便携性方面有很大提高
D. 电子式国债需要投资者开立个人国债托管账户,并指定对应的资金账户
86. 在外汇理财产品中,(　　)是指将基础产品如储蓄、浮动收益产品等,与利率期权、汇率期权等相结合,并在合约中体现这种期权的复合产品。
A. 结构类投资工具　B. 浮动收益类产品
C. 实盘外汇买卖　D. 期权类产品
87. 以下属于理财顾问服务的是(　　)。
A. 销售信贷产品　B. 对外营销宣传活动
C. 销售储蓄存款产品　D. 提供财务分析与规划服务
88. 根据《经常项目外汇业务指引》,境内机构不可以按规定在银行购汇或使用自有外汇提取外币现钞的经常项目是(　　)。
A. 银行汇路不畅的经常项目交易
B. 向战乱的国家(地区)支付的经常项目支出
C. 向金融条件好的国家(地区)支付的经常项目支出
D. 国际海运船长借支项下

89. 下列不属于贵金属产品风险的是(　　)。
A. 政策风险　B. 市场风险　C. 技术风险　D. 交易风险
90. 金融期货合约的特征不包括(　　)。
A. 可以通过对冲进行履约　B. 非标准化合约
C. 由期货交易所或结算公司提供担保　D. 合约价格有最小变动单位和浮动限额

二、多项选择题。以下各小题所给出的五个选项中,有两项或两项以上符合题目的要求,请选择相应选项,多选、少选、错选均不得分。(共40题,每题1分,共40分)

91. 下列行为中,保险代理人从事保险代理业务不得(　　)。
A. 挪用保险费　B. 泄露商业秘密　C. 隐瞒重要事项
D. 骗取保险金　E. 擅自变更保险合同
92. 目前大多数银行按照客户AUM即资产管理规模对客户进行分类,AUM一般包括(　　)。
A. 保险　B. 基金　C. 定期存款
D. 理财　E. 活期存款
93. 目前银行代理国债的种类包括(　　)。
A. 凭证式国债　B. 记账式国债　C. 建设国债
D. 特种国债　E. 电子式储蓄国债
94. 净现值(NPV)是指所有现金流(包括正现金流和负现金流在内)的现值之和。下列表述正确的有(　　)。
A. 不能够以净现值判断投资是否能够获利
B. 净现值为负值,说明投资是亏损的
C. 净现值为正值,说明投资是亏损的
D. 净现值为负值,说明投资能够获利
E. 净现值为正值,说明投资能够获利
95. 某投资项目的内含报酬率等于6%,下列表述正确的有(　　)。
A. 该项目未来现金流入现值大于现金流出现值
B. 该项目净现值等于零
C. 该项目未来现金流入现值等于现金流出现值
D. 6%是该项目本身的投资报酬率
E. 该项目未来现金流入现值小于现金流出现值
96. 下列关于商业银行从事境内黄金期货交易业务从业人员资格及人数的规定,正确的有(　　)。
A. 通过我国期货行业认可的从业资格考试合格人员不少于3人
B. 交易人员至少2人
C. 风险管理人员至少2人
D. 交易人员和风险管理人员相互不得兼任
E. 交易人员和风险管理人员不得有不良从业记录
97. 衡量一个人或者家庭的财务安全,主要包括(　　)。
A. 是否有稳定、充足的收入　B. 个人事业是否有发展的潜力
C. 是否有充足的现金准备　D. 是否有舒适的住房
E. 是否购买了适当的财产和人身保险
98. 在理财计划的存续期内,商业银行应向客户进行持续性的信息披露,其中包括(　　)。
A. 理财资金的投资比例
B. 理财资金的投资方向
C. 对投资者权益或者投资收益等产生重大影响的突发事件
D. 客户所持有的所有相关资产的账单
E. 理财资金的具体投资品种

99. 一般而言,在理财活动中,家庭风险管理规划涉及的主要保险品种包括(　　)。
A. 信用保险　　B. 再保险　　C. 重大疾病保险
D. 财产保险　　E. 人身保险

100. 债券作为一种理财产品,投资债券的收益主要来源于(　　)。
A. 佣金　　B. 手续费
C. 利息收益　　D. 债券利息的再投资收益
E. 资本利得

101. 合伙人应当按照合伙协议约定的(　　)履行出资义务。
A. 出资方式　　B. 数额　　C. 缴付期限
D. 原则　　E. 出资时间

102. 根据理财规划的需求,一般把客户信息分为(　　)。
A. 基本信息　　B. 财务信息　　C. 个人兴趣
D. 人生规划　　E. 人生目标

103. 短期政府债券的特征包括(　　)。
A. 面额大　　B. 违约风险小　　C. 交易成本高
D. 收入免税　　E. 流动性强

104. 了解客户包含的内容有(　　)。
A. 目标客户的金融需求的主要内容　　B. 目标客户的短期金融需求目标
C. 目标客户的长期金融需求目标　　D. 目标客户的经济现状
E. 本银行的金融产品和金融服务在客户中的表现

105. 金融期货合约的特点有(　　)。
A. 非标准化合约
B. 标准化合约
C. 履约大部分通过对冲方式
D. 合约的履行由期货交易所或结算公司提供担保
E. 合约的价格有最小变动单位和浮动限额

106. 下列关于银行承兑汇票的说法正确的有(　　)。
A. 银行承兑汇票的第一债务人是银行,出票人只负有第二责任
B. 安全性高
C. 银行承担全部责任
D. 信用度高
E. 灵活性好

107. 理财师在分析客户家庭财务状况时,需了解的定量信息有(　　)。
A. 家庭各类负债额度　　B. 家庭各类收入额度
C. 家庭各类资产额度　　D. 家庭储蓄额度
E. 家庭各类支出额度

108.《商业银行理财业务监督管理办法》,下列选项中符合合格投资者的要求的有(　　)。
A. 小张具有 3 年股票投资经历,且家庭金融净资产为 500 万元
B. 某公司最近一年末净资产为 2 000 万元
C. 某公司最近一年末净资产为 1 200 万元
D. 小李具有 1 年股票投资经历,且近 5 年每年收入 10 万元
E. 小张具有 5 年股票投资经历,且家庭金融总资产为 600 万元

109. 银行理财产品的主要风险包括(　　)。
A. 市场风险　　B. 违约风险　　C. 提前终止风险
D. 政策风险　　E. 流动性风险

110. 下列关于信托产品委托人的表述，正确的有（　　）。
A. 委托人可以是受益人
B. 委托人与受益人可以是同一人
C. 委托人必须是财产的合法拥有者
D. 委托人可以是自然人、法人或者依法成立的其他组织
E. 委托人必须依法具备民事行为能力

111. 下列关于家庭衰老期理财行为的表述，正确的有（　　）。
A. 在核心资产组合中，不应该有高风险的股票配置
B. 不建议有新增负债
C. 将养老险转即期年金
D. 夫妻年龄一般在50岁至60岁
E. 核心资产配置应以固定收益为主

112. 下列属于银行代理类理财产品的有（　　）。
A. 基金　　B. 保险
C. 债券型理财产品　　D. 货币型理财产品
E. 信托

113. 在理财规划书文本制作完毕后，理财师应与客户联系确定会面的时间和地点，当面解释理财规划书的内容。在这个过程中，理财师应注意的问题包括（　　）。
A. 用专业语言解释理财规划书内容
B. 多注意客户的反馈，自始至终让客户参与其中
C. 如实告知方案实施中可能涉及的风险
D. 建议客户和家人讨论理财规划书的内容
E. 对各类假设和一些名词概念，要具体说明

114. 下列的现金流入可以看作年金的有（　　）。
A. 每月从社保部门领取的养老金　　B. 从保险公司领取的养老金
C. 每个月定期定额缴纳的房屋贷款月供　　D. 基金的定额定投
E. 每月固定的房租

115. 根据《中华人民共和国民法典》的规定，下列选项中属于遗嘱订立方式的有（　　）。
A. 自书遗嘱　　B. 代书遗嘱　　C. 打印遗嘱
D. 录音遗嘱　　E. 口头遗嘱

116. 建立严格的内部控制制度是风险管理的必然要求，下列关于内部控制制度的说法，错误的有（　　）。
A. 个人理财业务的主要风险管理方式、风险测算方法与标准需要分析审核和报告
B. 商业银行内部要建立各自独立的监督和审核部门对个人理财业务进行监督审核
C. 个人理财业务客户资产不需要与银行资产分开管理，可以由第三方托管的，应交由第三方托管
D. 因业务合作需要，商业银行可以将客户的相关资料和服务与交易记录提供第三方
E. 商业银行接受客户委托进行个人理财业务，应与客户签订合同

117. 下列关于货币现值和终值的说法中，正确的有（　　）。
A. 现值是以后年份收到或付出资金的现在价值
B. 可用倒求本金的方法计算未来现金流的现值
C. 现值与时间呈正比例关系
D. 由终值求解现值的过程称为贴现
E. 现值和终值呈正比例关系

118. 下列属于金融衍生品的有(　　)。
A. 普通股　B. 公司债券　C. 股指期货
D. 远期利率协议　E. 货币互换

119. 一般而言,下列关于期权的表述,正确的有(　　)。
A. 美式期权允许期权持有者在期权到期日前的任何时间行权
B. 对期权购买者来说,欧式期权比美式期权更有利
C. 欧式期权只允许期权持有者在期权到期日行权
D. 期权的买方为了得到一项权利,需要向卖方支付一笔期权费
E. 看涨期权是指期权卖方向买方出售基础资产的权利

120. 下列关于年金的表述,正确的有(　　)。
A. 向租房者每月收取的固定租金属于年金形式
B. 年金通常用 PMT 表示
C. 年金是指一定期间内每期相等金额的收付款项
D. 等额本息分期偿还贷款属于年金形式
E. 退休后每月固定从社保部门领取的等额养老金属于年金形式

121. 人们对自己的家庭及个人进行风险管理,做法正确的有(　　)。
A. 购买保险产品对潜在的人身、财产损失风险进行转移
B. 对资产进行分散投资来降低投资风险
C. 通过法律手段对信用风险进行保全
D. 通过选择优秀理财师来控制理财服务过程中的合规风险
E. 通过选择优秀理财师来控制理财服务过程中的操作风险

122. 国内个人理财业务迅速发展的原因包括(　　)。
A. 投资理财工具日趋丰富　B. 居民财富积累
C. 居民理财技能好　D. 金融机构转型的客观需要
E. 居民理财需求上升

123. 产品目标客户信息是产品的销售对象,包括(　　)。
A. 客户赎回权　B. 客户风险承受能力
C. 客户资产规模　D. 产品发行地区
E. 资金门槛

124. 关于普通年金现金流的特征,下列表述正确的有(　　)。
A. 普通年金现金流一般都具备连续的特征
B. 每期现金流的金额必须固定且方向一致
C. 每期年金按相同的百分比增长
D. 普通年金现金流一般都具备等额的特征
E. 保证在计算期内各期现金流量不能中断

125. 参与金融市场交易的当事人包括(　　)。
A. 政府及政府机构　B. 企业
C. 金融机构　D. 中央银行
E. 居民个人

126. 下列关于银行业从业人员行为的表述,错误的有(　　)。
A. 可以根据内幕信息为客户提供理财建议
B. 应当及时向有关机构报告客户的可疑交易
C. 为了避免发生利益冲突,本人及亲属不得购买所在机构销售的金融产品
D. 离职一段时间后,可以透露客户相关信息
E. 在业务活动中可以将内幕消息告知机构内的所有人员

127. 银行承兑汇票的特点包括(　　)。
A. 安全性高　　B. 信用度高　　C. 灵活性好
D. 流动性差　　E. 期限长

128. 根据《中华人民共和国民法典》,下列属于民事代理特征的有(　　)。
A. 代理人在代理活动中具有独立的法律地位
B. 代理行为可直接或间接对被代理人发生效力
C. 代理行为必须是具有法律效力的行为
D. 代理人须以被代理人的名义实施代理行为
E. 代理人须在代理权限内实施代理行为

129. 下列客户信息中属于财务信息的有(　　)。
A. 基本信息　　B. 资产状况　　C. 个人爱好
D. 家庭收支　　E. 预期目标

130. 下面关于基金专户理财的表述,正确的有(　　)。
A. 一对多专户每年开放期不得超过 5 个工作日
B. 单个一对多账户每个客户门槛不低于 100 万元
C. 基金专户理财又称基金管理公司独立账户资产管理业务,是基金管理公司向特定对象(主要是机构客户和高端个人客户)提供的个性化财产管理服务
D. 单个一对多账户人数上限为 200 人
E. 一对多专户每年最多开放一次

三、判断题。请对以下各项描述做出判断,正确的为 A,错误的为 B。(共 15 题,每题 1 分,共 15 分)

131. 在个人理财业务中,特别是私人银行业务中,最常见的法人客户是商业银行。(　　)
132. 根据生命周期理论,30 岁的投资人应该采取稳健的理财策略。(　　)
133. 在多样化需求推动和电子交易系统支持下,国际金融市场中的场内与场外交易方式出现交叉融合趋势。(　　)
134. 商业银行应不定期地对内部风险监控和审计程序的独立性、充分性、有效性进行审核和测试。(　　)
135. 在投资期限和回报率相同的情况下,期初普通年金现值系数一定小于期末普通年金现值系数,原因在于期初普通年金当期期初的投资不会折现。(　　)
136. 成长型基金比较适合于退休的,以获得稳定现金流为目的的稳健投资者。(　　)
137. 一般而言,人们的退休规划开始时间是越早越好。(　　)
138. 金融债券因其信誉好、利率优、风险小而又被称为“金边债券”。(　　)
139. 债券的性质是所有权凭证,反映了筹资者和投资者之间的债权债务关系。(　　)
140. 在初次接触客户时,理财师需要了解并明确客户的财务问题或理财目标,并利用自身的专业能力为客户分析该财务问题或目标可能涉及的其他因素。对于某个客户当前财务状况下不能实现的理财目标,只能奉劝客户放弃。(　　)
141. 张先生在未来 10 年内每年年底获得 1 000 元,年利率为 8%,则这笔年金的终值为 14 587.56元。(　　)
142. 货币市场是专门融通短期资金和交易期限在 1 年以内(包括 1 年)的有价证券市场。(　　)
143. 金融市场的优化资源配置功能是指金融市场对宏观经济的调节作用。(　　)
144. 私人银行业务是商业银行业务“金字塔”的塔尖。(　　)
145. FOF 是一种专门投资于其他证券基金的基金,并不直接投资股票或债券。(　　)

机考题库·真题试卷参考答案及解析

机考题库·真题试卷(三)

一、单项选择题

1. B 【解析】商业银行个人理财业务按是否接受客户委托和授权对客户资金进行投资和管理,分为:①理财顾问服务,是指商业银行向客户提供财务分析与规划、投资建议、个人投资产品推介等专业化服务;②综合理财服务,是指商业银行在向客户提供理财顾问服务的基础上,接受客户的委托和授权,按照与客户事先约定的投资计划和方式进行投资和资产管理的业务活动。

2. D【解析】$FV=(1\,000\div 8\%)\times[(1+8\%)^{10}-1]\times(1+8\%)=15\,645.49$(元)。

3. C 【解析】委托代理是指代理人依据被代理人的委托,以被代理人名义实施民事法律行为,其法律后果直接归属于被代理人的法律制度。

4. B 【解析】债券价格与到期收益率成反比。债券价格越高,从二级市场上买入债券的投资者所得到的实际收益率越低;反之则相反。

5. B 【解析】《中华人民共和国民法典》规定,合同生效后,当事人不得因姓名、名称的变更或者法定代表人、负责人、承办人的变动而不履行合同义务。

6. B 【解析】《关于进一步规范商业银行个人理财业务有关问题的通知》中规范了产品宣传材料,加强了产品宣传与营销活动的合规性管理的规定,要求在首页最醒目位置揭示风险,说明最不利的投资情形和投资结果。对于无法在宣传和介绍材料中提供科学、准确的测算依据和测算方式的理财产品,不得在宣传和介绍材料中出现“预期收益率”或“最高收益率”字样。

7. D 【解析】5年期年金现值为$[1-1\div(1+10\%)^5]\div 10\%\times 200+200=958.16$(元)。故选D。

8. C 【解析】金融市场客体是指金融市场交易的对象,即金融工具,包括同业拆借、票据、债券、股票、外汇和金融衍生品等。居民和金融机构是金融主体,会计师事务所是金融市场上的服务中介。所以,通过排除法可以得知,货币头寸属于金融市场客体。故选C。

9. D 【解析】根据股东享有权利和承担风险大小不同,股票分为普通股股票和优先股股票。选项A,按票面是否记载投资者姓名,股票分为记名股票和无记名股票;选项B,按票面有无面额,股票分为面额股票和无面额股票;选项C,按照股票是否流动,可将其分为流通股及非流通股两大类。

10. D 【解析】高峰期:在我国,通常男性60岁退休,女性55岁退休。这时,房贷等中长期债务已还清,子女一般也已经步入社会开始独立,因此,这个时期基本上没有大额支出,也没有债务负担,财富积累到了最高峰,为未来的生活奠定一定的基础。在此阶段,个人的主要理财任务是妥善管理好积累的财富,主动调整投资组合,低投资风险,以保守稳健型投资为主,配以适当比例的进取型投资,多配置基金、债券、储蓄、银行固定收益理财产品,以稳健的方式使资产得以保值增值。

11. C 【解析】具体按金融工具的基本性质分类,资本市场包括股票市场、债券市场和证券投资基金市场。

12. A 【解析】货币型理财产品是投资于货币市场的银行理财产品。主要投资于信用级别较高、流动性较好的金融工具。

13. B 【解析】上证180指数在成分股折股时无须调整,在成分股增发、配股时需要进行调整。

14. C 【解析】我国的信托制度最早诞生于20世纪初,20世纪80年代后得到真正发展。故选C。

15. D 【解析】退休养老收入一般有三大来源:社会养老保险、企业年金和个人储蓄投资。故选D。

16. B 【解析】按投资主体的性质,股票分为国家股、法人股和社会公众股。社会公众股是指在我国境内个人和机构以其合法财产投入公司时形成的可上市流通的股份。

17. C 【解析】20世纪60年代到80年代,通常被认为是国外个人理财业务的形成和发展时期。故选C。

18. B 【解析】保险相关原则:保险利益原则、近因原则、损失补偿原则、最大诚信原则。

19. B 【解析】私人银行业务是一种向高净值客户提

供的金融服务，它不仅为客户提供投资理财产品，还为客户进行个人理财，利用信托、保险、基金等金融工具维护客户资产在风险、流动和盈利三者之间的精准平衡，同时也包括与个人理财相关的一系列法律、财务、税务、财产继承、子女教育等专业顾问服务，其目的是通过全球性的财务咨询及投资顾问，达到财富保值、增值、继承、捐赠等目标。银行等金融机构则可从中收取服务费。

20. B 【解析】合同生效后，当事人不可以因为姓名、名称的变更而不履行合同义务。

21. B 【解析】货币市场可分为同业拆借市场、票据贴现市场、可转让大额定期存单市场和回购市场等子市场。

22. B 【解析】理财规划方案可以是单项理财目标的规划，也可以是涵盖客户所有主要理财目标的综合理财规划方案，两者的选择主要是由客户愿意提供的信息和需求所决定的。

23. D 【解析】$5\,000\times(1+12\%)^{6}=9\,869.11$(元)。故选D。

24. A 【解析】根据《中华人民共和国民法典》中关于合同履行抗辩权的规定可知，不安抗辩权指应当先履行债务的当事人，有确切证据证明合同对方的经济状况严重恶化，可以中止履行；同时履行抗辩权指当事人互负债务，没有先后履行顺序的，应当同时履行；先履行抗辩权指当事人互负债务，有先后履行顺序，先履行一方未履行的，后履行一方有权拒绝其履行要求。故选A。

25. C 【解析】只有现值没有终值的年金是永续年金。故选C。

26. C 【解析】财产传承规划是为了保证家庭财产实现代际相传、安全让渡而设计的财务方案，也叫遗产规划。故选C。

27. B 【解析】理财师收集的客户信息中，客户的定性信息包括以下内容：①家庭基本信息；②职业生涯发展状况；③家庭主要成员情况；④客户的期望和目标。

28. D 【解析】个人理财业务的客户应当是完全民事行为能力人的自然人，以及无民事行为能力人、限制民事行为能力人的法定代理人。

29. D 【解析】客户在办理一般产品业务时，如需要银行提供相关个人理财顾问服务，一般产品销售和服务人员应将客户移交持有理财师专业证书的理财业务人员。故选D。

30. B 【解析】在个人资产负债表中，净资产=资产-负债，若用现金偿还债务，则资产减少，负债也相应减少，净资产没有发生变化；若用现金购买股票，则资产不变，负债也不变，净资产也没有发生变化。

31. A 【解析】选项A是交易中介，选项B、选项C、选项D是服务中介。

32. C 【解析】《中华人民共和国信托法》第46条规定：受益人可以放弃信托受益权。第47条规定：受益人不能清偿到期债务的，其信托受益权可以用于清偿债务，但法律、行政法规以及信托文件有限制性规定的除外。第48条规定：受益人的信托受益权可以依法转让和继承，但信托文件有限制性规定的除外。

33. D 【解析】股指期货期权是期货期权的一种。

34. D 【解析】目前银行代理国债的种类有三种：凭证式国债、电子式储蓄国债和记账式国债。

35. C 【解析】可转换债券转换为股票后就具备了股票的一切特点，享受股利分配或资本增值。

36. A 【解析】参与金融市场交易的当事人是金融市场的主体，包括企业、政府及政府机关、中央银行、金融机构、居民个人。

37. D 【解析】财务信息主要是指客户家庭的收支与资产负债状况，以及相关的财务安排包括储蓄、投资、保险账户情况等。

38. C 【解析】由多期中的现值复利计算公式可得 $PV=10\div(1+8\%)^{5}=6.8$(万元)。

39. C 【解析】私募债的3种投资模式包括买入持有、杠杆组合和利用量化工具买卖私募债。故选C。

40. D 【解析】凭证式国债是一种国家储蓄债，可记名、挂失，以"凭证式国债收款凭证"记录债权，不能上市流通，从购买之日起计息。记账式国债以记账形式记录债权，通过银行间市场或证券交易所的交易系统发行和交易，可以记名、挂失。

41. D 【解析】风险厌恶型投资者对待风险态度消极，不愿为增加收益而承担风险，非常注重资金安全，极力回避风险。选项D符合要求。

42. C 【解析】基金销售机构应当建立健全档案管理制度，妥善保管投资人的开户资料和与基金销售业务有关的其他资料。投资人身份资料自业务关系结束当年计起至少保存20年。

43. A 【解析】若现在领取用于投资，则 $FV=PV\times(1+r)^{n}=10\,000\times(1+20\%)^{3}=17\,280$(元)，大于15 000元。故选A。

44. B 【解析】商业银行应当将银行资产与客户资产分开管理，明确相关部门及其工作人员在管理、调整客户资产方面的授权。对于可以由第三方托管的客户资产，应交由第三方托管。商业银行接受客户委托进行投资操作和资产管理等业务活动，应与客户签订合同，确保获得客户的充分授权。商业银行必须建立各自独立的监督和审核部门。

45. C 【解析】伦敦是世界上最大的外汇交易中心，东京是亚洲最大的外汇交易中心，纽约是北美洲最活跃的外汇市场。故选C。

46. C 【解析】现值利率因子与时间、利率呈反比关系，利率越高，时间越长，现值利率因子越小。故选C。

47. D 【解析】很多金融机构近年来推出了一些与货币市场相关的理财产品，如货币市场基金、商业银行人民币理财产品等。这类产品安全性较高，收益稳定，深受保守型投资客户的欢迎，大多投资期限固定，收益稳定，一般风险相对较低，适合有较大数额闲置资金的投资者购买。

48. B 【解析】收藏品价格的影响因素包括生产或开采能力、储藏量或再生速度和投资者喜好及追捧程度。

49. A 【解析】16周岁以上不满18周岁的公民，以自己的劳动收入为主要生活来源的视为完全民事行为能力人。故选A。

50. B 【解析】选项中信用风险从低到高的排序为国债<政策性金融债<银行承兑汇票<公司债，故选B。

51. B 【解析】安全需求包括人身安全、健康保障、资源所有性、财产所有性、道德保障、工作职位保障、家庭安全等需求。

52. C 【解析】风险管理规划是指经客户通过对风险的识别、衡量和评价，并在此基础上选择与优化组合各种风险管理工具和方法，对风险实施有效管理和妥善处理风险所导致损失的后果，以尽量小的成本去争取较为完善的安全保障和经济利益的行为。

53. B 【解析】我们将理财师的工作流程概括为如下6个方面：①接触客户，建立信任关系；②收集、整理和分析客户的家庭财务状况；③明确客户的理财目标；④制订理财规划方案；⑤执行理财规划方案；⑥后续跟踪服务。在面对具体客户和不同情形时，理财师不必拘泥于这几个步骤或者某一特定的工作方法，而是应当以客户的需要和具体案例为准。

54. D 【解析】邮票的收藏和投资同收藏艺术品、古玩相比较，其特点是较为平民化，每个人都可以根据自己的财力进行投资。

55. B 【解析】继承开始后，按照法定继承办理；有遗嘱的，按照遗嘱继承或者遗赠办理；有遗赠扶养协议的，按照协议办理，选项A正确。丧偶儿媳对公婆，丧偶女婿对岳父母，尽了主要赡养义务的，作为第一顺序继承人，选项C正确。继承开始后，由第一顺序继承人继承，第二顺序继承人不继承；没有第一顺序继承人继承的，由第二顺序继承人继承，选项D正确。兄弟姐妹属于第二继承人，选项B表述错误。

56. D 【解析】风险中立型，介于风险厌恶型和风险偏好型两类投资者之间，期望获得较高收益，但对于高风险也望而生畏；投资应以储蓄、理财产品和债券为主，结合高收益的股票、基金和信托投资，优化组合模型，使收益与风险均衡化。

57. A 【解析】根据题意，本题考查期末年金终值公式：$FV = C \times [(1+r)^n - 1] \div r$，$FV = 100 \times [(1+5\%)^8 - 1] \div 5\% \approx 954.9$（万元）。

58. A 【解析】《商业银行个人理财业务管理暂行办法》第53条规定，商业银行的分支机构开展相关个人理财业务之前，应持其总行（地区总部等）的授权文件，按照有关规定，向所在地中国银保监会派出机构报告。

59. B 【解析】银行业金融机构不得借助信息查询平台公开宣传私募产品。

60. D 【解析】对客户家庭信息进行整理后，接下来理财师的工作就进入客户家庭财务现状的分析环节。主要的分析内容分为以下4个部分：①资产负债结构分析；②收入结构分析；③支出结构分析；④储蓄结构分析。故选D。

61. C 【解析】按照客户对风险的态度把客户划分为风险厌恶型、风险偏好型及风险中立型三类。其中，风险厌恶型投资者对待风险态度消极，不愿为增加收益而承担风险，非常注重资金安全，极力回避风险；投资工具以安全性高的储蓄、国债、保险等为主。

62. C 【解析】当人们预期某种标的资产的未来价格下跌时购买的期权，称为看跌期权。若预期某种标的资产的未来价格会下跌，应该购买其看跌期权而不是看涨期权。选项A、选项B错误。若看涨期权的执行价格高于当前标的资产价格，执行期权会形成亏损。所以看跌期权持有者可以在期权执行价格高于当前标的资产价格与期权费之和时执行期权，获得一定收益。选项C正确。看涨期权和看跌期权的区别在于权利性质不同，而不在于期权到期日不同。选项D错误。

63. B 【解析】一般来说，实际利率较高时，持有黄金的机构就会卖出黄金，将所得货币用于购买债券或者其他金融资产来获得更高收益，因此会导致黄金价格的下降。相反,如果实际利率下降,机构持有黄金的机会成本(由此造成的利息损失)就会减少,从而促进黄金需求的增加,导致黄金价格的上升。

64. D 【解析】根据《个人外汇管理办法》第12条可知,境内个人外汇汇出境外用于经常项目支出,单笔或当日累计汇出在规定金额以上的,凭本人有效身份证件和有交易额的相关证明等材料在银行办理。

65. A 【解析】题干中已经指出信息基础设施严重受损,为了不影响正常业务运行,应该辅助以手工操作,而选项A的方案恰恰相反。故选项A不可以操作风险缓释。

66. A 【解析】ETF的申购赎回,投资者只能用与指数对应的一揽子股票申购或者赎回ETF,而LOF则以现金申购赎回。

67. B 【解析】银行从业人员在制定投资规划时,首先要考虑的是某种投资工具是否适合客户的财务目标。

68. D 【解析】当投资的固定收益可以完全覆盖个人或者家庭发生的各项支出时,则认为就达到了财务自由的层次,去年M先生日常各项支出(含还贷)为12万元,因此,只要今年投资的固定收益大于12万元即可达到财务自由。故选D。

69. C 【解析】私人银行业务是一种向高净值客户提供的金融服务,它不仅为客户提供投资理财产品,还为客户进行个人理财服务,也提供与个人理财相关的专业顾问服务。故选C。

70. C 【解析】按照原中国保监会《分红保险精算规定》,保险公司每一会计年度向保单持有人实际分配盈余的比例不低于当年可分配盈余的70%。

71. B 【解析】客观公正就是理财师要以自己的专业水准来判断,坚持客观性,不带任何个人感情。在理财业务开展过程中,公正对待每一位客户、委托人、合伙人或所在的机构。

72. B 【解析】普通年金又称"后付年金",是指每期期末有等额的收付款项的年金。故选B。

73. B 【解析】理财师的工作流程概括为以下6个方面:①接触客户,建立信任关系;②收集、整理和分析客户的家庭财务状况;③明确客户的理财目标;④制订理财规划方案;⑤理财规划方案的执行;⑥后续跟踪服务。故选B。

74. C 【解析】《保险兼业代理管理暂行办法》属于行政法规。故选C。

75. A 【解析】购买保险产品对潜在的人身、财产损失风险进行转移,满足家庭的财富保障和安全需要;对资产进行分散投资来降低投资风险;通过法律手段对信用风险进行保全;通过选择优秀理财师来控制理财服务过程中的合规风险和操作风险等。故选项A不属于有效风险管理方法。

76. A 【解析】基金中流动性和安全性都较高的是货币市场基金。

77. A 【解析】纸黄金交易没有实物黄金介入,而是通过记账方式来投资黄金,所以不涉及实物黄金的交收,交易成本更低。

78. B 【解析】设立合伙企业,应当具备下列条件:①有两个以上合伙人。合伙人为自然人的,应当具有完全民事行为能力;②有书面合伙协议;③有合伙人认缴或者实际缴付的出资;④有合伙企业的名称和生产经营场所;⑤法律、行政法规规定的其他条件。

79. B 【解析】纸黄金让投资者免除了储存黄金的风险,也让投资者随时有提取所购买黄金的权利,或按当时的黄金价格,将账户里的黄金兑换成现金,通常也称为"黄金存折"。

80. B 【解析】客观公正准则是指理财师要以自己的专业水准来判断,坚持客观性,不带任何个人感情。在提供服务过程中,不应受到经济利益、人情关系等影响,对可能发生的利益冲突要及时向有关方面披露。根据题意可知小张违反了客观公正原则。

81. B 【解析】当一个客户或潜在客户在面前时,理财师首先要做的是了解客户,了解客户的过程也就是收集相关信息、理财需求的过程,然后理财师需要判断客户是否需要理财规划服务、需要哪方面的服务。故选B。

82. C 【解析】合同履行的抗辩权包括同时抗辩权、先履行抗辩权和不安抗辩权。

83. A 【解析】根据《经常项目外汇业务指引》的规定,个人携带外币现钞等入境,超过等值5 000美元的应向海关书面申报。故选A。

84. B 【解析】证券发行可以通过公募和私募两种方式进行。公募又称公开发行,是指事先不确定特定的发行对象,而是向社会广大投资者公开推销证券。私募又称非公开发行,是指发行公司只对特定的发行对象推销证券。故选B。

85. B 【解析】《商业银行个人理财业务管理暂行办法》第10条规定,商业银行在综合理财服务活动中,可以向特定目标客户群销售理财计划。故选B。

86. D 【解析】回购协议是指出售证券时,与证券的购买商签订协议,约定在一定期限后按原价或约定价格购回所卖证券,从而获得即时可用资金的一种交易行为。本质上说,回购协议是一种以证券为抵押品的抵押贷款,故选项A错误。证券出售者不能在交易结束时买回证券,投资者就有权处置证券,从这个角度看,回购协议比担保贷款还要安全,故选项B错误。可流通的证券都可以作为回购协议的标的物,故选项C错误。

87. D 【解析】理财顾问服务是指商业银行向客户提供的财务分析与规划、投资建议、个人投资产品推介等专业化服务。故选D。

88. D 【解析】发行市场上,证券发行可以通过公募和私募两种方式进行。公募又称公开发行,是指事先不确定特定的发行对象,而是向社会广大投资者公开推销证券。私募又称非公开发行,是指发行公司只对特定的发行对象推销证券。

89. D 【解析】10年期的期末年金终值系数值为$[(1+10\%)^{10}-1]\div10\%=15.937$。

90. C 【解析】良好的自身礼仪不仅能够反映一个理财师个人素质和修养,同时也代表了所述金融机构的形象。

二、多项选择题

91. ABCDE 【解析】除选项A、选项B、选项C、选项D、选项E,还包括合格理财师的职场选择多、提升空间大。

92. BDE 【解析】处于退休期的人,应选择固定收益的投资工具,购买养老保险虽然不能像其他证券投资基金的期望收益率那样高,但是收益稳定,风险小,是退休规划中的重要工具。

93. ABCE 【解析】《中华人民共和国保险法》规定,保险代理人根据保险人的授权代为办理保险业务的行为,由保险人承担责任。保险代理人没有代理权、超越代理权或者代理权终止后以保险人名义订立合同,使投保人有理由相信其有代理权的,该代理行为有效。保险人可以依法追究越权的保险代理人的责任。故选项D表述错误。

94. BCDE 【解析】选项A,10年后的本利和为$5\times1.344+1\times11.464=18.184$(万元),故选项A可以实现。选项B,2年后的本利和为$5\times1.061+1\times2.03=7.335$(万元),故选项B无法实现。选项C,5年后的本利和为$5\times1.159+1\times5.309=11.104$(万元),故选项C无法实现。选项D,20年后的本利和为$5\times1.806+1\times26.87=35.9$(万元),故选项D无法实现。选项E,4年后的本利和为$5\times1.126+1\times4.184=9.814$(万元),故选项E无法实现。

95. ABCE 【解析】选项D属于夫妻一方的财产,不归夫妻共同所有,故选A、B、C、E。

96. BE 【解析】短期债券是指偿还期限在1年以下的债券。短期债券的发行者主要是企业和政府。企业发行短期债券大多是为了筹集临时性周转资金。政府发行短期债券多是为了平衡预算开支。美国政府发行的短期债券分为3个月、6个月、9个月和12个月四种。我国政府发行的短期债券较少,期限分为3个月、6个月和9个月三种。

97. DE 【解析】非银行金融机构除了通过自身渠道,还可利用商业银行渠道,向客户提供个人理财服务。绝大多数第三方理财机构没有自己的产品,因而能够客观地根据客户的财务状况和理财需求,帮助客户选择合适的金融产品和产品组合,提供综合性的理财规划服务。

98. BCDE 【解析】选项B应改为传统的人寿保险包括生存保险、死亡保险和生死两全保险。选项C应改为再保险是指直接保险人为转移已承保的部分或全部风险而向其他保险人购买的保险。选项D应改为商业保险是基于自愿原则,与众多面临相同风险的投保人以签订保险合同的方式提供的保险服务。选项E应改为人身保险是以人的身体和寿命作为保险标的的一种保险。

99. ABCDE 【解析】假设这项投资在n年后增长了1倍,按72法则计算如下:$200=100\times(1+r)^n$,将每个选项中的r和n代入核算,选项A、选项B、选项C、选项D、选项E均符合题意。

100. ACE 【解析】另类资产是指除传统股票、债券和现金之外的金融资产和实物资产,如房地产、证券化资产、对冲基金、私募股权基金、大宗商品、巨灾债券、低碳产品、酒和艺术品等。

101. AD 【解析】复利与年金系数表计算简单、效率高,但计算答案不够精准。用Excel表格和理财软件都有局限性。

102. ABDE 【解析】大额可转让定期存单(CDs)是银行发行的有固定面额、可转让流通的存款凭证,大额可转让定期存单的特点主要有以下几方面:①不记名;②金额较大;③利率既有固定的,也有浮动的,一般比同期限的定期存款的利率高;④不能提前支取,但是可以在二级市场上流通转让。

103. ACDE 【解析】分红险的收益风险来源于利率的波动和保险公司制定的预定死亡率、预定投资回报率和预定营运管理费用。选项B不符合题意。

104. ABE 【解析】影响货币时间价值的主要因素包括时间、收益率或通货膨胀率、单利与复利。故选A、B、E。

105. ADE 【解析】信托业务是一种以信用为基础的法律行为，一般涉及三方面当事人，即投入信用的委托人，受信于人的受托人，以及受益于人的受益人。

106. ACDE 【解析】根据《证券投资基金销售管理办法》第45条的规定，电视、电影、互联网资料、公共网站链接形式的宣传推介材料应当包括为时至少5秒钟的影像显示，提示投资人注意风险并参考该基金的销售文件。电台广播应当以旁白形式表达上述内容。

107. ABCDE 【解析】商业银行个人理财业务人员应满足以下资格要求：①对个人理财业务活动相关法律法规、行政规章和监管要求等，有充分的了解和认识；②遵守监管部门和商业银行制定的个人理财业务人员职业道德标准或守则；③掌握所推介产品或向客户提供咨询顾问意见所涉及产品的特性，并对有关产品市场有所认识和理解；④具备相应的学历水平和工作经验；⑤具备相关监管部门要求的行业资格；⑥具备中国银保监会要求的其他资格条件。

108. ACDE 【解析】记账式国债以记账形式记录债权，通过银行间市场或证券交易所的交易系统发行和交易，可以记名、挂失。但由于记账式国债的发行和交易均无纸化，所以效率高、成本低、交易安全，选项B表述错误。

109. ABCE 【解析】影响基金类产品收益的因素主要来自两方面：①来自基金的基础市场，即基金所投资的对象产品，如债券、股票、货币市场工具等。这些基础市场的行情波动对基金的收益有很大影响。②来自基金自身的因素，如基金管理公司的资产管理与投资策略、基金管理人员的业务素质、研究团队的研究实力、基金经理的投资管理能力、基金管理公司的整体业务运行情况等。

110. DE 【解析】债券信用等级越低，债券发行利率越高；债券信用等级越高，债券发行利率越低。

111. ADE 【解析】零售业务具有利润贡献度大、资本回报率高、抵御经济周期影响力强的特点，已经成为现代商业银行的核心和支柱业务。

112. BDE 【解析】目前国内商业银行代理的国债种类有记账式国债、凭证式国债和电子式国债。故选B、D、E。

113. AB 【解析】当客户询问自己应该如何进行投资或者应该投资什么金融产品时，理财师应向客户解释，做投资决定，一方面应基于客户自身的风险承受能力和容忍态度，另一方面是要帮助客户梳理这个投资决定和自己未来理财目标之间的关系，这也成为专业理财师和“投资顾问”“销售员”的区别。选项C、选项D的做法都是不正确的。

114. BDE 【解析】金融远期合约的特点表现在以下方面：①非标准化合约。每份远期合约千差万别，这就给远期合约的流通造成较大不便。②柜台交易。不利于信息交流和传递，也不利于形成统一的价格。③没有履约保证。当价格变动对一方有利时，另一方就有可能不履行或无力履行合约，因此，违约风险较高。

115. ABCDE 【解析】信托产品的主要风险包括投资项目风险、项目主体风险、信托公司风险和流动性风险。影响投资项目风险的重要因素有项目的市场风险、财务风险、经营管理风险等；影响项目投资主体风险的重要因素有该主体的经营管理水平、财务状况以及还款意愿(即道德风险)以及担保公司的信誉度；影响信托公司风险的重要因素包括项目评估风险和信托产品的设计风险。

116. ABCDE 【解析】选项A、选项B、选项C、选项D、选项E均为银行代理贵金属业务的种类。

117. BCDE 【解析】根据基础资产划分，常见的金融远期合约包括4个大类：股权类资产的远期合约，债权类资产的远期合约，远期利率协议，远期汇率协议。故选B、C、D、E。

118. ABCDE 【解析】各类保险单证和宣传材料在颜色、样式、材料等方面应与银行单证和宣传材料有明显区别，不得使用带有商业银行名称的中英文字样或商业银行的形象标识，不得出现“储蓄”“存款”“与银行共同推出”等字样。

119. ABE 【解析】第一顺序：配偶、子女、父母；第二顺序：兄弟姐妹、祖父母、外祖父母。

120. ABCDE 【解析】个人理财业务的风险管理，既应包括商业银行在提供个人理财顾问服务和综合理财服务过程中面临的法律风险、操作风险、声誉风险等主要风险，也应包括理财计划或产品包含的相关交易工具的市场风险、信用风险、操作风险、流动性风险以及商业银行进行有关投资操作和资产管理中面临的其他风险。

121. ACDE 【解析】电话沟通的优点包括工作效率高、营销成本低、计划性强、方便易行。电话沟通的缺点包括不能面对面、对客户周围环境和其肢体语言都毫无所知。

122. ABCD 【解析】按照不同程度的风险承受能力可将投资者分为保守型、谨慎型、稳健型、积极型和激进型。

123. ABCD 【解析】企业经营理念发展的趋势包括以下内容：①市场竞争的加剧，要求金融企业经营理念从以产品为中心转为以客户为中心，了解客户是基础和关键。理财师工作方法应由简单的产品推销发展到综合的顾问式营销，主动为优质客户提供个性化服务，从而成为商业银行吸引客户的重要服务手段。②借助互联网技术的发展，即信息技术与金融业务的有机整合。可以更好地全面了解客户，为客户提供个性化定制的理财服务。

124. ACD 【解析】最常见的银行理财产品风险包括政策风险、违约风险或信用风险、市场风险、流动性风险、利率风险、操作风险、交易对手管理风险、不可抗力及意外事件等风险，不同级别的理财产品适合不同风险承受能力的客户。

125. ABCD 【解析】夫妻可以约定婚姻关系存续期间所得的财产以及婚前财产归各自所有、共同所有或部分各自所有、部分共同所有。故选A、B、C、D。

126. BCD 【解析】债券收益的来源有利息收益、资本利得、债券利息的再投资收益3种。故选B、C、D。

127. ABCD 【解析】年金现值系数表只能用来求现值或者现值计算公式中的变量，不能用来求终值。

128. ABCDE 【解析】题干表述均正确。

129. ABCDE 【解析】国内个人理财业务迅速发展的原因包括以下几方面：①居民财富积累；②居民理财需求上升；③居民理财技能欠缺；④投资理财工具日趋丰富；⑤金融机构转型的客观需要。

130. ABC 【解析】资本市场是筹集长期资金的场所，一般而言，资本市场是指提供长期资本融通和交易的市场，包括股票市场、中长期债券市场和证券投资基金市场等。

三、判断题

131. B 【解析】根据《中华人民共和国民法典》的规定：①继承权男女平等。②遗产按照下列顺序继承：第一顺序：配偶、子女、父母；第二顺序：兄弟姐妹、祖父母、外祖父母。孙子不属于第一顺序和第二顺序继承人，故分得0元。

132. A 【解析】商业票据是大公司为了筹措资金，以贴现的方式出售给投资者的一种短期无担保信用凭证。

133. B 【解析】远期利率协议是指交易双方约定在未来某一日、交换协议期间内一定名义本金基础上分别以合同利率和参考利率计算的利息的金融合约。其中，远期利率协议的买方支付以合同利率计算的利息，卖方支付以参考利率计算的利息。可见实际支付利率是一定的。

134. B 【解析】凭证式国债是一种国家储蓄债，可记名、挂失，以“凭证式国债收款凭证”记录债权，不能上市流通，从购买之日起计息。在持有期内，持券人如遇特殊情况需要提取现金，可以到购买网点提前兑取。提前兑取时，除偿还本金外，利息按实际持有天数及相应的利率档次计算，经办机构按兑付本金的2‰收取手续费。

135. B 【解析】艺术品投资是一种长期投资，其价值随着时间而提升。

136. A 【解析】自然人是基于出生而取得民事主体资格的人，包括本国公民、外国人和无国籍人。

137. B 【解析】商业银行的流动性表现为资产的流动性和负债的流动性。

138. B 【解析】从个人理财来看，个人闲置的外汇资金可以通过外汇市场各类产品实现资金的保值增值。与本币产品相比，外汇理财产品风险除了标的投资风险，还有汇率换算风险。

139. A 【解析】封闭式产品是总体份额在存续期内不变，而总体金额是可能变化的理财产品。对于封闭式产品，投资者在产品存续期既不能申购也不能赎回，或只能赎回不能申购的理财产品。

140. A 【解析】委托代理的基础法律关系一般是委托合同关系。民事法律行为的委托代理，可以用书面形式，也可以用口头形式。

141. A 【解析】境外个人原兑换未用完的人民币兑回外汇凭本人有效身份证件和原兑换水单办理，原兑换水单的兑回有效期为自兑换日起24个月。

142. B 【解析】终值是货币在未来某个时点的价值，即期间发生的现金流在期末的价值。

143. A 【解析】国债具有通货膨胀风险。对于中长期债券而言，当发生通货膨胀时，投资者投资债券的利息收入和本金都会受到不同程度的价值折损。

144. A 【解析】货币时间价值算式中，现金流应有负有正，否则在求值中会出现Error提示，无法计算出正确答案。输入负数时，一般先输入数字再按键。

145. A 【解析】理财师在未经客户或所在机构明确同意的情况下，不得泄露任何客户或所在机构的相关信息，包括客户的个人信息、家庭信息、资产信息等核心隐私，以及所在机构的商业秘密。特别是客户的信息，客户出于对金融机构和理财师的信任，为了更好地获得专业服务，提供了个人资料和家庭财务状况，理财师应该妥善保存，不能为了谋取个人私利，泄露甚至买卖客户信息。

机考题库 · 真题试卷(四)

一、单项选择题

1. D 【解析】从客户等级来看,理财业务客户范围相对较广,但服务种类相对较窄;私人银行客户等级最高,服务种类最为齐全;财富管理客户等级高于理财业务客户但低于私人银行客户,服务种类超过理财业务客户但是少于私人银行业务客户。

2. D 【解析】最常见的银行理财产品风险包括政策风险、违约风险或信用风险、市场风险、流动性风险、利率风险、操作风险、交易对手管理风险、不可抗力及意外事件等风险,不同级别的理财产品适合不同风险承受能力的客户。

3. A 【解析】在日常工作中,电话是理财师与客户最常见的沟通方式之一,无论是约见客户、信息了解、礼节问候或推荐产品服务,电话沟通比面对面沟通和书信(包括电邮)沟通使用得多,也频繁得多。

4. B 【解析】取得台湾理财顾问证书,至少必须经过2次考试过程。故选B。

5. B 【解析】根据投资目标的不同,基金可分为成长型基金、收入(收益)型基金和平衡型基金。选项A,基金按照收益凭证是否可以赎回,分为开放式基金和封闭式基金;选项C,依据投资理念不同,基金可以分为主动型基金和被动型基金;选项D,根据基金法律地位的不同,可分为公司型基金和契约型基金。

6. B 【解析】由多期中的现值复利计算公式可得$PV=88\div(1+5\%)^6=65.67$(万元)。

7. A 【解析】个人抵押商品住房保险(以下简称房贷险),包含对抵押商品住房本身的家庭财产保险,也包括对借款人本人的借款人意外险。为了避免因业主发生意外而丧失还款能力,从而失去抵押给银行的住房,业主向保险公司购买借款人意外险,将银行作为保单第一受益人,保险金额不高于银行抵押贷款余额,保险期间不长于抵押贷款期限。

8. A 【解析】信托制度起源于英国。故选A。

9. C 【解析】该年金的现值$PV=C\div(r-g)=1.3\div5\%=26$(元)。

10. B 【解析】组建小家庭、购置房产可以看作成家的条件,充电学习、积累创业资金是立业的条件。为这些目标积累资金是成家立业期个人理财的主要任务。故选B。

11. B 【解析】客户的理财目标内容可概括为四方面,即财富积累、财富保障、财富增值和财富分配:①财富积累,主要讨论的是家庭收支与债务管理;②财富保障,主要针对人身、财产保障等的保险计划;③财富增值,主要解决的财务问题是教育和养老的资金需求和投资规划;④财富分配,包含税务安排和遗产分配。故选B。

12. A 【解析】家庭收支平衡规划的内容,包括家庭消费支出、债务规划和现金管理。家庭收入规划,也就是俗话说的"增收节支",现金规划的核心是建立应急基金。投资管理属于投资规划的内容,故选A。

13. A 【解析】在信托业务中,受益人自信托生效之日起享有信托受益权。

14. A 【解析】债券的价格与到期收益率成反比,债券的市场交易价格与市场利率成反比。

15. B 【解析】除合伙协议另有约定外,合伙人向合伙人以外的人转让其在合伙企业中的全部或者部分财产份额时,须经其他合伙人一致同意。

16. D 【解析】根据期初年金现值的计算公式$PV=C\times[1-(1+r)^{-n}]\div r\times(1+r)=20\times[1-(1+6\%)^{-10}]\div6\%\times(1+6\%)=156.03$(万元)。

17. D 【解析】勤勉尽职就是要求理财师工作干练和细心,对于提供的专业服务,在事前要进行充分的调查、分析和计划;在事中要进行充分的沟通、协调,并根据客户实际需求进行合理的调整,在事后要进行合理的跟踪与监控。同时,理财师应更多地从客户角度出发,始终保持严谨、审慎的工作作风,讲究细节、忠于职守,在合法合规的前提下最大限度地维护客户的个人利益。

18. D 【解析】信托具有以下特点:①信托是以信任为基础的财产管理制度;②信托财产权利主体与利益主体相分离;③信托经营方式灵活,适应性强;④信托财产具有独立性;⑤信托管理具有连续性;⑥受托人不承担无过失的损失风险;⑦信托利益分配、损益计算遵循实绩原则;⑧信托具有融通资金的职能。

19. C 【解析】查普通年金终值系数表,当$r=8\%$,$n=10$时,年金终值系数为14.487,故终值$FV=1\,000\times14.487=14\,487$(元)。

20. C 【解析】个人在稳定期的事业进入稳定上升阶段,收入有大幅提高,财富积累较多,愿意承担一些风险,有理财规划和目标。故选C。

21. D 【解析】私募基金的设立过程中需要避免涉嫌"非法吸收公共存款罪""集资诈骗罪",同时需要规范运作,为此在设立私募基金或者销售有限合伙基金时需要遵循以下几点:①基金依法设立,完成金融办的审批、工商部门登记并且按照各部门的要求完成备案工作;②向特定对象募集资金;③在募集资金时,不得以广告宣传;④不得承诺保底收益或最低收益;⑤合法、合规使用募集资金。

22. B 【解析】偿还期在1年以上10年以下的债券被称为中期债券。短期债券是指偿还期在1年之内的债券,长期债券是指偿还期在10年以上的债券。

23. A 【解析】港股通股票范围包括恒生综合大型股指数的成分股;恒生综合中型股指数的成分股;定期调整考察截止日前12个月港股平均月末市值不低于50亿港元的恒生综合小型股指数的成分股;A+H股上市公司在联交所上市的H股,但不包括A股被深交所实施风险警示、被暂停上市或者进入退市整理期的相应H股;A股在上交所风险警示板交易或被上交所暂停上市的A+H股上市公司的相应H股;在联交所以港元以外货币报价交易的股票。

24. B 【解析】开放式基金价格决定因素是基金的净值而定。

25. C 【解析】理论上来说,基础金融工具的市场价格上涨的幅度是无限的,因此,购入看涨期权的收益也是无限的。反之,可以选择放弃执行期权,交易者的损失仅仅是支付的期权费。所以买进看涨期权的交易者,风险是有限的,收益是无限的。

26. B 【解析】国债因其信誉好、利率优、风险小而被称为“金边债券”。

27. D 【解析】期初年金终值的计算公式:$FV_{BEG} = C \div r \times [(1+r)^n - 1] \times (1+r) = (10\,000 \div 10\%) \times [(1+10\%)^{10} - 1] \times (1+10\%) = 175\,312$(元)。故选D。

28. C 【解析】基金具有的特点包括集合理财、专业管理,组合投资、分散投资,利益共享、风险共担和严格监管、信息透明。

29. D 【解析】稳定期的理财任务是要尽可能多地储备资产、积累财富,未雨绸缪。

30. D 【解析】商业银行应当将全面、完整、真实的客户投保信息提供给保险公司并告知客户,不得截留客户投保信息,确保保险公司承保业务和客户回访工作顺利开展。

31. D 【解析】定量信息包括了以下几个主要方面的信息:家庭各类资产额度;家庭各类负债额度;家庭各类收入额度;家庭各类支出额度;家庭储蓄额度。

32. B 【解析】货币市场指期限在1年以内的短期债务工具市场,所交易的金融工具包括银行承兑汇票、商业票据、回购协议、国库券等。货币市场工具一般来说是相当安全的资产,适合作为短期闲置资金的投资标的。货币市场金融工具的流动性高于资本市场金融工具的流动性。故选B。

33. A 【解析】按照资金融资方式的不同,金融市场可分为直接金融市场和间接金融市场。

34. A 【解析】非保本浮动收益理财计划是指商业银行根据约定条件和实际投资收益情况向客户支付收益,并不保证客户本金安全的理财计划。

35. A 【解析】结构性理财产品是运用金融工程技术,将存款、利息债券等固定收益产品与金融衍生品(如远期、期权、掉期等)组合在一起而形成的一种金融产品。结构性理财产品的回报率通常取决于挂钩资产(挂钩标的)的表现。

36. C 【解析】合伙人可以用货币、实物、知识产权、土地使用权或者其他财产权利出资,也可以用劳务出资。以劳务出资的,其评估办法由全体合伙人协商确定,并在合伙协议中载明。故选C。

37. D 【解析】投保人存在以下情况的,向其销售的保险产品原则上应为保单利益确定的保险产品,且保险合同不得通过系统自动核保现场出单,应将保单材料转至保险公司,经核保人员核保后,由保险公司出单:①投保人填写的年收入低于当地省级统计部门公布的最近一年度城镇居民人均可支配收入或农村居民人均纯收入;②投保人年龄超过65周岁或期缴产品投保人年龄超过60周岁。故选D。

38. A 【解析】商业银行发行公募理财产品的,单一投资者销售起点金额不得低于1万元人民币。

39. C 【解析】H股、N股、S股等为境外上市股票,其中,H股为在香港上市的股票,N股为在纽约上市的股票,S股为在新加坡上市的股票。

40. A 【解析】家庭形成期积累资产有限,追求高风险高收益投资。

41. C 【解析】一般来说,市场利率上升会引起债券类固定收益产品价格下降,股票价格下跌,房地产市场、外汇市场走低,但储蓄收益将增加。

42. B 【解析】根据《商业银行个人理财业务风险管理指引》第26条的规定,个人理财业务人员对客户的评估报告,应报个人理财业务部门负责人或经其授权的业务主管人员审核。审核人员应着重审查理财投资建议是否存在误导客户的情况,避免部分业务人员为销售特定银行产品或银行代理产品对客户进行了错误销售和不当销售。

43. C 【解析】对理财规划方案的评估、修正实际上是理财规划服务的有机组成部分,每次评估和修正可以是局部、单项的财务安排(如健康保险规划、教育投资等)或投资产品组合的调整;也可能是较大规模或整体方案的修改。故选C。

44. A 【解析】资本市场的特征:①期限长、流动性差;②风险大、收益较高。

45. A 【解析】根据《商业银行理财业务监督管理办法》的规定,商业银行应当在每个开放日结束后2日内,披露开放式公募理财产品在开放日的份额净值、份额累计净值、认购价格和赎回价格,应当至少每周向投资者披露一次封闭式公募理财产品的资产净值和份额净值。

46. D 【解析】《商业银行理财产品销售管理办法》规定,商业银行应当定期或不定期地采用当面或网上银行方式对客户进行风险承受能力持续评估。

47. B 【解析】期货交易的主要制度:①保证金制度;②每日结算制度,又称"逐日盯市"制度;③持仓限额制度;④大户报告制度;⑤强行平仓制度。故选B。

48. C 【解析】该校现在应向银行存入 $PV = C \div r = 36\,000 \div 12\% = 300\,000$(元)。

49. D 【解析】这笔年金的现值 $= C \div r \times [1 - 1 \div (1+r)^n] \times (1+r) = 1\,000 \div 8\% \times [1 - 1 \div (1+8\%)^{10}] \times (1+8\%) = 7\,246.89$(元);这笔年金的终值 $= C \div r \times [(1+r)^n - 1] \times (1+r) = 1\,000 \div 8\% \times [(1+8\%)^{10} - 1] \times (1+8\%) = 15\,645.49$(元)。

50. B 【解析】货币时间价值的影响因素包括时间、收益率或通货膨胀率、单利与复利等,其中通货膨胀率是使货币购买力缩水的反向因素。故选B。

51. A 【解析】理财顾问服务是指商业银行向客户提供财务分析与规划、投资建议、个人投资产品推介等专业化服务。

52. C 【解析】理财师又名理财规划师或财富管理师,一般是指经过专业资格认证,即持有相关从业资格牌照、代表金融机构为客户提供理财规划专业服务的专业人士。

53. B 【解析】人们需要对自己的家庭及个人进行风险管理计划,如购买保险产品对潜在的人身、财产损失风险进行转移,满足家庭的财富保障和安全需要;对资产进行分散投资来降低投资风险;通过法律手段对信用风险进行保全;通过选择优秀理财师来控制理财服务过程中的合规风险和操作风险等。

54. A 【解析】在名义利率相同的情况下,计息次数越多,实际利息越高,企业负担的财务成本越大,对其越不利。

55. C 【解析】金融互换是约定两个或两个以上的当事人按照商定条件,在约定的时间内,交换一系列现金流的合约,金融互换是通过银行进行的场外交易。

56. C 【解析】教育规划是指为了需要时能支付教育费用所订的计划,这种规划包括个人教育投资规划和子女教育规划两种。

57. C 【解析】投资经验比较丰富的投资者风险承受能力相对较高。

58. C 【解析】黄金T+D的交易时间比较灵活,根据黄金交易所的规定,一般情况下,连续竞价交易时间为:每周一至周五的20:00—凌晨02:30,9:00—11:30,13:30—15:30。

59. C 【解析】合伙制私募基金管理费的数额是所管理资金的一定百分比,通常为0.5%~2.5%。

60. A 【解析】题目表述的符合顾问性的要求。故选A。

61. A 【解析】金融市场常被看作国民经济的"晴雨表"和"气象台",它是国民经济景气度指标的重要信号系统,它所反馈的宏观经济运行方面的信息有利于政府部门及时制定和调整宏观经济的政策。

62. A 【解析】资本市场是指提供长期(1年以上)资本融通和交易的市场,包括股票市场、中长期债券市场和证券投资基金市场。"债券回购市场"属于货币市场。

63. D 【解析】成长型基金以资本长期增值为投资目标,投资资产中现金持有量一般较小。故选D。

64. D 【解析】合伙制私募基金由普通合伙人与有限合伙人组成,普通合伙人即私募基金的基金管理人,他们可与另外1~49名有限合伙人共同组建一只有限合伙制私募基金。

65. B 【解析】3年单利 $= 5\,000 \times 12\% \times 3 = 1\,800$(元),3年复利 $= 5\,000 \times (1+12\%)^3 - 5\,000 = 7024.64 - 5\,000 = 2\,024.64$(元),3年单利和复利计算投资本金收益合计差额 $= 2\,024.64 - 1\,800 = 224.64$(元)。

66. A 【解析】银行代理信托类产品的特点有:信托是以信任为基础的财产管理制度。信托财产权利主体与利益主体相分离。信托经营方式灵活、适应性强。信托财产具有独立性。信托管理具有连续性。受托人不承担无过失的损失风险。信托利益分配、损益计算遵循实绩原则。信托具有融通资金的职能。银行可以代理信托类产品,但不能开发信托产品。故选A。

67. D 【解析】金融市场多元化的金融工具为投资者提供了分散风险的可能,如保险机构出售保险单,通过套期保值、组合投资的条件和机会,达到风险转移、风险分散等目的。故选D。

68. A 【解析】资金融通集聚功能,指通过金融市场把分散在不同主体手中的小额资金聚集为大额资金,短期续接为长期,储蓄转化为投资,进而促进经济发展。故选A。

69. C 【解析】A款有效年化收益率 $=(1+6\%\div 2)^2-1=6.09\%$，B款有效年化收益率 $=6.05\%$。故A款更高。

70. A 【解析】在利率风险中，债券价格与利率变化成反比，当利率上涨时，债券价格下跌。附息债券同样存在利率风险。

71. A 【解析】有多少资产与有多少收入是量化现况应包括的内容，不是量化理财目标的内容。选项B、选项C、选项D均不属于量化理财目标的内容。

72. C 【解析】负责基金销售业务的部门取得基金从业资格的人员不低于该部门员工人数的1/2，部门负责人取得基金从业资格，并具备从事基金业务2年以上或者在其他金融相关机构5年以上的工作经历；分支机构基金销售业务负责人取得基金从业资格。

73. B 【解析】一般来说，产品的收益性与其风险性是成正比的，风险越大，收益越大。国债的风险低于普通债券，普通债券的风险低于普通股票。故选B。

74. B 【解析】附息债券可细分为固定利率债券和浮动利率债券两大类。固定利率债券是在债券存续期内票面利率不变的债券。浮动利率债券是在票面利率的基础上参照预先确定的某一基准利率予以定期调整的债券，存在利率风险。

75. A 【解析】家庭生命周期包括形成期、成长期、成熟期和衰老期四个阶段。其中，家庭成熟期资产达到巅峰，要逐步降低投资风险，保障退休金的安全。

76. C 【解析】在理财方案执行过程中，专业理财师应遵循以下原则，主要包括了解原则、诚信原则和连续性原则等。

77. D 【解析】境外主要股票价格指数包括道琼斯股票价格指数、标准普尔股票价格指数、NASDAQ综合指数、《金融时报》股票价格指数、恒生股票价格指数和日经225股价指数等。

78. B 【解析】成长型基金比较适合于风险承受能力强、追求高投资回报的投资者。

79. B 【解析】作为理财服务的提供商，商业银行不仅是银行理财产品的发行人，也是其他金融机构理财产品的重要销售渠道。商业银行不仅自己开发理财产品，还从外部引进各类理财产品，其中包括基金、保险产品、国债、信托计划、贵金属、券商资产管理计划等。

80. D 【解析】多个客户把钱汇总在一个账户交给基金公司专业团队打理。根据证监会公布的基金“一对多”合同内容与格式准则，单个“一对多”账户人数上限为200人，每个客户准入门槛不得低于100万元，每年至多开放一次，开放期原则上不得超过5个工作日。

81. A 【解析】按5%的年均单利计算，20年后，100万元变成 $100\times(1+5\%\times 20)=200$（万元）；按5%的年均复利计算，20年后，100万元变成 $100\times(1+5\%)^{20}=265.3298$（万元），复利要比单利多653 298元。

82. A 【解析】$PV=C\times$ 年金现值系数 $\times(1+r)=20\times 7.3601\times(1+6\%)=156$（万元）。

83. B 【解析】健康保险属于人身保险的范畴。故选B。

84. A 【解析】理财目标的确定，必须遵循SMART原则：①Specific：理财目标要具体明确。②Measurable：理财目标必须是可以量化和检验的。③Attainable：理财目标必须具备合理性和可行性。④Realistic：实事求是。⑤Time-binding：理财目标要有时限和先后顺序。

85. A 【解析】电子式国债是财政部在境内发行的，以电子方式记录债权的不可流通人民币债券。它面向境内个人投资者发售，企事业单位和行政机关等机构投资者不能购买。相较凭证式国债，由于电子式储蓄国债以电子方式记录债权，因此在便携性方面有很大提高，但是需要投资者开立个人国债托管账户，并指定对应的资金账户。

86. A 【解析】结构类投资工具特点就是基础工具与衍生工具的结合。故选A。

87. D 【解析】理财顾问服务是指商业银行向客户提供的财务分析与规划、投资建议、个人投资产品推介等专业化服务。商业银行为销售储蓄存款产品、信贷产品等进行的产品介绍、宣传和推介等一般性业务咨询活动，不属于理财顾问服务。

88. C 【解析】根据《经常项目外汇业务指引》，符合下列条件的经常项目交易，境内机构可以按规定在银行购汇或使用自有外汇提取外币现钞：①银行汇路不畅的经常项目交易；②向战乱、金融条件差的国家（地区）支付的经常项目支出；③国际海运船长借支项下；④境内机构公务出国项下每个团组平均每人提取外币现钞金额在等值1万美元以下（含）的。

89. B 【解析】贵金属产品风险包括政策风险、价格波动的风险、技术风险和交易风险等。

90. B 【解析】期货合约的特征如下：①采用标准化合约，期货合约在商品品种、品质、数量、交货时间和地点等方面事先确定好标准条款；②大部分期货合约通过对冲方式履约，只有很少一部分进行实物交割，绝大多数合约都会在交割期之前以平仓的方式了结；③合约的履行由期货交易所或结算公司提供担保；④合约的价格有最小变动单位和浮动限额。

二、多项选择题

91. ABCDE 【解析】《中华人民共和国保险法》规定,保险代理人、保险经纪人及其从业人员在办理保险业务活动中不得有下列行为:①欺骗保险人、投保人、被保险人或者受益人;②隐瞒与保险合同有关的重要情况;③阻碍投保人履行本法规定的如实告知义务,或者诱导其不履行本法规定的如实告知义务;④给予或者承诺给予投保人、被保险人或者受益人保险合同约定以外的利益;⑤利用行政权力、职务或者职业便利以及其他不正当手段强迫、引诱或者限制投保人订立保险合同;⑥伪造、擅自变更保险合同,或者为保险合同当事人提供虚假证明材料;⑦挪用、截留、侵占保险费或者保险金;⑧利用业务便利为其他机构或者个人牟取不正当利益;⑨串通投保人、被保险人或者受益人,骗取保险金;⑩泄露在业务活动中知悉的保险人、投保人、被保险人的商业秘密。

92. ABCDE 【解析】AUM一般理解为客户的活期和定期存款,也包括国债、理财、基金、保险、三方存款余额、信托、商品衍生品等资产总额。

93. ABE 【解析】目前银行代理国债的种类有三种,即凭证式国债、电子式国债和记账式国债。

94. BE 【解析】净现值是指所有现金流(包括正现金流和负现金流在内)的现值之和。对于一个投资项目,如果 $NPV>0$,表明该项目在 r 的回报率要求下是可行的;相反,如果 $NPV<0$,表明该项目在 r 的回报率要求下是不可行的。故选B、E。

95. BCD 【解析】内含报酬率,是净现值为0时的贴现率。净现值为0,表示贴现后现金流入等于贴现后现金流出,该投资项目的报酬率相当于预定的贴现率。故选B、C、D。

96. BCDE 【解析】通过我国期货行业认可的从业资格考试合格人员不少于4人,选项A错误。

97. ABCDE 【解析】一般来说,衡量一个人或者家庭的财务安全,主要包括以下内容:①是否有稳定、充足的收入;②个人事业是否有发展的潜力;③是否有充足的现金准备;④是否有舒适的住房;⑤是否购买了适当的财产和人身保险;⑥是否有适当、收益稳定投资;⑦是否享受社会保障;⑧是否有额外的养老保障计划。

98. ABCE 【解析】《关于进一步规范商业银行个人理财业务投资管理有关问题的通知》第6条规定,商业银行应尽责履行信息披露义务,向客户充分披露理财资金的投资方向、具体投资品种以及投资比例等有关投资管理信息,并及时向客户披露对投资者权益或者投资收益等产生重大影响的突发事件。

99. CDE 【解析】一个家庭在其不同的阶段,会涉及不同的风险,这些风险主要包括投资风险、信用风险、责任风险、意外财产风险以及因为人身风险而引发的家庭财务危机。所以客户需要对自己的家庭及个人进行风险管理,如购买保险产品对潜在的人身、财产损失风险进行转移,满足家庭的财富保障和安全需要。一般情况下,财富保障规划主要是指财产保险、人身和重大疾病保险计划。

100. CDE 【解析】债券的收益来源有三个:①利息收益;②资本利得,投资者可以通过债券交易取得买卖差价;③债券利息的再投资收益。

101. ABC 【解析】合伙人应当按照合伙协议约定的出资方式、数额和缴付期限履行出资义务。故选A、B、C。

102. ABCDE 【解析】根据理财规划的需求,一般把客户信息分为基本信息、财务信息、个人兴趣及人生规划和目标五方面。

103. BDE 【解析】短期政府债券是政府作为债务人,承诺一年内债务到期时偿还本息的有价证券。短期政府债券市场是发行和流通短期政府债券所形成的市场,通常将其称为国库券市场。其具有违约风险小、流动性强、交易成本低和收入免税的特点。

104. ABCDE 【解析】了解客户包括以下内容:①了解目标客户的金融需求目标,包括短期目标、长期目标和其他目标;②了解目标客户金融需求的主要内容,以寻求合作的基础;③了解目标客户的经济现状;④了解本银行的金融产品和金融服务在客户中的表现。

105. BCDE 【解析】金融期货合约的特征:①标准化合约;②履约大部分通过对冲方式;③合约的履行由期货交易所或结算公司提供担保;④合约的价格有最小变动单位和浮动限额。

106. ABDE 【解析】银行承兑汇票是银行对未到期的票据予以承兑,以自己的信用为担保,成为票据的第一债务人,出票人只负第二责任。银行承兑汇票有如下特点:安全性高;信用度高;灵活性好。商业票据是公司为了筹措资金,以贴现的方式出售给投资者的一种短期无担保信用凭证。故选A、B、D、E。

107. ABCDE 【解析】定量信息包括以下几个主要方面的信息:①家庭各类资产额度;②家庭各类负债额度;③家庭各类收入额度;④家庭各类支出额度;⑤家庭储蓄额度。

108. ABCE 【解析】合格投资者是指具备相应风险识别能力和风险承担能力,投资于单只理财产品不低于一定金额且符合下列条件的自然人、法人或者其他组织:①具有2年以上投资经历,且满足家庭金融净资产不低于300万元人民币,或者家庭金融资产不低于500万元人民币,或者近3年本人年均收入不低于40万元人民币;②最近1年末净资产不低于1 000万元人民币的法人或者依法成立的其他组织;③国务院银行业监督管理机构规定的其他情形。另外,合格投资者投资于单只固定收益类产品的金额不低于30万元人民币,投资于单只混合类产品的金额不低于40万元人民币,投资于单只权益类产品、单只商品及金融衍生品类产品的金额不低于100万元人民币。

109. ABCDE 【解析】最常见的银行理财产品风险包括政策风险、违约风险或信用风险、市场风险、利率风险、汇率风险、流动性风险、提前终止风险等,其他还有操作风险、交易对手管理风险、延期风险、不可抗力及意外事件等风险。

110. ABCDE 【解析】根据《中华人民共和国信托法》,受益人是在信托中享有信托收益权的人。受益人可以是自然人、法人或者依法成立的其他组织。委托人可以是受益人,但不得是同一信托的唯一受益人。委托人应当是具有民事行为能力的自然人、法人或者依法成立的其他组织。设立信托,委托人必须是财产的合法拥有者。

111. ABCE 【解析】家庭衰老期一般是指夫妻年龄在60岁以后,夫妻均退休到夫妻一方过世为止,此阶段家庭无新增负债,保险安排将投保长期看护险或将养老保险转即期年金,家庭的核心资产配置为股票20%、债券60%、货币20%。

112. ABE 【解析】目前,我国商业银行共开展了几十种代理业务,主要的代理理财产品有基金、股票、保险、国债、信托、贵金属以及券商资产管理计划等。

113. BCDE 【解析】理财师应注意以下八个方面的要求:①使用通俗易懂的语言使得客户清楚地了解理财规划书的内容和方案建议。②对各类假设情况、一些概念名词和(面临不确定情况时的)选择决定要具体说明。③在介绍理财师分析、建议时,要紧密结合客户的情况,把如何解决客户理财需求(目标)放在中心地位,避免产品宣传、推销的嫌疑。④应多注意客户的反应和反馈,尽可能地鼓励客户多问问题;同时对客户的问题进行耐心地解释,自始至终让客户参与其中。⑤给客户足够的时间消化并理解理财规划书的内容和建议。⑥建议客户和家人讨论理财规划书的内容和建议。⑦如实告知客户方案实施中可能涉及的风险、方案实施成本、免责条款,以及规划方案中没有解决的遗留问题和需要其他专业人士协助解决的问题等。⑧必要时根据客户的反馈对理财规划书进行进一步修改,然后再与客户沟通、确认。

114. ABCDE 【解析】年金是在某个特定的时间段内一组时间间隔相同、金额相等、方向相同的现金流。选项A、选项B、选项C、选项D、选项E中的现金流入都符合这一定义,因此可以视为年金。

115. ABCDE 【解析】根据《中华人民共和国民法典》的规定,自然人可以依法设立遗嘱信托,设立遗嘱的方式包括自书遗嘱、代书遗嘱、打印遗嘱、录音遗嘱、口头遗嘱及公证遗嘱。公证遗嘱由遗嘱人经公证机构办理。

116. CD 【解析】商业银行应当将银行资产与客户资产分开管理,明确相关部门及其工作人员在管理、调整客户资产方面的授权。对于可以由第三方托管的客户资产,应交由第三方托管。故选项C错误。商业银行应当保存完备的个人理财业务服务记录,并保证恰当地使用这些记录。除法律法规另有规定,或经客户书面同意外,商业银行不得向第三方提供客户的相关资料和服务与交易记录。故选项D错误。

117. ABDE 【解析】现值是以后年份收到或付出资金的现在价值。可用倒求本金的方法计算未来现金流的现值。由终值求解现值的过程称为贴现。现值和终值呈正比例关系。所以,选项A、选项B、选项D、选项E是正确的。终值和时间成正比,现值和时间成反比。所以,选项C错误。

118. CDE 【解析】金融衍生品的种类包括以下内容:①按照基础工具种类的不同,金融衍生品可以分为股权衍生品、货币衍生品和利率衍生品;②按照交易场所划分,金融衍生品可以分为场内交易工具和场外交易工具;③按照交易方式划分,金融衍生品可以分为远期、期货、期权和互换。普通股和公司债券属于基础金融工具。

119. ACD 【解析】美式期权购买者可随时行权,因此更有利,选项B错误;看涨期权是买方购买的权利,选项E错误。

120. ABCDE 【解析】选项A、选项B、选项C、选项D、选项E均正确。

121. ABCDE 【解析】一个家庭在其不同的人生阶段,涉及大量的风险,这些风险主要包括:投资风险、信用风险、责任风险、意外财产风险以及因为人身风险而引发的家庭财务危机。所以人们需要对自己的家庭及个人进行风险管理计划,如购买保险产品对潜在的人身、财产损失风险进行转移,满足家庭的财富保障和安全需要;对资产进行分散投资来降低投资风险;通过法律手段对信用风险进行保全;通过选择优秀理财师来控制理财服务过程中的合规风险和操作风险等。

122. ABDE 【解析】虽然居民财富逐步增加,但是国内居民的理财知识和技能并没有与经济发展、财富积累的增速匹配,这就促使国内个人理财业务迅速发展。选项 C 表述错误。故选 A、B、D、E。

123. BCDE 【解析】产品目标客户信息包括适合的客户群特征,如客户风险承受能力、客户资产规模、客户在银行的等级、产品发行地区、资金门槛(起售金额)和最小递增金额等。客户赎回权属于产品特征信息。故选 B、C、D、E。

124. ABDE 【解析】普通年金现金流一般都具备等额与连续这两个特征:每期的现金流入与流出的金额必须固定且出入方向一致,并保证在计算期内各期现金流量不能中断。没有满足以上两个特征都不算是普通年金。

125. ABCDE 【解析】参与金融市场交易的当事人是金融市场的主体,包括企业、政府及政府机构、中央银行、金融机构、居民个人(家庭)。

126. ADE 【解析】"信息保密"准则要求:从业人员在受雇期间及离职后,均不得违反法律法规和所在机构关于客户隐私保护的规定,透露任何客户资料和交易信息。

127. ABC 【解析】银行承兑汇票特点包括以下两项:①安全性高、信用度好。银行承兑汇票的承兑人是银行,银行是主债务人,相对于企业而言,银行承担债务的安全性较强,信用度较好。②灵活性好。对于持有银行承兑汇票的商业银行,在资金短缺时,可以向中央银行办理再贴现或向其他商业银行办理转贴现。故选 A、B、C。

128. ACDE 【解析】选项 B 中,代理行为须直接对被代理人发生效力。

129. BD 【解析】客户信息可简单分为财务信息和非财务信息两大类,客户家庭收支和资产负债状况信息属于财务信息,客户基本信息和个人兴趣、发展及预期目标属于非财务信息。

130. ABCDE 【解析】基金专户理财又称基金管理公司独立账户资产管理业务,是基金管理公司向特定对象(主要是机构客户和高端个人客户)提供的个性化财产管理服务。"一对多"专户理财通俗来说是指多个客户把钱汇总在一个账户交给基金公司专业团队打理。根据证监会公布的基金"一对多"合同内容与格式准则,单个"一对多"账户人数上限为 200 人,每个客户准入门槛不得低于 100 万元,每年至多开放一次,开放期原则上不得超过 5 个工作日。"一对多"由公募基金公司中的专户团队管理,但准入要求与私募基金更接近。

三、判断题

131. B 【解析】在个人理财业务中,特别是私人银行业务中,最常见的法人客户是企业法人。

132. B 【解析】30 岁的投资人处于建立期,一方面积累投资经验,另一方面利用年轻人风险承受能力较强的特征博取较高的投资回报。

133. A 【解析】在多样化需求推动和电子交易系统支持下,国际金融市场中的场内与场外交易方式出现交叉融合趋势。

134. B 【解析】商业银行应定期对内部风险监控和审计程序的独立性、充分性、有效性进行审核和测试。

135. A 【解析】在投资期限和回报率相同的情况下,期初普通年金现值系数一定小于期末普通年金现值系数,原因在于期初普通年金当期期初的投资不会折现。

136. B 【解析】成长型基金比较适合于风险承受能力强、追求高投资回报的投资者,而收入型基金则比较适合于退休的、以获得稳定现金流为目的的稳健投资者。

137. A 【解析】理财师要建议客户尽早地进行退休养老规划,以投资、商业养老保险以及其他理财方式来补充退休收入的不足。

138. B 【解析】国债因其信誉好、利率优、风险小而又被称为"金边债券"。

139. B 【解析】债券的性质是债权性质。

140. B 【解析】理财师初次接触客户时,需要了解并明确客户的财务问题或理财目标,并利用自身的专业能力为客户分析该财务问题或目标可能涉及的其他因素。如果出现不能实现的理财目标,理财师应征询客户的意见并和客户一起对理财目标进行调整,从而确定理财目标,使其具体、明确、合理、可行。

141. B 【解析】年金终值的计算公式:$FV = C \div r \times [(1+r)^n - 1] = 1\,000 \div 8\% \times [(1+8\%)^{10} - 1] = 14\,486.56$(元)。

142. A 【解析】货币市场又称短期资金市场,是指专门融通短期资金和交易期限在 1 年以内(包括 1 年)的有价证券市场。

143. B 【解析】金融市场的调节经济功能是指金融市场对宏观经济的调节作用。

144. A 【解析】私人银行是金融机构为拥有高额净财富的个人,提供财富管理、维护的服务,并提供投资服务与商品,以满足个人的需求。私人银行业务位于商业银行业务"金字塔"的塔尖。

145. A 【解析】FOF 是一种专门投资于其他证券基金的基金,它并不直接投资股票或债券,其投资范围仅限于其他基金,通过其他证券投资基金而间接持有股票、债券等证券资产,它是结合基金产品创新和销售渠道创新的基金新品种。

未来教育
Future Education

银行业专业人员职业资格考试（初级）

机考题库与高频考点

个人理财

◆机考题库·真题试卷（五）

◆机考题库·真题试卷（六）

（含参考答案及解析）

《个人理财》机考题库·真题试卷

机考题库·真题试卷(五)

答题卡

本试卷采用虚拟答题卡技术，自动评分

考生扫描右侧二维码，将答题选项填入虚拟答题卡中，题库系统可自动统计答题得分，生成完整的答案及解析。题库系统根据考生答题数据，自动收集整理错题，记录考生薄弱知识点，方便考生在题库系统中查漏补缺。

一、单项选择题。以下各小题所给出的四个选项中，只有一项符合题目要求，请选择相应选项，不选、错选均不得分。(共90题，每题0.5分，共45分)

1. 按照个人理财专业化服务的性质来讲，个人理财业务中的综合理财服务是建立在(　　)关系上的银行业务，是一种个性化、综合化的服务活动。

A. 受托管理　　B. 顾问服务

C. 业务咨询　　D. 委托代理

2. 胡老师退休那年孙女刚好开始上小学，她希望在孙女读大学前这12年里每年年末拿出2万元作为孙女的教育费用，基金产品回报率为5%。那么胡老师在退休当年需要投入约(　　)元。

A. 168 819　　B. 228 571

C. 186 120　　D. 177 260

3. 随着复利次数的增加，同一个年名义利率求出的有效年利率也会不断(　　)，但增加的速度越来越(　　)。

A. 增加;慢　　B. 降低;慢

C. 增加;快　　D. 降低;快

4. 下列关于财产保险说法错误的是(　　)。

A. 财产保险是指以财产及其有关利益为保险标的

B. 保险标的及相关利益必须可用货币衡量

C. 保险标的可以是无形资产

D. 保险标的是有形财产和经济性利益

5. 客户在办理一般产品业务时，如需要银行提供相关个人理财顾问服务，一般产品销售和服务人员应(　　)。

A. 将客户引见给理财业务人员

B. 主动为客户解答

C. 拒绝客户的提问

D. 尽可能解答，不熟悉的部分询问理财业务人员

6. 某银行理财师小王向客户提供了财务分析与规划、提出了投资建议、推介了投资产品等服务，该银行根据客户的委托和授权进行投资和资产管理。区分该银行提供的是理财顾问服务还是综合理财服务的要点在于(　　)。

A. 根据客户的委托和授权进行投资和资产管理

B. 提供财务分析与规划

C. 提出投资建议

D. 推介投资产品

7. 振华集团从 2014 年到 2021 年每年年底存入银行 100 万元,存款利率为 5% ,2022 年年初可累计约(　　)万元。

A. 954.9　　B. 940　　C. 814.2　　D. 805

8. 下列不属于人身保险的是(　　)。

A. 责任保险　　B. 人寿保险　　C. 意外伤害保险　　D. 健康保险

9. 当出现(　　)情形时,委托代理视为终止。

①代理人或被代理人死亡。

②作为被代理人或者代理人的法人、非法人组织终止。

③被代理人和代理人之间的监护关系消灭。

④代理人丧失民事行为能力。

⑤代理期间届满或者代理事务完成。

⑥被代理人取消委托或者代理人辞去委托。

A. ①②③④⑤　　B. ①③④⑤⑥

C. ①②④⑤⑥　　D. ①②③④⑥

10. 组合投资类理财产品的判断依据是(　　)。

A. 收益类型　　B. 客户类型　　C. 产品期限　　D. 投资范围

11. 张小姐打算把 20 万元闲置资金投入某名义利率为 15% 的理财产品中,采取连续复利计息方式,则 3 年后可收回(　　)万元。

A. 30.366 2　　B. 31.366 2　　C. 31.566 2　　D. 30.566 2

12. 根据《商业银行代理保险业务管理办法》,商业银行的每个网点在同一会计年度内不得与超过(　　)家保险公司(以单独法人机构为计算单位)开展保险业务合作。

A. 4　　B. 3　　C. 1　　D. 2

13. 一般而言,对于稳健型投资者来说,其风险承受能力(　　),适合的理财产品包括(　　)。

A. 较低;低风险、中低风险、中风险和中高风险

B. 较低;低风险、中低风险和中风险

C. 一般;极低风险、低风险和中等风险

D. 一般;低风险、中低风险、中风险和中高风险

14. 以下关于金融市场表述,错误的是(　　)。

A. 金融资产首次出售给公众所形成的交易市场是发行市场,又称一级市场

B. 第三市场又称为流通市场

C. 第三市场具有限制少、成本低的优点

D. 第四市场在交易过程中没有经纪人的介入

15. 对于国债而言,我国中期债券是指期限在(　　)的债券。

A. 1 年以上 3 年以下　　B. 1 年以上 10 年以下

C. 1 年以上 5 年以下　　D. 3 年以上 5 年以下

16. 当投保人和被保险人不是同一人时,下列关于保险合同当事人的表述,正确的是(　　)。

A. 被保险人、受益人、保单持有人　　B. 投保人、保险人、被保险人

C. 保险经纪人、保险代理人、保险公估人　　D. 投保人、保险人

17. 根据家庭生命周期的各阶段特征,家庭成长期的资产状况是(　　)。

A. 可积累的资产逐年增加,要开始控制投资风险

B. 逐年变现资产应付生活开销,投资应以固定收益工具为主

C. 可积累的资产达到巅峰,要逐步降低投资风险

D. 可积累的资产有限,可承受较高的投资风险

18. (　　)认为个人理财是在分析个人和财务现状、能力的基础上,作为有偿服务给其提供具体的

计划、建议行动策略和方案以实现财务目标。

A. 美国注册财务策划师学会　　B. 中国银行保险监督管理委员会
C. 国际注册理财规划师协会　　D. 中国证券监督管理委员会

19. 境外个人原兑换未用完的人民币兑回外汇，凭本人有效身份证件和原兑换水单办理，原外汇兑换水单的兑回有效期为自兑换日起(　　)。

A. 18 个月　　B. 6 个月　　C. 24 个月　　D. 12 个月

20. 下列关于生命周期理论的表述正确的是(　　)。

A. 家庭生命周期分为家庭成长期、家庭成熟期、家庭衰退期三个阶段
B. 金融理财师在为客户设计产品组合时，无须考虑个人生命周期因素
C. 当处于不同家庭生命周期时，个人的风险承受能力不同
D. 个人生命周期与家庭生命周期联系度不大

21. 甲公司为支付货款向乙公司开具一张金额为 45 万元的银行承兑汇票，付款银行为丙银行。甲公司收到乙公司货物后发现数量和质量均有问题，立即通知丙银行停止付款。另外，丙银行对乙公司的 100 万元贷款已经逾期，正在催收中，下列说法正确的是(　　)。

A. 如丙银行在接到甲公司通知后仍向乙公司付款，由此造成的损失丙银行应当承担责任
B. 根据票据的无因性原理，丙银行不得以乙公司尚欠其贷款为由拒绝付款
C. 该汇票需经丙银行承兑后才发生付款效力
D. 甲公司有权以货物质量和数量均有问题为由请求丙银行停止付款

22. 商业银行业务金字塔的塔尖是(　　)。

A. 理财计划服务　　B. 私人银行业务　　C. 理财顾问服务　　D. 综合理财服务

23. 大额可转让定期存单不具备(　　)特性。

A. 能提前支取　　B. 能转让流通　　C. 不记名　　D. 金额较大

24. 理财师在分析客户财务状况时对客户的主要分析内容不包括(　　)。

A. 资产负债结构分析　　B. 收入结构分析
C. 消费结构分析　　D. 储蓄结构分析

25. 下列不属于商业银行理财顾问服务的是(　　)。

A. 个人投资产品推介　　B. 财务分析与规划
C. 综合理财服务　　D. 投资建议

26. 下列对生命周期各个阶段的特征表述错误的是(　　)。

A. 家庭成长期客户富余的消费资金可选择银行存款的方式存放
B. 处于家庭成长期的理财客户通常的理财理念是追求快速增加、资本积累
C. 家庭衰老期的客户在理财时应当注重于资产价值的稳定性而非增长性
D. 当理财客户处于家庭成熟期时，其理财策略是最保守的

27. 期初年金与期末年金的换算关系成立的是(　　)。

A. 期初年金终值与期末年金终值的换算关系不成立
B. 期初年金现值等于期末年金现值的 $(1+r)$ 倍
C. 期初年金现值等于期末年金现值
D. 期初年金终值等于期末年金终值的 $1/(1+r)$ 倍

28. 王先生打算投资 100 万元，希望在 12 年后可以变为 200 万元，那么他需要选定投资回报率为(　　)的投资产品才能达到预期目标。

A. 5%　　B. 6%　　C. 7%　　D. 8%

29. 一般而言，下列关于债券的表述，错误的是(　　)。

A. 债券价格与市场利率反向变动，当利率上涨时，债券价格下跌
B. 公司债券的违约风险一般可通过信用评级表示

C. 发生通货膨胀时,投资债券的利息收入和本金的购买力都会受到不同程度的影响

D. 当市场利率上升时,投资债券的再投资风险增加

30. 房地产信托是指房屋所有者将房地产委托给信托公司,由信托公司按照委托人的要求进行(　　)。

A. 物业经营　　B. 租赁、经营

C. 租售　　D. 管理、处分和收益

31. 下列关于凭证式国债的说法,错误的是(　　)。

A. 可记名、挂失

B. 提前兑取时,除偿还本金外,经办机构按兑付本金的一定比例收取手续费

C. 在持有期内,持券人可到购买网点提前兑取

D. 可上市流通

32. 一般来说,(　　)。

A. 债券价格与市场利率反向变动　　B. 债券价格与到期收益率同向变动

C. 债券面值越大,贴现债券价格越低　　D. 债券到期期限越长,贴现债券价格越高

33. 对于理财规划的具体实践过程中产生的文件资料,下列处理方式正确的是(　　)。

A. 存档管理形成客户档案　　B. 及时销毁,以防客户资料外泄

C. 与客户的其他资料放一起交还给客户　　D. 作为材料供其他客户学习

34. 基金申购采取“(　　)”原则,投资者申购以申购日(T日)的基金份额净值为基础计算申购份额。T日的基金份额净值在当天收市后计算,并在T+1日公布。

A. 未知价　　B. 测算价　　C. 已知价　　D. 模拟价

35. 投资人在基金合同约定之外的日期和时间提出申购、赎回申请的,作为下一个(　　)的交易处理,基金份额申购、赎回价格为下次办理基金份额申购赎回时所在开放日的价格。

A. 工作日　　B. 交易日　　C. 开放日　　D. 确认日

36. 高先生投资10 000元,年利率为8%,期限为3年。如果每季度复利一次,则3年后的投资总额为12 682元,则该笔投资的有效年利率为(　　)。(答案取近似数值)

A. 0.081 2　　B. 0.083 2　　C. 0.081 5　　D. 0.082 4

37. 认为个人是在相当长的时间内计划他的消费和储蓄行为的,在整个生命周期内实现消费和储蓄的最佳配置的理论是(　　)。

A. 投资组合理论　　B. 货币的时间价值理论

C. 生命周期理论　　D. 风险偏好理论

38. 金条含金量的多少被称为成色,通常用百分或者千分含量表示。下列(　　)不是上海黄金交易所规定参加交易的金条成色规格。

A. >99.99%　　B. >99.5%　　C. >99.9%　　D. >99%

39. 李先生夫妇刚退休,两个子女均已成家立业且有丰厚的储蓄,夫妻俩支出也较少。据此,他们应处于生命周期的阶段是(　　)。

A. 家庭成长期　　B. 家庭衰老期　　C. 家庭形成期　　D. 家庭成熟期

40. 投资规划中,进行资产配置的目标是(　　)。

A. 风险最小化　　B. 风险与收益的平衡

C. 收益最大化　　D. 效用最大化

41. 根据股票上市地点及投资者的不同,我国上市公司股票可分为(　　)。

A. A股、B股、H股、N股、T股　　B. A股、B股、F股、S股、T股

C. A股、B股、H股、S股、F股　　D. A股、B股、H股、N股、S股

42. 下列与黄金相关的业务不可以在银行办理的是(　　)。

A. 黄金T+D　　B. 实物黄金

C. 黄金挂钩理财产品　　D. 黄金典当

43. 一笔500万元的借款,借款期为5年,年利率为8%,若每半年复利一次,年实际利率会高出名义利率(　　)。(答案取近似数值)

A. 4%　　B. 0.16%　　C. 0.8%　　D. 0.24%

44. 李女士用5万元进行投资,年化收益率为12%,每半年计算收益一次,3年后的投资终值是(　　)元。

A. 70 246.4　　B. 70 925.96　　C. 59 550.8　　D. 59 500.8

45. 下列了解客户的方法中,简单易行,容易量化,客户接受度高的是(　　)。

A. 开户资料　　B. 调查问卷　　C. 面谈沟通　　D. 数据分析

46. 关于制订理财规划方案,下列表述错误的是(　　)。

A. 综合理财规划方案注重各个目标规划的合理平衡、财务资源配置,整体设计和组合,才是真正符合客户做到一生收支平衡的理财规划方案

B. 理财方案可以是单项理财目标的规划,也可以是涵盖客户所有主要理财目标的综合理财规划方案,两者的选择主要是由理财师决定的

C. 家庭收支或债务规划、风险管理规划、教育投资规划都属于单项理财规划方案

D. 税收筹划、投资规划、退休养老规划、财产传承规划都属于单项理财规划方案

47. 金融机构应当按规定建立客户身份识别制度,下列做法错误的是(　　)。

A. 客户由他人代办业务时,应同时对代理人和被代理人的身份证件进行核对并登记

B. 要求金融机构为其提供一次性金融服务时,可以不提供身份证件

C. 对获得的客户身份资料真实性有疑问的,应当重新识别客户的身份

D. 不得为身份不明的客户提供服务或与其交易

48. 家庭在涉及财富保障和规划过程中的风险不包括(　　)。

A. 投资风险　　B. 市场风险

C. 责任风险　　D. 意外财产风险

49. 根据产品风险等级的不同,商业银行理财产品一般可分为五类,其中极低风险产品指(　　)。

A. 以现金管理类产品为主,具有较强的流动性和安全性,收益相对较低的产品

B. 投资较为稳健,收益存在一定的波动性,但整体风险系数较小的产品

C. 投资范围更广,影响产品本金安全和投资收益的风险因素较多,市场风险、信用风险等风险相对突出的产品

D. 主要投资于风险相对较高的各类资产,基础资产收益波动较大,一定程度上将影响客户投资本金的安全的产品

50. 根据(　　)不同,债券可分为公募债券和私募债券。

A. 利息支付方式　　B. 期限

C. 募集方式　　D. 发行主体

51. 金融市场被称为资金的"蓄水池"和国民经济的"晴雨表"。这两种说法分别指出了金融市场的(　　)。

A. 集聚功能和反映功能　　B. 调节功能和资源配置功能

C. 集聚功能和资源配置功能　　D. 调节功能和反映功能

52. 有限合伙企业至少应当有(　　)个普通合伙人。

A. 1　　B. 2　　C. 3　　D. 4

53. 下列关于保险人特征不正确的是(　　)。

A. 保险人可以是保险公司也可以是其他代理机构

B. 保险人有权收取保险费

C. 保险人有履行承担保险责任的义务

D. 保险人有给付保险金的义务

54. 客户信息可以分为定量信息和定性信息,按照“定量信息—定性信息”的对应关系,以下对应正确的是(　　)。

A. 理财知识水平—兴趣爱好　　B. 现有投资情况—投资偏好
C. 理财决策模式—保单信息　　D. 雇员福利—养老金规划

55. 商业银行在办理个人理财业务中,超越客户的授权从事业务且没有经过客户追认的,其民事责任(　　)。

A. 由客户承担,商业银行承担连带责任　　B. 完全由商业银行承担
C. 由商业银行承担,客户承担连带责任　　D. 完全由客户承担

56. 民事活动中最核心、最基本的原则是(　　)。

A. 诚信原则　　B. 等价有偿原则　　C. 公平原则　　D. 自愿原则

57. 我国对个人结汇和境内个人购汇实行年度便利化额度管理,便利化额度分别为每人每年等值(　　)万美元。

A. 5　　B. 10　　C. 3　　D. 20

58. 当订立合同双方对格式条款有两种以上的解释时,应(　　)。

A. 做出不利于提供格式条款一方的解释　　B. 作出利于提供格式条款一方的解释
C. 按照通常理解予以解释　　D. 以上均不正确

59. 商业银行开展以下个人理财业务,需要向原中国银监会申请批准的是(　　)。

A. 保证收益理财计划　　B. 保本浮动收益理财计划
C. 非保本浮动收益理财计划　　D. 非保证最低收益理财计划

60. 根据《关于规范金融机构资产管理业务的指导意见》的规定,下列客户中满足合格投资者要求的是(　　)。

A. 具有 3 年投资经历,近 4 年年均收入为 50 万元的投资者
B. 具有 1 年投资经历,家庭金融资产 600 万元的投资者
C. 具有 3 年投资经历,近 2 年年均收入为 50 万元的投资者
D. 最近 1 年末净资产不低于 500 万元的法人单位

61. (　　)不是税务规划的目标。

A. 减轻税负、财务目标、财务自由　　B. 达到整体税后利润
C. 收入最大化　　D. 偷税漏税

62. 基金销售机构在销售基金和相关产品的过程中,应当坚持(　　)原则,注重根据投资人的风险承受能力销售不同风险等级的产品,把合适的产品销售给合适的基金投资人。

A. 投资人利益优先　　B. 诚实守信
C. 专业胜任　　D. 保守秘密

63. 下列关于期权的表述,错误的是(　　)。

A. 看涨期权赋予持有者在一时期内买入特定资产的权利
B. 看涨期权卖方通常认为标的资产的价格会上涨
C. 看涨期权卖方的获利是有限的
D. 期权买方拥有权力但没有义务执行合约

64. 陈先生由于企业资金周转向朋友借款 100 万元,期限 1 年。下列选项中,利息支出最少的方案是(　　)。

A. 年利率 14.3%,每月计息一次　　B. 年利率 14.7%,每季度计息一次
C. 年利率 15%,每年计息一次　　D. 年利率 14.6%,每半年计息一次

65. 在综合理财服务过程中,商业银行充当(　　)的角色。

A. “委托人”和“执行人”　　B. “受托人”和“中介人”
C. “受托人”和“执行人”　　D. “委托人”和“中介人”

66. (   )通常是理财师与客户的首次接触,也是了解客户、收集信息的最好时机。

A. 登记　B. 开户　C. 注册　D. 销户

67. 下列选项中流动性最差的投资工具是(   )。

A. 国债　B. 金银等贵金属　C. 房地产　D. 收藏品

68. 某企业有一笔资金收入,有两种领取方式,一是立即可取得100万元;二是5年后可取得200万元。如果当前有个投资机会,年复利收益率为20%,每年计息一次,则下列表述正确的是(   )。

A. 目前领取并进行投资更有利

B. 无法比较何时领取更有利

C. 目前领取并进行投资和5年后领取没有区别

D. 5年后领取更有利

69. 根据《信托公司集合资金信托计划管理办法》,信托公司推介信托计划时,可以实施的行为是(   )。

A. 向不特定投资人公开宣传营销　B. 对公司过去的经营业绩做详细介绍

C. 承诺信托资金不受损失　D. 委托非金融机构进行推介

70. 社会保险不具备的特点是(   )。

A. 强制性　B. 自愿性　C. 社会公平性　D. 非营利性

71. 下列关于商业银行销售综合理财产品的要求的说法,不正确的是(   )。

A. 建立销售理财产品的分级审核批准制度

B. 采用至少包含止损限额的多重指标管理市场风险限额

C. 设置不低于5万元人民币的销售起点金额

D. 建立必要的委托投资跟踪审计制度

72. 交易者只能在期权到期日办理交割的期权交易称为(   )。

A. 美式期权　B. 英式期权　C. 定期期权　D. 欧式期权

73. (   )是指与保险人订立保险合同,并按照保险合同负有支付保险费义务的人。

A. 受益人　B. 被保险人

C. 投保人　D. 保险代理人

74. 商业银行开展个人理财顾问服务,应建立客户的评估报告制度,下列关于评估报告制度的说法中,不正确的是(   )。

A. 个人理财业务人员对客户的评估报告,应报个人理财业务部门负责人

B. 对于投资金额较大的客户,评估报告除应经个人理财业务部门负责人审核批准外,还应送交董事会审核

C. 审核的权限,应根据产品特性和商业银行风险管理的实际情况制定

D. 审核人员应着重审查理财投资建议是否存在误导客户的情况

75. 当个人和家庭由于某种意外的原因出现收支不平衡时,需要采取的必要措施是(   )。

A. 资产管理　B. 收入管理　C. 支出管理　D. 风险管理

76. 一般而言,在理财师为客户服务的过程中,需要收集客户的家庭和财务信息,比较恰当的方法是(   )。

A. 拿出做好的资产负债表让客户填写

B. 旁敲侧击的询问客户的相关信息

C. 先了解客户的疑问,通过倾听客户的疑问,再逐步深入了解客户的家庭信息

D. 单刀直入地向客户提问

77. “理财师是客户声音的反馈者”是指,理财师不仅代表所服务的金融机构,还是(   )。

A. 金融政策的执行者　B. 产品销售的推动者

C. 客户利益的代表者　D. 投资理念的传导者

78. 下列不属于现货期权的是(　　)。

A. 股指期权　　B. 债券期权

C. 股指期货期权　　D. 外汇期权

79. 信托机构根据信托合同约定处理信托财产而产生的亏损,全部由(　　)承担。

A. 受益人　　B. 委托人

C. 委托人和受托人平分　　D. 受托人

80. 一般情况下,市场利率上升的影响是(　　)。

A. 房地产价格下降　　B. 股票价格上升

C. 储蓄产品利率下降　　D. 债券价格上升

81. 外汇挂钩类理财产品挂钩的汇率大多依据路透社或(　　)相应的外汇展示页中的价格而定。

A. 彭博社　　B. 法新社　　C. 美联社　　D. 新华社

82. 关于理财目标的确定,下列说法正确的是(　　)。

A. 过上幸福生活是理财目标

B. 60 岁退休,想把小孩送到美国读大学是相对具体的理财目标

C. 理财目标只需具备合理性就行了

D. 理财目标不具体也可进行中途监督、检验和修正

83. 境外个人原兑换未用完的人民币兑回外汇,凭本人有效身份证件和原兑换水单办理,对于当日累计兑换不超过等值(　　)的兑换,可凭本人有效身份证件办理。

A. 500 美元(含)　　B. 1 000 美元(含)

C. 500 美元(不含)　　D. 1 000 美元(不含)

84. 风险承受能力较低的特点会出现在家庭生命周期的(　　)阶段,一般建议投资组合中增加(　)比重。

A. 衰老期;债券等安全性较高的资产　　B. 形成期;债券等安全性较高的资产

C. 成熟期;股票等风险资产　　D. 成长期;股票等风险资产

85. 与有形市场相比,无形市场的典型特征不包括(　　)。

A. 交易场所不固定　　B. 交易范围比较窄

C. 交易时间相对较长　　D. 交易的种类多

86. 客户张某被外管局列入"关注名单"后,若再次办理结售汇业务,下列说法正确的是(　　)。

A. 可办理自助渠道结售汇业务

B. 可凭本人有效身份证件前往柜台办理结售汇

C. 不得办理个人结售汇业务

D. 可凭本人有效身份证件及有交易额的相关材料等在银行办理

87. 基金收益分配一般有分配现金和(　　)两种形式。

A. 分配基金单位　　B. 分配票据

C. 分配债券　　D. 分配股票

88. 国家采取不印刷实物券,而用填制国库券收款凭证的方式发行的国债是(　　)。

A. 凭证式国债　　B. 实物国债

C. 储蓄国债　　D. 记账式国债

89. 商业银行为个人客户提供的财务分析、财务规划、投资顾问、资产管理等专业化服务活动,属于(　　)。

A. 理财顾问服务　　B. 个人理财业务

C. 理财咨询业务　　D. 投资规划服务

90. 投资人自行清算的,应当在清算前(　　)日内书面通知债权人。

A. 5　　B. 10　　C. 15　　D. 20

二、多项选择题。以下各小题所给出的五个选项中，有两项或两项以上符合题目的要求，请选择相应选项，多选、少选、错选均不得分。（共 40 题，每题 1 分，共 40 分）

91. 以下关于私人银行业务的表述，正确的有（　　）。
A. 私人银行业务的门槛比贵宾理财、理财顾问更高
B. 私人银行业务已经超越了简单的银行资产、负债业务，实际属于混合业务
C. 私人银行业务不限于为客户提供理财产品，还包括个人理财，以及与个人理财相关的法律、财务、税务、财产继承、子女教育等专业顾问服务
D. 私人银行业务的主要任务是通过丰富理财产品满足客户的财富增值的需要
E. 私人银行业务是银行提供的一种标准化产品，依然是以产品为中心

92. 在我国，证券投资基金的发行方式主要有（　　）。
A. 网上发行方式　B. 行政分配方式　C. 招标拍卖发行方式
D. 网下发行方式　E. 私募定向发行方式

93. 一般而言，下列风险中，长期国债面临的主要风险包括（　　）。
A. 通货膨胀风险　B. 违约风险　C. 利率风险
D. 汇率风险　E. 声誉风险

94. 肢体语言的形式包含（　　）。
A. 面部表情　B. 说话温婉　C. 身体角度
D. 动作姿势　E. 以上都是

95. 下列货币时间价值的计算，正确的有（　　）。
A. 本金的现值为 1 000 元，年利率为 3%，期限为 3 年，如果每季度复利一次，则 2 年后本金的终值是 1 061.6 元
B. 某理财客户在未来 10 年内能在每年期初获得 1 000 元，年利率为 8%，则 10 年后这笔年金的终值为 15 645.49 元
C. 利率为 5%，拿出 10 000 元投资，1 年后将得到 10 500 元
D. 6 年分期付款购房，每年年初付 50 000 元，若银行利率为 10%，该项分期付款相当于一次现金支付的购价是 239 539.3 元
E. 本金的现值为 1 000 元，年利率为 3%，期限为 3 年，如果每季度复利一次，则 2 年后本金的终值是 1 030.225 元

96. 违约责任的承担形式主要有（　　）。
A. 采取补救措施　B. 强制履行
C. 违约责任金　D. 定金责任
E. 赔偿损失

97. 下列不属于代理特征的有（　　）。
A. 代理人须在代理权限内实施代理行为
B. 代理人须以被代理人的名义实施代理行为
C. 代理行为必须是具有法律效力的行为
D. 代理行为无须直接对被代理人发生效力
E. 代理人在代理活动中不具有独立的法律地位

98. 下列（　　）内容可以出质。
A. 汇票、本票　B. 建筑物
C. 仓单　D. 生产设备
E. 可以转让的股权

99. 下列金融资产中属于金融衍生工具的有（　　）。
A. 普通股　B. 货币互换　C. 公司债券

D. 股指期货　　E. 远期利率协议

100. 国内外各类专业理财证书基本都执行“4E”认证标准。“4E”是由(　　)组成。
A. 教育　　B. 工作经验　　C. 练习
D. 考试　　E. 职业道德

101. 关于货币的时间价值,下列表述正确的有(　　)。
A. 终值复利因子等于现值复利因子的倒数　　B. 贴现率越高,现值复利因子就越小
C. 现值与终值呈正比例关系　　D. 现值等于复利终值除以终值复利因子
E. 利率越高,终值复利因子就越小

102. 金融市场的主要功能有(　　)。
A. 调节经济功能　　B. 财富投资功能
C. 避险功能　　D. 优化资源配置功能
E. 交易功能

103. 私人银行业务特征包括(　　)。
A. 服务品质高　　B. 标准化服务
C. 准入门槛高　　D. 综合化服务
E. 重视客户关系

104. 单身创业时代,是个人财务的建立与形成期,这一时期有很多重要的理财任务,因此应当(　　)。
A. 适当节约资金进行高风险的金融投资
B. 避免形成入不敷出的窘境
C. 科学合理地安排各项日常支出
D. 积累投资经验
E. 加强现金流管理

105. 下列选项中,属于智能投顾的工作流程的有(　　)。
A. 为客户画像　　B. 构建投资组合　　C. 制作目标
D. 陌生电话约访　　E. 执行投资组合

106. 金融市场的参与者有(　　)。
A. 居民个人　　B. 商业性金融机构　　C. 政府
D. 企业　　E. 中央银行

107. 商业银行应建立异常销售的监控、记录、报告和处理制度,重点关注理财产品销售业务中的不当销售和误导销售行为,这些行为包括(　　)。
A. 销售系统故障
B. 客户风险承受能力与理财产品风险不匹配
C. 客户发生重大事件影响其风险承受能力
D. 商业银行超过约定时间进行资金划付
E. 客户频繁开立、撤销理财账户

108. 综合家庭财务现状分析,主要是根据信息整理情况,提供家庭财务现状的综合分析,主要的方面包括(　　)。
A. 信用和债务管理现状分析　　B. 收支储蓄现状分析
C. 家庭财务保障现状分析　　D. 家庭流动性现状分析
E. 资产结构、资产配置和投资现状分析

109. 下列可视为永续年金的有(　　)。
A. 持续分红的股票　　B. 存本取息
C. 利滚利　　D. 整存整取
E. 零存整取

110. 商业银行在综合理财服务活动中,可以向特定目标客户销售理财计划,下列关于保证收益理财产品(计划)的说法中,正确的有(　　)。
A. 保证收益理财计划要求商业银行按照约定条件向客户承诺支付固定收益
B. 商业银行可以无条件向客户承诺高于同期存款利率的保证收益率
C. 商业银行推出保证收益理财产品时,可以承诺除保证收益外还可以获得收益
D. 商业银行不能将保证收益理财计划转化成准储蓄存款产品
E. 商业银行必须建立和完善严格的风险管理制度,将保证收益的风险控制在一个适宜水平

111. 除“生理需求”外,马斯洛需求层次理论将人的需求分为(　　)层次。
A. 安全需求　　B. 爱和归属感的需求
C. 尊重的需求　　D. 精神需求
E. 自我实现的需求

112. 委托代理终止的情形包括(　　)。
A. 代理期间届满或者代理事务完成
B. 代理人死亡
C. 代理人丧失民事行为能力
D. 指定代理的人民法院或者指定单位取消指定
E. 作为被代理人或者代理人的法人终止

113. 教育规划是指为了需要时能支付教育费用所订的计划,下列对教育规划的表述恰当的有(　　)。
A. 个人教育规划具有消费性,而子女教育规划具有投资性
B. 包括个人教育投资规划和子女教育规划两种
C. 进行教育投资规划制定的第一步是估计未来教育收费的增长率
D. 人寿保险可以作为教育规划的工具之一
E. 投资教育信托基金不仅能获得专家理财的优势,还可免缴利息税

114. 政府债券与金融债券的不同表现在(　　)。
A. 国债被称为“金边债券”
B. 政府债券比金融债券信用等级高
C. 政府债券比金融债券的风险小
D. 政府债券可以免税,金融债券是不可以免税的
E. 短期政府债券的流动性好于长期政府债券

115. 人们对自己的家庭及个人进行风险管理,做法正确的有(　　)。
A. 购买保险产品对潜在的人身、财产损失风险进行转移
B. 对资产进行分散投资来降低投资风险
C. 通过法律手段对信用风险进行保全
D. 通过选择优秀理财师来控制理财服务过程中的合规风险
E. 通过选择优秀理财师来控制理财服务过程中的操作风险

116. 商业银行应在每一会计年度终了编制本年度个人理财业务报告。个人理财业务年度报告,应全面反映(　　)等,并附年度报表。
A. 个人理财业务的发展情况　　B. 理财产品的预期最高情况
C. 理财计划的投资情况　　D. 理财计划的收益分配情况
E. 个人理财业务的综合收益情况

117. 投资基金子公司产品要注意(　　)。
A. 了解信息披露方式和项目进展情况　　B. 充分了解产品发行人的情况
C. 确定资金最终流向和投资标的物　　D. 了解产品类型和风险收益特征
E. 了解产品的风险管理措施

118. 构成房地价格的基本要素有(　　)。
A. 土地价格或使用费　　B. 房屋建筑成本
C. 房地产企业利润　　D. 房贷利息
E. 税金

119. 基金的流动性风险表现在(　　)。
A. 基金组合中股票价格的波动
B. 基金组合中债券价格的波动
C. 开放式基金可能发生巨额赎回导致赎回时间延长
D. 封闭式基金可能会在一定价格下无法及时出售
E. 基金管理人操作失误

120. 下列客户信息属于定量信息的有(　　)。
A. 雇员福利　　B. 养老金　　C. 金钱观
D. 理财知识水平　　E. 保单信息

121. 对个人投资者来说,金融衍生品市场的发展具有下列(　　)的好处。
A. 可选择更为丰富的投资品种　　B. 大大提高了投资收益
C. 总能获得利润最大化　　D. 增加了管理风险的手段
E. 无须再承担投资风险

122. 期货交易的主要制度有(　　)。
A. 持仓限额制度　　B. 强行平仓制度　　C. 大户报告制度
D. 保证金制度　　E. 逐日盯市制度

123. 保险公司与兼业代理人建立代理关系时,有责任确定兼业代理人(　　)。
A. 经过相应培训
B. 具备保险兼业代理许可证
C. 委托代理险种在保险兼业代理许可证允许的范围内
D. 有足额代理费用
E. 有足够多的代理额度

124. 在理财计划的存续期内,商业银行应向客户提供其所持有的相关资产的账单,账单应列明(　　)。
A. 资产变动　　B. 收入和费用
C. 期末资产估值　　D. 理财计划投资方向
E. 理财计划收益

125. 理财师的工作流程概括:①接触客户,建立信任关系;②收集、整理和分析客户的家庭财务状况;③明确客户的理财目标;④制订理财规划方案;⑤理财规划方案的执行;⑥后续跟踪服务。但面对(　　)情况时,理财师不必拘泥于这几个步骤。
A. 新开发客户　　B. 相识且需求明确的客户
C. 只需要做某一方面的具体规划的客户　　D. 老客户
E. 理财师已有丰富的工作经验

126. 下列选项中属于陌生电话前的准备工作的是(　　)。
A. 了解电访客户的背景　　B. 面谈的具体时间和地点
C. 了解本行的产品服务及其优势　　D. 明确电话目的和内容、话术
E. 做好心理准备

127. 与开放式基金相比,封闭式基金的特点包括(　　)。
A. 单位资产净值每周至少公布一次
B. 基金存续有固定期限,基金规模有固定额度,一般不能再增加发行

C. 交易价格主要由市场供求关系决定

D. 不可赎回,无须提取准备金,基金经理能够充分运用资金,进行长期投资,取得长期经营绩效

E. 交易价格完全依据基金的资产净值而定

128. 理财客户购买信托产品时需要考虑的风险因素包括(　　)。

A. 通货膨胀风险　　B. 投资项目风险

C. 项目主体风险　　D. 信托公司风险

E. 流动性风险

129. 下列关于金融理财工具的特点的说法中,错误的有(　　)。

A. 复利与年金系数表计算简单而且效率高,计算答案精准

B. 财务计算器便于携带但操作流程复杂

C. Excel 表格使用成本低,操作简单

D. Excel 表格试用性广泛,理财软件没有局限性

E. 专业理财软件功能齐全,附加功能多

130. 下列保险属于财产保险的有(　　)。

A. 出口信用险　　B. 产品责任险

C. 收入补偿险　　D. 公众责任险

E. 货物运输险

三、判断题。请对以下各项描述做出判断,正确的为 A,错误的为 B。(共 15 题,每题 1 分,共 15 分)

131. 商业银行为了销售储蓄存款产品、信贷产品等进行的产品介绍,宣传和推介等一般性业务咨询活动,均属于理财顾问服务。(　　)

132. 货币型理财产品可以投资于低信用级别的企业债。(　　)

133. 税务规划与偷税漏税不同,但与避税行为有时难以区分,在某种程度上讲税务规划的目的就是合理避税。(　　)

134. 信托财产的投资方向可以由信托委托人决定。(　　)

135. 商业银行在向客户说明有关投资风险时,应使用通俗易懂的语言,配以必要的示例,说明最不利的投资情形和投资结果。(　　)

136. 掌握 SPACED 法则,并不断地熟练应用,就等于打开了与顾客沟通的法门,在以后的市场营销中理财师就可能成为顾客信赖喜欢的专家顾问。(　　)

137. 金融市场提供套期保值,组合投资的条件和机会,达到风险对冲,风险转移、风险分散和风险规避的目的。(　　)

138. 银行理财人员可以将低风险级别产品推荐给高风险承受能力的客户。(　　)

139. 有限合伙企业由普通合伙人和有限合伙人组成。(　　)

140. 理财目标必须具备合理性和可行性,因为客观现在的以及未来的财务资源是其理财目标得以实现的最重要的基础。(　　)

141. 自婚姻登记机关收到离婚登记申请之日起 30 日内,任何一方不愿意离婚的,可以向婚姻登记机关撤回离婚登记申请。(　　)

142. 房地产信托是指房地产拥有者将房地产委托给信托公司,由信托公司按照委托者的要求进行管理、处分和收益,信托公司再对该信托房地产进行租售或者委托专业物业公司进行物业经营,帮助投资者获取溢价或管理收益。(　　)

143. 银行开展个人外汇创新业务前,应将业务流程、内部管理制度要求、风险防控措施等书面告知国家外汇管理局。(　　)

144. 银行承兑汇票是指银行对未到期的商业汇票予以承兑,以自己的信用为担保,出票人为第一债务人,银行负第二责任。(　　)

145. 委托书授权不明的,被代理人应当向第三人承担民事责任,代理人不负连带责任。(　　)

机考题库·真题试卷(六)

答题卡

本试卷采用虚拟答题卡技术，自动评分

考生扫描右侧二维码，将答题选项填入虚拟答题卡中，题库系统可自动统计答题得分，生成完整的答案及解析。题库系统根据考生答题数据，自动收集整理错题，记录考生薄弱知识点，方便考生在题库系统中查漏补缺。

一、单项选择题。以下各小题所给出的四个选项中，只有一项符合题目要求，请选择相应选项，不选、错选均不得分。(共 90 题，每题 0.5 分，共 45 分)

1. 一般来说，FOF 的投资标的主要是(　　)。

A. 股票　　B. 基金　　C. 债券　　D. 银行理财计划

2. 年金是在某个特定的时间段内一组时间间隔相同、金额相等、方向相同的现金流。下列不属于年金的是(　　)。

A. 养老金　　B. 房贷月供
C. 定期定额购买基金的月投资款　　D. 每月家庭日用品费用支出

3. 下列关于理财师的描述，不准确的是(　　)。

A. 理财师一般是指经过专业资格认证，持有相关从业资格牌照、代表金融机构为客户提供理财规划专业服务的专业人士
B. 目前理财师市场认可度很高，客户非常信赖
C. 理财师的职业特征具有顾问性、专业性、综合性、规范性、长期性、动态性
D. 理财师可作为终身职业，越来越受到市场的追捧

4. 未来集团从 2018 年到 2022 年每年年底存入银行 200 万元，存款利率为 6%，问 2022 年年底可累计(　　)万元。

A. 1 100　　B. 1 200　　C. 1 127.4　　D. 1 125.4

5. 商业银行利用理财顾问服务向客户推介投资产品时，应首先(　　)。

A. 了解客户的风险偏好　　B. 了解客户的非财务信息
C. 选择多样化投资工具　　D. 评估客户的当前财务状况

6. 从第一期开始，在一定时期内每期期初等额收取的系列款项是(　　)。

A. 期初年金　　B. 期末年金
C. 增长型年金　　D. 永续年金

7. (　　)的核心是建立应急基金，保障个人和家庭生活质量和状态的稳定性。

A. 投资规划　　B. 现金规划　　C. 保险规划　　D. 税收规划

8. 一般而言，下列关于基金子公司产品的描述，错误的是(　　)。

A. 单个资产管理计划的委托人不得超过 200 人
B. 一般面向合格投资者发行
C. 给客户的收益相对确定
D. 产品标准化程度不高

9. 信托是一种特殊的财产管理制度和法律行为，同时又是一种金融制度。下列关于其特点的描述，错误的是(　　)。

A. 受托人承担无过失的损失风险　　B. 信托财产具有独立性
C. 信托管理具有连续性　　D. 信托具有融通资金的职能

10. 下列个人理财业务相关主体中，由于没有自己的产品，因而能够客观分析客户的财务状况和理

财需求，帮助客户选择合适的金融产品和产品组合，提供综合性的理财规划服务的是(　　)。

A. 第三方理财机构　　B. 会计师事务所

C. 基金公司　　D. 信托公司

11. 下列关于基金当事人地位与责任的说法，不正确的是(　　)。

A. 管理人对基金运营收益承担投资风险

B. 托管人对基金财产具有保管权

C. 管理人对基金财产具有经营管理权

D. 投资人对基金运营收益率享有收益权

12. 李女士想在5年后得到10万元，目前有两种方案可供选择：A方案，现在存入一笔钱，按照每年4.5%的单利计息；B方案，现在存入一笔钱，按照每年4%的复利计息。李女士如何选择才对自己有利？(　　)

A. 两个方案不能比较　　B. 选择A方案

C. 两个方案一样，任选一个　　D. 选择B方案

13. 假定期初本金为100 000元，单利计息，6年后终值为130 000元，则年收益率为(　　)。

A. 3%　　B. 10%　　C. 1%　　D. 5%

14. 根据《民法典》的相关规定，基于重大误解、以欺诈手段实施、受第三人欺诈或胁迫等签订的合同，属于(　　)。

A. 效力待定合同　　B. 有效合同　　C. 可撤销合同　　D. 无效合同

15. 在目前国内理财市场业务模式格局中，互联网金融机构主要服务于(　　)。

A. 高净值客户　　B. 企业客户　　C. 大众客户　　D. 富裕客户

16. 商业银行下列做法正确的是(　　)。

A. 将一般储蓄存款产品单独当作理财计划销售

B. 将理财计划与本行储蓄存款进行强制性搭配销售

C. 无条件向客户承诺高于同期储蓄存款利率的保证收益率

D. 将结构性储蓄产品中的基础资产与衍生交易部分相分离

17. 在日常工作中，下列关于专业理财师工作流程的描述，不恰当的是(　　)。

A. 规范科学的理财工作流程、方法，可以减少主、客观环境影响，有条不紊地展开对客户的专业咨询服务

B. 理财师的工作流程中，了解客户的财务信息、分析财务现状前，要先明确客户的理财目标

C. 作为一名专业理财师，需要一套标准、科学的工作方法，贯穿整个客户服务过程

D. 面对具体客户和不同情况时，不必拘泥于几个步骤，应当以客户的需要和具体案例为准

18. 根据《个人独资企业法》，下列说法错误的是(　　)。

A. 投资人自行清算的，应当在清算前十五个工作日内口头或书面通知债权人

B. 个人独资企业财产不足以清偿债务的，投资人应当以其个人的其他财产予以清偿

C. 个人独资企业解散的，应优先清偿所欠职工工资和社会保险费用

D. 投资人以家庭共有财产作为个人出资的，应以家庭共有财产对企业债务承担无限责任

19. 银行代理信托类产品是指信托公司委托(　　)代为向合格投资者推介信托计划。

A. 商业银行　　B. 保险公司　　C. 中央银行　　D. 券商

20. 如果从第1年开始到第10年结束，每年年末得10 000元，如果年收益率为8%，则这一系列现金流在第10年结束时的终值为(　　)元。(答案取近似数值)

A. 144 866　　B. 61 101　　C. 156 455　　D. 136 000

21. 根据《信托公司集合资金信托计划管理办法》，单个信托计划的自然人人数不得超过(　　)人，但单笔委托金额在300万元以上的自然人投资者和合格的机构投资者数量不受限制。

A. 50　　B. 100　　C. 1 500　　D. 200

22. 若预期市场利率下降,理性投资者一般采取的措施为(　　)。
A. 增持固定收益证券　　B. 卖出手中外汇
C. 出售手中股票　　D. 增加银行存款

23. 下列理财产品中,(　　)主要投资于存款、债券等债权类资产。
A. 固定收益类理财产品　　B. 混合类理财产品
C. 权益类理财产品　　D. 商品及金融衍生类理财产品

24. 投资者由于冒风险进行投资而获得的超过资金价值的额外收益,称为投资的(　　)。
A. 时间价值率　　B. 风险报酬率
C. 期望报酬率　　D. 必要报酬率

25. 小王购买了某公司新发行的股票后,想将部分该公司的股票卖出,他应在(　　)进行交易,这笔交易是在(　　)之间进行的。
A. 一级市场;小王和该公司　　B. 一级市场;小王和其他投资者
C. 二级市场;小王和该公司　　D. 二级市场;小王和其他投资者

26. 在制订书面理财规划方案过程中,下列表述错误的是(　　)。
A. 要把如何解决客户理财需求和目标放在中心地位,避免产品宣传、推销的嫌疑
B. 使用通俗易懂的语言使客户清楚了解理财规划书的内容和方案建议
C. 对各类假设情况、一些概念名词和面临不确定情况时的选择决定要具体说明
D. 要让客户及时做决定,以免错过投资机会

27. 在理财顾问服务中,商业银行不涉及客户财务资源的具体操作,只提供建议,最终决策权在客户。这一说法体现理财顾问服务(　　)的特点。
A. 综合性　　B. 规范性　　C. 专业性　　D. 顾问性

28. 使现金流的现值之和等于零的利率,即净现值等于0的贴现率,则对其称谓不正确的是(　　)。
A. 内部收益率　　B. 内部回报率(*IRR*)
C. 内部报酬率　　D. 净现值率

29. 买进看涨期权的交易者,理论上讲其(　　)。
A. 风险是无限的,收益也是无限的　　B. 风险是有限的,收益也是有限的
C. 风险是有限的,收益是无限的　　D. 风险是无限的,收益是有限的

30. 一般情况下,下列属于期末年金的是(　　)。
A. 房贷　　B. 学费　　C. 生活费　　D. 房租

31. 下列银行理财产品的销售行为中,错误的是(　　)。
A. 客户应当确保提供的身份证件真实、合法
B. 银行应根据理财产品的性质,确定不同类型理财产品的投资起点
C. 客户不得利用理财业务洗钱,将犯罪所得及其收益用来购买理财产品
D. 合格投资者购买固定收益类产品时无须进行风险评级

32. 个人生命周期(　　)阶段的理财任务主要是妥善管理好积累的财富,积极调整投资组合,降低投资组合风险,以保守稳健型投资为主使资产得以保值增值。
A. 维持期　　B. 建立期　　C. 稳定期　　D. 高峰期

33. 张小姐将自己的10万元闲置资金投资到某一固定收益率为8%的理财产品中,希望在未来几年可以实现资金翻一番的目标,那张小姐需要(　　)年可以达到预期目标。
A. 7　　B. 8　　C. 9　　D. 10

34. 2010年4月17日,国务院为了坚决遏制部分城市房价过快上涨,发布了《国务院关于坚决遏制部分城市房价过快上涨的通知》,简称“新国10条”,这主要体现了影响房地产价格的(　　)。
A. 行政因素　　B. 社会因素　　C. 经济因素　　D. 自然因素

35. 某企业进行一项投资,投资额是100万元,预计在未来6年内等额收回投资,假设投资收益率为

6%，如果使该项投资达到预期收益率，那么企业每年年末可收回（　　）元。（答案取近似数值）

A. 237.396　　B. 60.000　　C. 346.725　　D. 203 363.63

36. 按照《个人外汇管理办法》，下列不符合规定的是（　　）。

A. 银行应通过外汇局指定的管理信息系统办理个人购汇和结汇业务，相关材料至少保存5年备查

B. 境外个人将原兑换未使用完的人民币兑回外币现钞时，超过规定金额时，凭本人有效身份证件向当地外汇局事前报备

C. 境外个人在境内取得的经常账户项目下的合法人民币收入，可以凭借本人有效身份证件及相关证明材料在银行办理购汇及汇出

D. 境外个人未使用的境外汇入外汇，可以凭借本人有效身份证件在银行办理原路汇回

37. 下列属于商业银行向客户提供的理财顾问服务的是（　　）。

A. 对外营的直传活动　　B. 销售储蓄存款产品

C. 提供财务分析与规划服务　　D. 销售信贷产品

38. 债券投资者可能面临的风险有（　　）。

①通货膨胀风险　②信用风险　③提前偿还风险

④价格风险　⑤流动性风险　⑥汇率风险

A. ①②③④⑤⑥　　B. ①②③⑤⑥　　C. ①②③④　　D. ①②⑤

39. 下列不属于退休养老收入来源的是（　　）。

A. 社会养老保险　　B. 企业年金

C. 子女赡养费用　　D. 个人储蓄投资

40. 下列关于金融衍生品作用的表述，错误的是（　　）。

A. 金融衍生品与金融基础产品相结合，可以促进金融创新

B. 投资金融衍生品，投资者需要有较强的风险承受能力

C. 利用金融衍生品进行风险管理，可以提高理财的效率

D. 利用金融衍生品，可以规避风险，大幅提高收益

41. 某银行近期推出"安心回报澳元理财计划"，该产品的募集期限为3个月（银行有权根据市场情况提前终止），该银行在提前终止日或理财到期日将按照年收益率5.75%向投资者支付理财收益。这是一款（　　）理财计划。

A. 非保证收益　　B. 保本浮动收益

C. 保证最低收益　　D. 保证收益

42. 下列各项资产中，流动性最好的资产是（　　）。

A. 货币市场基金　　B. 信托产品

C. 实物黄金　　D. 房地产

43. 某投资产品年化收益率为10%，张先生今年投入50 000元，5年后按年复利计算比按单利计算他将多获得（　　）元。

A. 6 165.45　　B. 4 525.50　　C. 5 525.50　　D. 6 265.45

44. 目前在银行代理的保险中占据市场主流的险种主要是分红险和（　　）。

A. 责任险　　B. 车险　　C. 万能险　　D. 意外险

45. 生命周期理论比较推崇的消费观念是（　　）。

A. 大部分选择性支出用于当前消费　　B. 消费水平在一生内保持相对平稳的水平

C. 及时行乐、"月光族"　　D. 大部分选择性支出存起来用于以后消费

46. 一般来说，市场利率上升会引起债券价格（　　），股票价格（　　），房地产市场价格（　　）。

A. 上升；上升；走低　　B. 下降；下降；走低

C. 上升；下降；走高　　D. 下降；上升；走低

47. 认为个人是在相当长的时间内计划他的消费和储蓄行为的,在整个生命周期内实现消费和储蓄的最佳配置的理论是(　　)。

A. 生命周期理论　　B. 投资组合理论
C. 货币的时间价值理论　　D. 风险偏好理论

48. 根据《公开募集证券投资基金销售机构监督管理办法》,下列机构中不可以申请基金代销业务资格的是(　　)。

A. 信托公司　　B. 证券投资咨询机构　　C. 商业银行　　D. 证券公司

49. 某农场向一食品加工厂提供黄豆,为防止黄豆价格出现波动,他们签订了一份半年后以某一价格交割一定数量黄豆的协议,该协议是(　　)合约。

A. 互换　　B. 远期　　C. 期货　　D. 期权

50. 下列不属于万能保险的风险来源的是(　　)。

A. 保险公司的资产规模　　B. 保险公司的制度规范
C. 保险公司的发展历史　　D. 理财团队专业化水平

51. 商业银行销售理财产品,应当遵循(　　)原则,禁止误导客户购买与其风险承受能力不相符合的理财产品。风险匹配原则是指商业银行只能向客户销售风险评级等于或低于其风险承受能力评级的理财产品。

A. 风险共摊　　B. 风险匹配　　C. 风险规避　　D. 风险提示

52. 商业银行个人理财业务收入大多可以归类为(　　)。

A. 利差收入　　B. 投行收入　　C. 自营收入　　D. 中间业务收入

53. 下列客户信息中不属于财务信息的是(　　)。

A. 客户的投资偏好　　B. 客户预见的收支情况
C. 客户当前收支情况　　D. 客户的财务安排

54. 下列属于定量信息的是(　　)。

A. 财务信息　　B. 客户基本信息　　C. 客户个人兴趣爱好　　D. 客户职业生涯发展

55. 商业银行开展个人理财业务时,下列做法错误的是(　　)。

A. 优先向客户推荐可能会获得最高收益的理财产品
B. 引导客户购买符合自身风险承受能力的理财产品
C. 建立个人理财顾问服务的跟踪评估制度,定期对客户评估报告或投资顾问建议进行重新评估
D. 按照符合客户利益和风险承受能力的原则,审慎尽责地开展个人理财业务

56. 现金管理类理财产品主要投资的金融工具,不包括(　　)。

A. 期权　　B. 国债　　C. 金融债　　D. 中央银行票据

57. 股票型基金以股票为主要投资对象,股票投资比重不得低于(　　)。

A. 80%　　B. 70%　　C. 90%　　D. 60%

58. 下列关于信托种类划分的说法中,错误的是(　　)。

A. 按信托关系建立的方式可划分为法人信托和个人信托
B. 按委托人或受托人的性质不同可划分为法人信托和个人信托
C. 按信托财产的不同可划分为资金信托、动产信托、不动产信托、其他财产信托等
D. 按信托关系建立的方式可划分为任意信托和法定信托

59. 下面关于理财产品分类的表述,错误的是(　　)。

A. 按照产品风险可以分为高风险、较高风险、中等风险、低风险和极低风险产品
B. 按照运作方式可分为开放式和封闭式产品
C. 按照理财产品投资性质可分为货币型理财产品、债券型理财产品和股票类理财产品
D. 按照募集方式可分为公募产品和私募产品

60. 一般对购买者而言,关于债券价格与其影响因素之间的关系,下列表述正确的是(　　)。
A. 债券价格与到期收益率同向变动　　B. 债券期限越长,折价债券价格越高
C. 债券价格与市场利率反向变动　　D. 债券期限越短,溢价债券价格越高

61. 下列关于个人生命周期各阶段理财活动的表述,错误的是(　　)。
A. 高峰期的理财目标是资产增值,投资组合应以固定收益投资工具为主
B. 维持期的主要理财任务是偿清各种中长期债务,为未来储备财富
C. 建立期的理财目标主要是储备结婚、买房买车、继续教育支出
D. 稳定期理财任务是尽可能多地储备资产、积累财富

62. 信托业务是一种以(　　)为基础的法律行为。
A. 需求　　B. 信用　　C. 理财　　D. 信息

63. 根据《商业银行开办代客境外理财业务管理暂行办法》的规定,境外理财资金汇回后,(　　)。
A. 商业银行应将投资本金和收益支付给投资者
B. 商业银行一律以外汇支付给投资者
C. 投资者以外汇投资的,商业银行结汇后支付给投资者
D. 投资者以外汇投资的,商业银行将外汇直接划入投资者任一账户

64. 注重基金的长期成长,强调为投资者带来经常性收益的是(　　)。
A. 收入型基金　　B. 指数型基金
C. 成长型基金　　D. 平衡型基金

65. 客户信息的整理通常是针对(　　),一般汇总为家庭资产负债表和收支储蓄表。
A. 定性信息　　B. 定量信息
C. 定性或者定量信息　　D. 定性和定量信息

66. 下列有关股票与债券特征的比较,表述错误的是(　　)。
A. 股票没有到期日,债券通常有确定的到期日
B. 普通股票所有者可以参与公司决策,债券持有者通常无此权利
C. 股票不具有偿还性,而债券一般情况下应偿还本息
D. 股票的收益一定比债券的收益高

67. 按照《经常项目外汇业务指引》个人结汇和境内个人购汇实行年度便利化额度管理,便利化额度分别为每人每年等值(　　)万美元。
A. 5　　B. 10　　C. 15　　D. 20

68. 根据《商业银行理财业务监督管理力法》,商业银行应当根据募集方式的不同,将理财产品分为(　　)。
A. 净值型理财产品和非净值理财产品　　B. 自营理财产品和代销理财产品
C. 公募理财产品和私募理财产品　　D. 开放式理财产品和封闭式理财产品

69. 目前,银行代理的人身保险新型产品不包括(　　)。
A. 分红险　　B. 万能险　　C. 投连险　　D. 房贷险

70. 房地产投资者以所购买的房地产为抵押,借入相当于其购买成本的绝大部分款项。这被称为房地产投资的(　　)。
A. 价值升值效应　　B. 财务杠杆效应
C. 现金流和税收效应　　D. 风险效应

71. 产品发售数量少、产品类型单一和资金规模较小是属于银行理财产品市场(　　)阶段的特点。
A. 萌芽　　B. 发展　　C. 规范　　D. 改革和深化发展

72. 理财师要了解客户需求,跟踪评估、修正客户理财方案和投资建议,这体现了理财师职业特征的(　　)。
A. 服务性　　B. 关系性　　C. 长期性　　D. 动态性

73. 关于商业银行个人理财业务,下列表述中错误的是(　　)。
A. 在理财计划存续期间,商业银行应向客户提供其所持有的相关资产的账单,账单提供应不少于两次,并且至少每月提供一次
B. 商业银行应按月准备理财计划各投资工具的投资报表、市场表现情况及相关材料
C. 商业银行除对理财计划所汇集的资金进行正常的会计核算外,还应为每一个理财计划制作明细记录
D. 商业银行应在理财计划终止时,或理财计划投资收益分配时,向客户提供理财计划投资、收益的详细情况报告

74. 下列不属于违约责任的承担形式的是(　　)。
A. 抵押担保　B. 违约金责任　C. 定金责任　D. 赔偿损失

75. 下列不属于客户财务信息的是(　　)。
A. 投资风险认知度　B. 当期负债状况
C. 当期收入水平　D. 财务状况未来发展趋势

76. 期权的卖方由于具有将来为买方承兑选择权的(　　),所以应(　　)一笔期权费。
A. 权利;得到　B. 权利;支付　C. 义务;得到　D. 义务;支付

77. 根据《商业银行个人理财业务风险管理指引》,下列表述中错误的是(　　)。
A. 商业银行应当制定并落实内部监督和独立审核措施
B. 商业银行个人理财业务内部调查监督的重点为是否存在错误销售和不当销售情况
C. 商业银行接受客户委托进行资产管理,应与客户签订合同,并至少每两年重新确认一次
D. 除法律法规另有规定,或经客户书面同意外,商业银行不得向第三方提供客户的资料与交易记录

78. 货币市场是融通(　　)的场所,而资本市场是筹集(　　)的场所。
A. 短期资金;长期资金　B. 长期资金;短期资金
C. 长期资金;长期资金　D. 短期资金;短期资金

79. 一般来说,下列关于债券价格与到期收益率表述正确的是(　　)。
A. 债券面值越大,贴现债券价格越低　B. 债券价格与到期收益率同向变动
C. 债券到期期限越长,贴现债券价格越高　D. 债券价格与市场利率反向变动

80. 买卖双方在交易所签订的在确定的将来时间按成交时确定的价格购买或者出售某项资产的标准化协议是(　　)。
A. 金融远期协议　B. 金融期货协议　C. 金融期权协议　D. 金融互换协议

81. 关于信托财产,下列说法错误的是(　　)。
A. 受托人以其固定财产先行支付的,对信托财产享有优先受偿权
B. 受托人可以在其固定财产和信托财产之间进行交易,或在不同委托人的信托财产之间进行交易
C. 受托人因处理信托事务所支出的费用,对第三人所负债务,以信托财产承担
D. 受托人利用信托财产为自己谋利时,所得利益归入信托财产

82. 理财师要了解客户需求,跟踪评估、修正客户理财方案和投资建议,这体现了理财师职业特征的(　　)。
A. 服务性　B. 关系性　C. 长期性　D. 动态性

83. 商业银行接受客户委托进行投资操作和资产管理等业务活动,应与客户签订合同,确保获得客户的充分授权,商业银行应妥善保管相关合同和各类授权文件,并至少(　　)重新确认一次。
A. 二年　B. 三个月　C. 一年　D. 半年

84. 将10万元进行投资,年利率为10%,每季付息一次,2年后终值是(　　)万元。
A. 12.16　B. 12.20　C. 12.18　D. 12.10

85. 下列选项中一般不属于期货资产管理业务类型的是(　　)。
A. 大额存单产品　B. 量化打新类产品

C. 量化对冲类产品　　D. 挂钩期权类产品

86. 下列选项中不属于金融市场特点的是(　　)。

A. 市场商品的特殊性　　B. 市场交易活动的集中性

C. 市场交易主体的唯一性　　D. 市场交易价格的一致性

87. 短期政府债券通常采用(　　)发行。

A. 贴现方式　　B. 平价方式　　C. 按面值　　D. 溢价方式

88. 对于中长期债券而言,债券货币收益的购买力有可能随着物价的上涨而下降,从而使债券的实际收益率降低,这是债券的(　　)。

A. 赎回风险　　B. 再投资风险

C. 通货膨胀风险　　D. 价格风险

89. 下列各项中,属于个人资产负债表中流动资产的是(　　)。

A. 汽车　　B. 房地产　　C. 保险费　　D. 定期存款

90. 下列各项中不影响理财报告定期评估频率的是(　　)。

A. 客户的投资风格　　B. 自然灾害

C. 客户个人财务状况变化幅度　　D. 客户的投资金额和占比

二、多项选择题。以下各小题所给出的五个选项中,有两项或两项以上符合题目的要求,请选择相应选项,多选、少选、错选均不得分。(共 40 题,每题 1 分,共 40 分)

91. 理财师属于一种(　　)的金融服务工作。

A. 系统性　　B. 独立性　　C. 综合性

D. 专业性　　E. 学术性

92. 按照《公司法》的规定,下列可发行公司债的有(　　)。

A. 国有独资企业　　B. 股份有限公司　　C. 国有控股企业

D. 合伙制企业　　E. 有限责任公司

93. 家庭财产保险包括(　　)等险种。

A. 万能保险　　B. 普通消费型家财保险

C. 长效还本家财保险　　D. 城镇居民安全用电保险

E. 投资连结保险

94. 分红险是指保险公司将其实际经营成果优于定价假设的盈余,按照一定比例向保单持有人进行分配的人寿保险,其收益风险来源于(　　)。

A. 保险公司制定的预定营运管理费用　　B. 保险公司制定的预定死亡率

C. 利率的波动　　D. 汇率的波动

E. 保险公司制定的预定回报率

95. 按投资主体的性质分类,股票可分为(　　)。

A. 限售股　　B. 法人股　　C. 社会公众股

D. 流通股　　E. 国家股

96. 房地产与个人的其他资产相比有自身的特点,主要包括(　　)。

A. 使用长期性　　B. 保值增值性　　C. 影响因素多样性

D. 变现性　　E. 位置固定性

97. ETF 基金的特点包括(　　)。

A. 可以在交易所挂牌交易

B. 本质上是开放式基金

C. 属于指数型基金

D. 投资者只能用于指数对应的一揽子股票申购或者赎回

E. 可以投资于境外资本市场

98. 下列不符合女士着装要求的包括(　　)。
A. 穿衣过分鲜艳　B. 穿衣过分暴露　C. 穿衣过分短小
D. 佩戴时装手表　E. 穿紧身衣

99. 根据《关于规范金融机构资产管理业务的指导意见》,按照投资性质的不同,资产管理产品分为(　　)。
A. 商品及金融衍生品类产品　B. 结构化类产品
C. 固定收益类产品　D. 混合类产品
E. 权益类产品

100. 投资项目风险是信托产品面临的风险之一,其主要包括项目的(　　)。
A. 信托公司风险　B. 设计风险　C. 财务风险
D. 经营管理风险　E. 市场风险

101. 下列关于黄金理财产品的说法,正确的有(　　)。
A. 黄金非货币化后,其流动性较其他证券投资品差
B. 黄金与股票市场收益正相关
C. 黄金价格随通货膨胀而提高,常作为保值产品
D. 黄金可以分散投资组合风险
E. 黄金的价格受到国际市场影响较大

102. 税收规划的基本方法包括(　　)。
A. 避免应税所得的实现　B. 均衡地取得应税所得
C. 推迟纳税义务的发生　D. 充分利用税法中费用扣除的规定
E. 将一次性收入转化为多次性收入

103. 一般来说,下列可能会导致房地产价格升高的有(　　)。
A. 土地供给减少　B. 经济衰退
C. 房地产需求下降　D. 房地产周边交通状况大幅改善
E. 居民收入下降

104. 根据《民法典》的规定,下列债务人或者第三人有权处分的权利中,可以出质的有(　　)。
A. 债券　B. 汇票　C. 提单
D. 应收账款　E. 可以转让的基金份额

105. 当利率大于零,计息期一定的情况下,下列表述正确的有(　　)。
A. 复利现值系数一定都小于1　B. 年金终值系数一定都大于1
C. 复利终值系数一定都大于1　D. 年金终值系数一定都小于1
E. 年金现值系数一定都大于1

106. 银行开展的黄金业务种类包括(　　)。
A. 金币　B. 黄金股票　C. 纸黄金
D. 实物黄金　E. 黄金基金

107. 下列理财师的提问问题中,属于开放式问题的有(　　)。
A. "您以前投资过开放式基金吗"　B. "您目前的家庭财务状况如何"
C. "您是想买股票基金还是货币基金"　D. "您如何看待投资风险"
E. "您认为投资时本金安全更重要吗"

108. 与个人持有的其他资产相比,房地产的特点主要包括(　　)。
A. 位置固定性　B. 影响因素多样性　C. 保值增值性
D. 使用长期性　E. 高流动性

109. 下列选项中,属于智能投顾的工作流程的有(　　)。
A. 为客户画像　B. 构建投资组合　C. 制作目标
D. 陌生电话约访　E. 执行投资组合

110. 合伙人会议一般可以对涉及(　　)进行决策。

A. 合伙人入伙　　B. 合伙人退伙

C. 有限合伙协议的修改　　D. 合伙企业清算

E. 控制合伙企业投资决策

111. 下列关于固定收益类理财产品的表述,正确的有(　　)。

A. 对于投资者而言,购买固定收益类理财产品面临的最大风险只来自利率风险

B. 其目标客户主要为风险承受能力较低的投资者

C. 固定收益类理财产品投资风险小、客户预期收益稳定

D. 固定收益类理财产品是以国债、金融债和企业债为主要投资对象的银行理财产品

E. 固定收益类理财产品资金主要投向银行间、交易所等国家指定的交易场所

112. 按照保险标的不同,保险产品可以划分为(　　)。

A. 医疗保险　　B. 财产保险　　C. 工程保险

D. 人身保险　　E. 社会保险

113. 西方人理财意识较强,表现在(　　)。

A. 它是国外同行长期的财商教育所产生的效果

B. 它与海外发达国家对理财行业的监管是分不开的

C. 在收集客户信息的过程中,海外同行已经养成了相应的工作习惯

D. 掌握了较为成熟的客户信息收集技巧

E. 西方人比较聪明

114. ETF 在本质上是开放式基金,与现有开放式基金没什么本质区别,但其本身具有的鲜明特征包括(　　)。

A. 投资者可以现金申购或者赎回 ETF

B. ETF 与现有的指数型开放式基金相比,最大的优势在于是在交易所挂牌,交易非常便利

C. 投资者只能用与指数对应的一揽子股票申购或者赎回 ETF

D. 可以在交易所挂牌交易,投资者可以像交易单只股票、封闭式基金那样在证券交易所直接购买 ETF 份额

E. ETF 基本是指数型开放式基金

115. 基金子公司业务比较灵活,变化速度较快,目前主要业务包括(　　)。

A. 资产证券化业务　　B. 股权投资业务

C. 组合投资业　　D. 资本市场类业务

E. 债券类投资产品

116. 根据最新的监管要求,销售保单利益不确定的保险产品时,下列情况中,应当在取得投保人签名确认的投保声明后方可承保的有(　　)。

A. 保费额度大于或等于投保人保费预算的 150%

B. 月期缴保费超过投保人家庭月收入的 20%

C. 年期缴保费超过投保人家庭年收入的 20%

D. 季缴保费超过投保人家庭年收入的 4 倍

E. 保费缴费年限与投保人年龄数字之和达到或超过 60

117. 在财务函数中选择需要用的终值、现值或年金函数有(　　)。

A. *RATE* 利率函数　　B. *PV* 终值函数　　C. *NPER* 期数函数

D. *PMT* 年金函数　　E. *FV* 现值函数

118. 房地产价格构成的基本要素包括(　　)。

A. 土地价格　　B. 土地使用费　　C. 房屋建筑成本

D. 税金　　E. 利润

119. 下列选项中,关于有限合伙人的表述,正确的包括(　　)。

A. 有限合伙人可以将其在有限合伙企业中的财产份额出质,但是,合伙协议另有规定的除外

B. 有限合伙人可以按照合伙协议的约定向合伙人以外的人转让其在有限合伙企业中的财产份额,但应当提前60日通知其他合伙人

C. 有限合伙人的自有财产不足清偿其与合伙企业无关的债务的,该合伙人可以以其从有限合伙企业中分取的收益用于清偿

D. 有限合伙人的债权人也可以依法请求人民法院强制执行该合伙人在有限合伙企业中的财产份额用于清偿

E. 人民法院强制执行有限合伙人的财产份额时,应当通知全体合伙人。在同等条件下,其他合伙人有优先购买权

120. 直接与客户理财规划相关的客户信息是(　　)。

A. 客户理财目标　B. 家庭财务信息　C. 非财务信息

D. 客户理财需求　E. 生活品质要求

121. 可以近似地视为永续年金的项目有(　　)。

A. 优先股　B. 养老保险金

C. 存本取息　D. 股利稳定的普通股股票

E. 无限期债券

122. 下列关于信托业务中委托人权利的表述,正确的有(　　)。

A. 受托人违反信托目的处分财产时,委托人在知道撤销原因之日起一年内,有权申请人民法院撤销该处分行为

B. 受托人管理运用信托财产有重大过失时,委托人可申请人民法院解任受托人

C. 委托人有权了解其信托财产的管理和运用、处分及收支情况,并有权要求受托人作出说明

D. 受托人违反信托目的处分信托财产时,委托人有权依照信托文件的规定解任受托人

E. 因设立信托时未能预见的特别事由,致使信托财产的管理方法不符合受益人的利益时,委托人有权要求受托人调整信托财产的管理方法

123. 李先生现年55岁,多年从事金融事业,年收入为10万元,随着退休年龄的到来,工作越来越轻松,子女已经成家立业;最近股指期货推出后,李先生想通过各种渠道参与其中的交易;不仅如此,李先生已有多年的权证、转债等证券投资经验,并乐在其中。对此,根据生命周期理论,下列评价恰当的是(　　)。

A. 李先生的风险厌恶系数比较低

B. 李先生正处于家庭成熟期,承受风险的能力增加

C. 为了在老年时期生活过得更美满,李先生应当把更多的精力和资源用于养老规划

D. 李先生不应该参与到期货、权证等金融衍生工具的交易活动中

E. 李先生应当适当地将一部分资金转移到风险较低的债券和存款当中

124. 与理财顾问服务相比,综合理财服务的特点体现在(　　)。

A. 综合理财服务分为理财计划和私人银行业务两类

B. 综合理财服务活动中是客户授权银行代表客户按合同约定的投资方式和方向,进行投资和资产管理

C. 投资收益与风险由客户或客户与银行按照约定方式获取或承担

D. 综合理财服务更强调个性化的服务

E. 私人银行业务是商业银行针对特定目标客户群体进行的个人理财服务

125. 下列属于具体的理财目标的有(　　)。

A. 过上幸福生活　B. 60岁退休

C. 要把孩子送到美国读大学　D. 做个有钱人

E. 为孩子建立教育基金

126. 我国理财产品市场发展迅速，下列属于银行理财产品的有（　　）。
A. 现金管理类理财产品　　B. 固定收益类理财产品
C. 权益类理财产品　　D. 商品及衍生品类理财产品
E. QDII 境外投资类理财产品

127.《关于新时代加快完善社会主义市场经济体制的意见》提出，要推动以信息披露为核心的股票发行注册制改革，截至 2020 年年末，我国下列上市板块中已实行注册制的有（　　）。
A. 新三板　　B. 科创板　　C. 中小板
D. 主板　　E. 创业板

128. Office 软件是现代办公软件中应用极为广泛的工具，其中 Excel 软件是金融机构投资理财部门工作中常用的计算工具。它集查表法与财务计算器的优势于一体，能够迅速又准确地计算出相关财务结果，Excel 表财务功能主要包括（　　）函数。
A. 内部报酬率　　B. 现值　　C. 利率
D. 终值　　E. 年金

129. 对于一个投资项目，下列表述正确的有（　　）。（其中 r 表示融资成本，IRR 表示内部报酬率）
A. 如果 r 小于 IRR，表明该项目无利可图
B. 如果 r 大于 IRR，表明该项目无利可图
C. 如果 r 大于 IRR，表明该项目有利可图
D. 不能够以 r 和 IRR 的关系判断投资是否能够获利
E. 如果 r 小于 IRR，表明该项目有利可图

130. 下列市场中，属于金融衍生品市场的有（　　）。
A. 期货市场　　B. 远期协议市场　　C. 抵押贷款市场
D. 互换市场　　E. 期权市场

三、判断题。请对以下各项描述做出判断，正确的为 A，错误的为 B。（共 15 题，每题 1 分，共 15 分）

131. 在通常情况下，信托资金不可以提前支取。（　　）
132. 现值系数随着利率的提高而降低。（　　）
133. 在教育方面，中国台湾理财顾问认证协会要求学员完成经培训机构认可的大学教育。（　　）
134. 保险金额是指保险人承担赔偿或者给付保险金责任的最低限额，即投保人对保险标的的实际投保金额；同时又是保险公司收取保险费的计算基础。（　　）
135. 大额可转让定期存单的特点是不记名；金额较大；利率有固定的，也有浮动的，一般比同期限的定期存款的利率高；不能提前提取，也不能在二级市场上流通转让。（　　）
136. 一般来说，债券价格与到期收益率成反比。（　　）
137. 在同业拆借中，与拆借双方协商确定利率相比，公开竞价确定利率时，利率弹性更大。（　　）
138. 通常，信托产品的绝大部分风险由信托公司承担。（　　）
139. 家庭衰老期的收益性需求最大，因此投资组合中股票比重应该最高。（　　）
140.《商业银行理财客户风险评估问卷基本模板》依照客户风险承受能力由低到高，客户依次被划分为保守型、平衡型、稳健型、成长型和进取型五个类型。（　　）
141. 理财师执行理财规划方案的原则之一就是要事先重复沟通，让客户有明确的预期。（　　）
142. 年金如果没有特殊规定，即为期初年金。（　　）
143. 理财目标必须具备合理性和可行性，因为客户现在的财务资源是其理财目标得以实现的最重要的基础。（　　）
144. 债券市场不是一个孤立的市场，它与股票市场、黄金市场、外汇市场的变化形成互动关系。（　　）
145. 收入型基金投资对象常常是风险较大的金融产品，成长型基金投资对象一般为风险较小、资本增值有限的金融产品。（　　）

机考题库·真题试卷参考答案及解析

机考题库·真题试卷(五)

一、单项选择题

1.D 【解析】个人理财业务是商业银行按照与客户事先约定的投资计划和方式进行投资和资产管理的业务活动,属于受托性质,因此是建立在委托代理关系基础之上的银行业务。

2.D 【解析】胡老师是在每年的年末折现现金作为孙女来年的教育费用,那么这笔支出应作为期末年金处理。通过普通年金现值表可查出 $r=5\%$ 时,12年的期末年金现值系数为8.863。则胡老师在退休当年需要投入 $PV=20\ 000\times8.863=177\ 260$(元),故选D。

3.A 【解析】随着复利次数的增加,有效年利率也会不断增加,但增加的速度越来越慢,当复利期间无限小时,相当于连续复利。

4.C 【解析】财产保险是指以财产及其有关利益为保险标的,保险人对保险事故导致的财产损失给予补偿的一种保险。需要特别注意的是,保险标的及相关利益必须可用货币衡量,保险标的必须是有形财产和经济性利益。

5.A 【解析】根据规定,投资者在办理一般产品业务时,如果需要银行提供相关个人理财顾问服务,一般产品销售和服务人员应将投资者移交理财业务人员。如确有需要,一般产品销售和服务人员可以协助理财业务人员向投资者提供个人理财顾问服务,但必须制定明确的业务管理办法和授权管理规则。故选A。

6.A 【解析】综合理财服务与理财顾问服务的一个重要区别是:在综合理财服务活动中,客户授权银行代表客户按照合同约定的投资方向和方式,进行投资和资产管理,投资收益与风险由客户或客户与银行按照约定方式获取或承担。与理财顾问服务相比,综合理财服务更加突出个性化服务。

7.A 【解析】通过给定的利率与时间,可以在普通年金终值系数表中查到 n 与 r 的相交点为9.549,这说明如果振华集团每年都存入1元钱给银行,在存款利率为5%的情况下,8年后可以获得9.549元。那么当振华集团每年存入的金额为100万元时,8年后即2022年年初可累计金额为 $FV=100\times9.549=954.9$(万元)。

8.A 【解析】人身保险是以人的身体和寿命作为保险标的的一种保险。人身保险分为人寿保险、意外伤害保险和健康保险。责任保险属于财产保险范畴,故选A。

9.C 【解析】有下列情形之一的,委托代理终止:①代理期间届满或者代理事务完成;②被代理人取消委托或者代理人辞去委托;③代理人或被代理人死亡;④代理人丧失民事行为能力;⑤作为被代理人或者代理人的法人、非法人组织终止。

10.D 【解析】组合投资类理财产品的特点在于产品期限覆盖面广,突破了单一投向理财产品负债期限和资产期限必须严格对应的缺陷,扩大了银行的资金运用范围和客户收益空间,因而投资范围可作为组合投资类理财产品的判断依据。

11.B 【解析】采用连续复利计息方式为 $FV=PV\times e^{rn}=20\times e^{0.15\times3}=31.366\ 2$(万元),即张小姐3年后可收回31.366 2(万元)。

12.B 【解析】商业银行每个网点在同一会计年度内只能与不超过3家保险公司开展保险代理业务合作。

13.C 【解析】稳健型的投资者风险承受能力一般,适合其的理财产品包括极低风险、低风险和中等风险产品。

14.B 【解析】选项B,二级市场又称流通市场,是金融资产发行后在不同投资者之间买卖流通所形成的市场。

15.B 【解析】根据偿还期限的不同,债券可分为长期债券、短期债券和中期债券。一般来说,偿还期限在10年以上的为长期债券;偿还期限在1年以下的为短期债券;期限在1年以上(包括1年)、10年以下(包括10年)的为中期债券,我国政府发行的各种国债和银行发行的金融债券,多属于中期债券。

16.D 【解析】保险产品的直接表现形式是保险合同,保险合同是投保人与保险人约定保险权利义务关系的协议,保险合同的当事人是投保人和保险人。

17.A 【解析】家庭成长期的资产情况是可积累的资产逐年增加,要开始控制投资风险。故选A。

18.C 【解析】国际注册理财规划师协会是最早给个人理财定义的,它认为个人理财就是在分析个人和财务现状、能力的基础上,作为有偿服务给其提供具体的计划、建议行动策略和方案以实现财务目标。

19. C 【解析】原兑换未用完的人民币兑回外汇,凭本人有效身份证件和原兑换水单办理,原兑换水单的兑回有效期为自兑换日起24个月。

20. C 【解析】家庭生命周期分为形成期、成长期、家庭成熟期、家庭衰退期四个阶段。客户理财需求同家庭生命周期息息相关,理财师要根据客户家庭生命周期的不同阶段,结合其风险承受能力及风险主观承受意愿,将产品或产品组合的流动性、收益性与安全性同客户需求相匹配,最终形成合理、可行的理财方案,并对方案进行定期检视、适当调整,保证客户的资产安全和理财目标顺利实现。

21. C 【解析】甲公司签发的是银行承兑汇票,该汇票只有经丙银行承兑后才发生付款的效力。选项A、选项D,根据票据的无因性,即使票据原因关系无效或有瑕疵,均不影响票据的效力。选项B,根据《票据法》的规定,票据债务人可以对不履行约定义务的与自己有直接债权债务关系的持票人,进行抗辩。

22. B 【解析】私人银行业务是商业银行业务金字塔的塔尖,其目的是通过全球性的财务咨询及投资顾问,达到保存财富、创造财富的目标。

23. A 【解析】大额可转让定期存单有3个特点:①大额可转让定期存单通常不记名,不能提前支取,可以在二级市场上转让;②大额存单按标准单位发行,面额较大;③发行者多是大银行。

24. C 【解析】理财师在分析客户财务状况时对客户主要的分析内容包括:①资产负债结构分析;②收入结构分析;③支出结构分析;④储蓄结构分析。

25. C 【解析】商业银行在理财顾问服务中向客户提供财务分析与规划、投资建议、个人投资产品推介等专业化服务。故选C。

26. D 【解析】当理财客户处于家庭衰老期时,其理财策略是最保守的。选项D表述错误。

27. B 【解析】期初年金现值等于期末年金现值的$(1+r)$倍,即$PV_{BEG}=PV_{END}(1+r)$。故选B。

28. B 【解析】根据72法则,这项投资在12年后增长了1倍,那么估算此投资产品年利率要大概在$72\div12=6\%$。按公式计算的话,$200=100\times(1+r)^{12}$可得,$r=5.9463\%$,由此可见,按72法则估算出的利率与公式计算出的答案基本一致。

29. D 【解析】再投资风险,是指当市场利率下降,短期债券的持有人若进行再投资,将无法获得原有的较高息票率。所以,当市场利率上升时,投资者投资债券面临的再投资风险减小(而不是增加),甚至不存在。故选D。

30. D 【解析】房地产信托是指房地产拥有者将该房地产委托给信托公司,由信托公司按照委托者的要求进行管理、处分和收益,信托公司再对该信托房地产进行租售或委托专业物业公司进行物业经营,帮助投资者获取溢价或管理收益。

31. D 【解析】凭证式国债是一种国家储蓄债,可记名、挂失,以“凭证式国债收款凭证”记录债权,不能上市流通,从购买之日起计息。在持有期内,持券人如遇特殊情况需要提取现金,可以到购买网点提前兑取。提前兑取时,除偿还本金外,利息按实际持有天数及相应的利率档次计算,经办机构按兑付本金的一定比例收取手续费。

32. A 【解析】贴现债券的到期期限越长,价格越低;面值越大,价格越高。一般来说,债券价格与到期收益率成反比。债券价格越高,从二级市场上买入债券的投资者所得的实际收益率越低;反之则越高。债券的市场交易价格同市场利率成反比。市场利率上升,债券持有人变现债券的市场交易价格下降;反之则上升。

33. A 【解析】在理财规划方案的具体实施过程中,必然会产生大量的文件资料,例如会议记录、财务分析报告、授权书、介绍信等。理财师应当对这些文件资料进行存档管理,形成客户档案。

34. A 【解析】基金申购采取“未知价”原则,投资者申购以申购日(T日)的基金份额净值为基础计算申购份额。T日的基金份额净值在当天收市后计算,并在T+1日公告。

35. B 【解析】投资人在基金合同约定之外的日期和时间提出申购、赎回申请的,作为下一个交易日的交易处理,其基金份额申购、赎回价格为下次办理基金份额申购、赎回时间所在开放日的价格。

36. D 【解析】不同复利期间投资的年化收益率称为有效年利率(EAR),该投资的有效年利率$=(1+8\%\div4)^4-1=8.24\%=0.0824$。

37. C 【解析】生命周期理论对人们的消费行为提供了全新的解释,该理论指出:自然人是在相当长的期间内计划个人的储蓄消费行为,以实现生命周期内收支的最佳配置

38. D 【解析】金条的含金量的多少被称为成色,通常用百分或者千分号表示,例如上海黄金交易所规定的参加交易的金条成色有四种规格:>99.99%、>99.95%、>99.9%和>99.5%。

39. B 【解析】从夫妻双方退休到一方过世是属于衰老期。

40. B 【解析】在专业理财服务中,为客户制订根据其理财目标和自身情况的投资计划,并不是单纯地追求更高的投资收益,合理的投资规划是根据客户自身情况制订的风险与收益的平衡选择。

41. D 【解析】根据股票上市地点及投资者的不同,我国上市公司股票可分为A股、B股、H股、N股、S股。

42. D 【解析】银行的黄金业务，主要有3大类：实物黄金，纸黄金，T+D。黄金挂钩理财产品也需在银行办理。故选D。

43. B 【解析】实际利率 $=(1+r/m)^{m}-1=(1+8\%\div2)^{2}-1=8.16\%$，年实际利率会高出名义利率 $=8.16\%-8\%=0.16\%$。

44. B 【解析】有效年化收益率 $=(1+12\%\div2)^{2}-1=12.36\%$，则3年后的投资终值 $=50\ 000\times(1+12.36\%)^{3}=70\ 925.96$（元）。故选B。

45. B 【解析】调查问卷工具的使用，其优势包括：简便易行，有的放矢、有针对性采集信息，容易量化，客户接受度高；调查问卷使用主要难点是问卷问题的设计需要精确科学，否则容易误导客户；客户有时不愿意填写或不认真填写。

46. B 【解析】理财方案可以是单项理财目标的规划，也可以是涵盖客户所有主要理财目标的综合理财规划方案，两者的选择主要是由客户愿意提供的信息和需求所决定。

47. B 【解析】任何单位和个人在与金融机构建立关系或者要求金融机构为其提供一次性金融服务时，都应当提供真实有效的身份证件或者其他身份证明文件。

48. B 【解析】一个家庭在其不同的人生阶段，涉及大量的风险，这些风险主要包括：投资风险、信用风险、责任风险、意外财产风险以及因为人身风险而引发的家庭财务危机。

49. A 【解析】极低风险产品：经各行风险评级确定为极低风险等级产品，该类产品一般主要投资于货币市场工具、国债、银行存款等低风险资产，产品形式上以现金管理类产品为主，具有较强的流动性和安全性，收益相对较低，选项A符合题意。选项B是低风险产品，选项C是中等风险产品，选项D是较高风险产品。

50. C 【解析】按募集方式分类，债券可分为公募债券和私募债券。

51. A 【解析】金融市场常被称为资金的"蓄水池"和国民经济的"晴雨表"，分别指的是金融市场的集聚功能和反映功能。故选A。

52. A 【解析】根据《合伙企业法》的规定，有限合伙企业由2个以上50个以下合伙人设立，即有限合伙企业至少应当有1个普通合伙人和1个有限合伙人。故选A。

53. A 【解析】保险人是指与投保人订立保险合同，并承担赔偿或者给付保险金责任的保险公司。保险人具有以下特征：①保险人仅指从事保险业务的保险公司，其资格的取得只能是符合法律的严格规定；②保险人有权收取保险费；③保险人有履行承担保险责任或给付保险金的义务。

54. B 【解析】选项A，理财知识水平属于定性信息；选项C，理财决策模式属于定性信息，保单信息属于定量信息；选项D，养老金规划属于定量信息。

55. B 【解析】行为人没有代理权、超越代理权或者代理权终止后，仍然实施代理行为，未经被代理人追认的，对被代理人不发生效力。

56. A 【解析】诚信原则是指民事活动中，民事主体应该诚实、恪守承诺，正当行使权利和义务。诚信原则是民事活动中最核心、最基本的原则。

57. A 【解析】个人经常项目外汇业务应具有真实、合法的交易背景。个人结汇和境内个人购汇实行年度便利化额度管理，便利化额度分别为每人每年等值5万美元。

58. A 【解析】当订立合同双方对格式条款有两种以上的解释时，应作出不利于提供格式条款一方的解释。

59. A 【解析】《商业银行个人理财业务管理暂行办法》第46条规定，商业银行开展以下个人理财业务，应向（原）中国银行业监督管理委员会申请批准：①保证收益理财计划；②为开展个人理财业务而设计的具有保证收益性质的新的投资性产品；③需经（原）中国银行业监督管理委员会批准的其他个人理财业务。故选A。

60. A 【解析】《关于规范金融机构资产管理业务的指导意见》规定合格投资者要求为：①具有2年以上投资经历，且满足以下条件之一：家庭金融净资产不低于300万元，家庭金融资产不低于500万元，或者近3年本人年均收入不低于40万元；②最近1年末净资产不低于1 000万元的法人单位。③金融管理部门视为合格投资者的其他情形。

61. D 【解析】税务规划是帮助纳税人在法律允许的范围内，通过对经营、理财和薪酬等经济活动的事先筹划和安排，充分利用税法提供的优惠与待遇差别，以减轻税负，达到整体税后利润、收入最大化的过程。在理财行业得到蓬勃发展后，理财师的工作重心逐渐由早期的"投资顾问"服务转向包括"财务分析、财务规划"在内的财务资源综合规划服务，以使其在财务资源效用最大化的基础上，能够实现客户的各项财务目标、财务自由。

62. A 【解析】基金销售机构在销售基金和相关产品的过程中，应当坚持投资人利益优先和风险匹配原则，注重根据投资人的风险承受能力销售不同风险等级的产品，把合适的产品销售给合适的基金投资人。故选A。

63. B 【解析】看涨期权的卖方认为价格会下跌才会卖出标的资产，看涨期权的买方通常认为标的资产的价格会上涨，选项B错误。看涨期权是指期权的购买者拥有在期权合约有效期内按执行价格买进一定数量标的物的权利，选项A正确。看涨期权的卖方得到的最大利润是出售期权所获得的期权费，所以是有限的，选项C正确。期权的买方付出期权费获得执行合约的权利,卖方获取期权费承担执行合约的义务,选项 D 正确。

64. C 【解析】选项 A: $100\times(1+14.3\%\div12)^{12}-100=15.28$;选项 B: $100\times(1+14.7\%\div4)^{4}-100=15.53$;选项 C: $100\times15\%=15.00$;选项 D: $100\times(1+14.6\%\div2)^{2}-100=15.13$。比较可知选项 C 利息支出最少。

65. C 【解析】综合理财服务是指商业银行在向客户提供理财顾问服务的基础上,接受客户的委托和授权,按照与客户事先约定的投资计划和方式进行投资和资产管理的业务活动。综合理财服务活动中,客户授权银行代表客户按照合同约定的投资方向和方式,进行投资和资产管理,投资收益与风险由客户或客户与银行按照约定方式获取或承担。

66. B 【解析】开户通常是理财师与客户的首次接触,也是了解客户、收集信息的最好时机。

67. C 【解析】房地产的特点是流动性差、安全性高于证券、收益中等。

68. A 【解析】单利始终以最初的本金为基数计算收益,而复利则以本金和利息为基数计息,从而产生利上加利、息上添息的收益倍增效应。100 万元 5 年后取得 200 万元是单利;100 万元按照复利 20% 为 248.83 万元。故目前领取并进行投资更有利。

69. B 【解析】信托公司推介信托计划时,可以对公司过去的经营业绩做详细介绍,信托公司可委托商业银行向合格投资者推介信托计划,不得承诺信托基金不受损失。

70. B 【解析】社会保险是指通过国家立法形式,以劳动者为保障对象,政府强制实施,为丧失劳动能力、暂时失去劳动岗位或因健康原因造成损失的人口提供收入或补偿的一种社会和经济制度。这种保险具有非营利性、社会公平性和强制性等特点。

71. B 【解析】商业银行应采用多重指标管理市场风险限额,市场风险的限额可以采用交易限额、止损限额、错配限额、期权限额和风险价值限额等。但在所采用的风险限额指标中,至少应包括风险价值限额。故选 B。

72. D 【解析】金融期权按期权到期日划分,可分为欧式期权和美式期权。欧式期权的持有者只有在期权到期日才能执行期权。美式期权则允许期权持有者在期权到期日前的任何时间都可以执行期权。对期权的购买者来说,美式期权比欧式期权更有利;相反,对期权出售者来说,美式期权比欧式期权的风险更大。

73. C 【解析】投保人是指与保险人订立保险合同,并按照保险合同负有支付保险费义务的人。故选 C。

74. B 【解析】商业银行开展个人理财顾问服务,对于投资金额较大的客户,评估报告除应经个人理财业务部门负责人审核批准外,还应经其他相关部门或者商业银行主管理财业务的负责人审核。

75. D 【解析】每个家庭在理财规划中必须考虑风险管理,因为财务风险会成为影响客户实现不同人生阶段理财目标的不利因素。一个家庭在其不同的人生阶段,涉及大量的风险,所以人们需要对自己的家庭及个人进行风险管理计划。故选 D。

76. C 【解析】经验丰富的理财师通常会先了解客户的疑问,当客户在提出自己所关心的问题的时候,已经有很多信息自然而然地被客户披露出来;然后理财师再以问题解决者的身份,深入地就该问题所涉及的信息对客户进行询问和收集。

77. C 【解析】理财师不仅代表了所服务的金融机构,而且是客户利益的代表者。日常工作中,理财师应积极了解客户在产品或服务中的需求,及时向金融机构反馈,促进金融机构不断提高服务水平,丰富产品链。对于客户的建议和意见要认真听取,逐级报告,始终忠实地代表客户的利益,反映客户的需求,做客户声音的反馈者。

78. C 【解析】现货期权是指以各种金融工具等标的资产本身作为期权合约的标的物的期权,如各种股票期权、股指期权、外汇期权和债券期权等。

79. B 【解析】信托机构根据信托合同约定管理和处理信托财产而获得的收益,全部归受益人所有。同时,信托机构根据信托合同约定处理受托财产而发生的亏损全部由委托者承担。

80. A 【解析】利率上升不仅带来房地产开发成本的提高,也将提高房地产投资者的机会成本,因此会降低房地产的社会需求,导致房地产价格的下降。选项 B、选项 D,股票、债券的市场交易价格同市场利率成反比,市场利率上升,股票、债券持有人变现其资产的市场交易价格下降;选项 C,储蓄产品利率与市场利率同方向变动。

81. A 【解析】挂钩的一组或多组外汇的汇率大都依据东京时间下午 3 时整在路透社或彭博社相应的外汇展示页中的价格而厘定。

82. B 【解析】理财目标的确定必须遵循一定的原则,通常即必须遵循 SMART 原则:①理财目标要具体明确;②理财目标必须是可以量化和检验的;③理财目标必须具备合理性和可行性;④实事求是;⑤理财目标要有时限和先后顺序。故选 B。

83. A 【解析】境外个人原兑换未用完的人民币兑回外汇,凭本人有效身份证件和原兑换水单办理,对于当日累计兑换不超过等值 500 美元(含)的兑换,可凭本人有效身份证件办理。

84. A 【解析】养老护理和资产传承是衰老期的核心目标,家庭收入大幅降低,储蓄逐步减少,风险承受能力较低。该阶段建议进一步提升资产安全性,将80%以上资产投资于储蓄及固定收益类理财产品,同时购买长期护理类保险。选项B,形成期家庭有一定风险承受能力,应配置高收益类金融资产;选项C,成熟期财富积累加快,应保持资产稳定收益回报,进一步增加固定收益类资产的比重,减少持有高风险资产;选项D,成长期成员收入稳定,风险承受能力提升,应注重保持资产的流动性,适当增加固定收益类资产。

85. B 【解析】与有形市场相比,一般而言无形市场有以下几个典型的特征:交易场所不固定,分散交易;交易范围比较广;交易时间相对较长,不是集中、固定的;交易的种类多。

86. D 【解析】在关注期限内,"关注名单"内个人办理个人结售汇业务,应凭本人有效身份证件、有交易额的相关材料在银行办理。银行应按照真实性审核原则,严格审核相关材料。

87. A 【解析】基金可分配收益又称基金净收益,是基金收益扣除按照国家规定可以扣除的费用等项目后的余额。基金收益分配一般有分配现金(现金分红)和分配基金单位(红利再投资)两种形式。

88. A 【解析】凭证式国债是指国家采取不印刷实物券,而用填制国库券收款凭证的方式发行的国债。

89. B 【解析】个人理财业务是指商业银行为个人客户提供的财务分析、财务规划、投资顾问、资产管理等专业化服务活动。

90. C 【解析】《个人独资企业法》第27条规定,投资人自行清算的,应当在清算前15日内书面通知债权人,无法通知的,应当予以公告。故选C。

二、多项选择题

91. ABCD 【解析】私人银行业务是一种向高净值客户提供的金融服务,它不仅为客户提供投资理财产品,还为客户进行个人理财,利用信托、保险、基金等金融工具维护客户资产在风险、流动和盈利三者之间的精准平衡,同时也提供与个人理财相关的一系列法律、财务、税务、财产继承、子女教育等专业顾问服务,其目的是通过全球性的财务咨询及投资顾问,达到财富保值、增值、继承、捐赠等目标。私人银行业务有以下几个特征:①准入门槛高;②综合化服务;③重视客户关系。选项E,私人银行业务是一种向高净值客户提供的金融服务,是差别化的服务,满足客户对投资回报与风险的不同需求。

92. AD 【解析】证券投资基金的发行方式就是指基金募集资金的具体办法。在国外,常见的基金发行方式包括直接销售发行、包销方式、销售集团方式、计划公司方式。在我国,证券投资基金的发行方式主要包括网上发行方式和网下发行方式。

93. AB 【解析】长期国债面临的主要风险包括价格风险、再投资风险、违约风险、赎回风险、提前偿付风险、通货膨胀风险。

94. ACD 【解析】肢体语言的形式包含3方面:面部表情、身体角度和动作姿势。

95. ABCD 【解析】选项A,本金的现值为1 000元,年利率为3%,期限为3年,如果每季度复利一次,两年后本金的终值:$1\ 000 \times (1+3\% \div 4)^8 = 1\ 061.6$(元);选项B,某理财客户在未来10年内能在每年期初获得1 000元,年利率为8%,10年后这笔年金的终值:$FV = 1\ 000 \div 8\% \times [(1+8\%)^{10} - 1] \times (1+8\%) = 15\ 645.49$(元);选项C,1年后本利和:$FV = PV \times (1+r) = 10\ 000 \times (1+5\%) = 10\ 500$(元);选项D,6年分期付款购房,每年年初付50 000元,若银行利率为10%,$PV = 50\ 000 \div 10\% \times [1 - 1 \div (1+10\%)^6] \times (1+10\%) = 239\ 539.3$(元)。故选A、B、C、D。

96. ABCDE 【解析】违约责任的承担形式主要有违约责任金、赔偿损失、强制履行、定金责任以及采取补救措施。故选A、B、C、D、E。

97. DE 【解析】代理的特征包括:代理人须在代理权限内实施代理行为。代理人须以被代理人的名义实施代理行为。代理行为必须是具有法律效力的行为。代理行为须直接对被代理人发生效力。代理人在代理活动中具有独立的法律地位。

98. ACE 【解析】《民法典》规定,债务人或者第三人有权处分的下列权利可以出质:①汇票、支票、本票;②债券、存款单;③仓单、提单;④可以转让的基金份额、股权;⑤可以转让的注册商标专用权、专利权、著作权等知识产权中的财产权;⑥现有的以及将有的应收账款;⑦法律、行政法规规定可以出质的其他财产权利。

99. BDE 【解析】金融衍生品市场是相对传统金融市场而言的,是交易金融衍生工具的市场。金融衍生工具是从标的资产派生出来的金融工具。这类工具的价值依赖于基本标的资产的价值,如远期、期货、期权、互换等。

100. ABDE 【解析】"4E"由教育(Education)、考试(Examination)、工作经验(Experience)和职业道德(Ethics)4部分组成。

101. ABCD 【解析】终值利率因子与利率呈正比关系,利率越高,终值越大,故选项E表述错误。

102. ABCDE 【解析】金融市场的主要功能:①资金融通集聚功能。②财富投资和避险功能。③交易功能。④优化资源配置功能。⑤调节经济功能。⑥反映经济运行的功能。

103. CDE 【解析】私人银行业务具有以下几个特征:①准入门槛高,私人银行业务是专门面向高端客户进行的一项业务,为高资产净值的客户提供个人财产投资与管理等综合性服务；②综合化服务，私人银行服务往往结合了信托、投资、银行、税务咨询等多种金融服务，该种服务的年均利润率要高于其他金融服务；③重视客户关系。

104. ABCDE 【解析】单身创业时代，是个人财务的建立与形成期，这一时期有很多理财目标，主要是筹备结婚、买房买车、继续教育支出等，如不科学规划，很容易形成入不敷出的窘境，因此，必须加强现金流管理，合理安排日常收支，适当节约资金进行适度金融投资，如股票、基金、外汇、期货投资，一方面积累投资经验，另一方面利用年轻人风险承受能力较强的特征博取较高的投资回报。

105. ABE 【解析】一般而言，智能投顾的工作流程如下：①为客户画像，即获取客户的信息，了解客户需求；②构建投资组合，该过程主要由计算机完成；③执行投资组合。

106. ABCDE 【解析】金融市场的参与者包括主体和中介。其中，主体包括企业、政府及政府机构、中央银行、金融机构、居民个人。中介大体可分交易中介和服务中介。

107. BDE 【解析】《商业银行理财产品销售管理办法》第48条规定，商业银行应当建立异常销售的监控、记录、报告和处理制度，重点关注理财产品销售业务中的不当销售和误导销售行为，至少应当包括以下异常情况：①客户频繁开立、撤销理财账户；②客户风险承受能力与理财产品风险不匹配；③商业银行超过约定时间进行资金划付；④其他应当关注的异常情况。

108. ABCDE 【解析】综合家庭财务现状分析，主要是根据信息整理情况，提供家庭财务现状中以下几个方面的综合分析：①家庭流动性现状分析；②信用和债务管理现状分析；③收支储蓄现状分析；④资产结构、资产配置和投资现状分析；⑤家庭财务保障现状分析。故选A、B、C、D、E。

109. AB 【解析】永续年金是指在无限期内，时间间隔相同、不间断、金额相等、方向相同的一系列现金流。比如优先股，它有固定的股利而无到期日，其股利可视为永续年金；未规定偿还期限的债券，其利息也可视为永续年金。

110. ADE 【解析】保证收益理财计划或相关产品中高于同期储蓄存款利率的保证收益，应是对客户有附加条件的保证效益，商业银行不得无条件向客户承诺高于同期储蓄存款利率的保证收益率。不得承诺或变相承诺除保证收益以外的任何可获得收益。故选项B、选项C错误。

111. ABCE 【解析】马斯洛需求层次理论指出，人的需求从低到高可以分五个层次，分别为生理需求、安全需求、爱和归属感的需求、尊重的需求和自我实现的需求。

112. ABCE 【解析】委托代理终止的情形包括：①代理期间届满或者代理事务完成；②被代理人取消委托或者代理人辞去委托；③代理人死亡；④代理人丧失民事行为能力；⑤作为被代理人或者代理人的法人终止。

113. BDE 【解析】个人教育属于再教育，具有投资性，子女教育规划具有消费性。故选项A表述错误。教育投资规划要在确定客户教育投资规划的基本数据，即该规划所需的资金总额、投资规划的时间等之后再考虑估计未来教育收费的增长率，故选项C表述错误。

114. ABCE 【解析】在各类债券中，国债的信用等级是最高的，通常被称为“金边债券”，选项A、选项B正确；政府债券的付息由政府保证，其信用度最高，风险最小，选项C正确；政府债券是政府自己的债务，可以享受免税待遇，国家发行的金融债券的利息收入可免纳个人所得税，选项D错误；短期政府债券的流动性好于长期政府债券，选项E正确。

115. ABCDE 【解析】人们对自己的家庭及个人进行风险管理计划，如购买保险产品对潜在的人身、财产损失风险进行转移，满足家庭的财富保障和安全需要；对资产进行分散投资来降低投资风险；通过法律手段对信用风险进行保全；通过选择优秀理财师来控制理财服务过程中的合规风险和操作风险等。故题干表述均正确。

116. ACDE 【解析】《商业银行个人理财业务管理暂行办法》第59条规定，商业银行应在每一会计年度终了编制本年度个人理财业务报告。个人理财业务年度报告，应全面反映本年度个人理财业务的发展情况，理财计划的销售情况、投资情况、收益分配情况，以及个人理财业务的综合收益情况等，并附年度报表。

117. ABCDE 【解析】基金子公司的产品类型多样，风险收益特征也比较灵活，投资基金子公司产品需要注意以下几点：①充分了解产品发行人的情况；②了解产品类型和风险收益特征；③了解产品的风险管理措施；④确定资金最终流向和投资标的物；⑤了解信息披露方式和项目进展情况。故选A、B、C、D、E。

118. ABCE 【解析】房地产价格构成的基本要素有土地价格或使用费、房屋建筑成本、税金和利润等。

119. CD 【解析】选项A和选项B是基金的价格波动风险；选项E是操作风险。基金的流动性风险就是不能及时变现或变现会有很大损失的风险。

120. ABE 【解析】客户信息可以分为定量信息和定性信息，客户财务方面的信息基本属于定量信息；非财务信息，即客户基本信息和个人兴趣爱好、职业生涯发展和预期目标等属于定性信息。

121. AD 【解析】随着我国金融衍生品市场的发展,投资者有了更为丰富的可投资品种与管理风险的手段,金融衍生品的重要功能就是管理风险,利用衍生品进行风险管理,可大大提高理财的效率。但金融衍生品市场是一个高风险的投资市场,投资者需要具有较强的市场分析能力和风险承受能力。

122. ABCDE 【解析】期货交易的主要制度:①保证金制度;②每日结算制度,又称"逐日盯市制度";③持仓限额制度;④大户报告制度;⑤强行平仓制度。

123. ABC 【解析】保险公司与兼业代理人建立代理关系时,有责任确定兼业代理人的情况:①具备保险兼业代理许可证;②委托代理险种在保险兼业代理许可证允许的范围内;③经过相应的专业培训。

124. ABC 【解析】账单应列明资产变动、收入和费用、期末资产估值等。

125. BCD 【解析】在日常工作中,理财师应当熟练掌握和灵活运用其工作流程、方法,但是面对具体客户和不同情形时,理财师不必拘泥于此,而是应当以客户的需要和具体案例为准。例如,对于与本机构或理财师本人已经相识、关系到位且需求明确的客户,步骤一可以省略;在对客户很熟悉、对其情况很了解时,步骤二也可以简化;再者,有时客户明确表示只需要做某一方面的具体规划,如教育投资规划等,那么理财师在时间分配和工作方法上也要做出相应调整。

126. ACDE 【解析】陌生电话前的准备工作:①了解电访客户的背景;②了解本行的产品服务及其优势;③明确电话目的和内容、话术;④做好心理准备。

127. ABCD 【解析】选项E属于开放式基金的特征。

128. BCDE 【解析】信托产品的风险:①投资项目风险;②项目主体风险;③信托公司风险;④流动性风险。其中,投资项目风险包括项目的市场风险、财务风险、经营管理风险等。

129. AD 【解析】复利与年金系数表计算简单、效率高,但计算答案不够精准;财务计算器便于携带但操作流程复杂;用Excel表格使用成本低,操作简单,专业理财软件功能齐全,附加功能多,但二者都有其局限性。

130. ABDE 【解析】财产保险包括物质财产保险、责任保险和信用保险。选项A属于信用保险,选项B、选项D属于责任保险,选项E属于物质财产保险。故选A、B、D、E。

三、判断题

131. B 【解析】理财顾问服务是指商业银行向客户提供分析与规划、投资建议、个人投资产品推介等专业化服务,是一种针对个人客户的专业化服务,区别于为销售储蓄存款、信贷产品等进行的产品介绍、宣传和推介等一般性业务咨询活动。

132. B 【解析】货币型理财产品主要投资于信用级别较高、流动性较好的金融工具。

133. B 【解析】税务规划是帮助纳税人在法律允许的范围内,通过对经营、理财和薪酬等经济活动的事先筹划和安排,充分利用税法提供的优惠与待遇差别,以减轻税负,达到整体税后利润、收入最大化的过程。

134. A 【解析】在一些信托协议中,信托资产的投资方向是由资产委托人决定的,受托人只是负责按协议行事。因此,资产收益率和委托人的投资决策相关。

135. A 【解析】题干表述正确。

136. B 【解析】掌握FABE法则,并不断地熟练应用,就等于打开了与顾客沟通的法门,在以后的市场营销中理财师就可能成为顾客信赖喜欢的专家顾问。

137. B 【解析】金融市场上多元化的金融工具为投资者提供了分散风险的可能,如保险机构出售保险单,通过套期保值、组合投资,达到风险转移、风险分散等目的。

138. A 【解析】题干表述正确。

139. A 【解析】题干表述正确。

140. A 【解析】理财目标必须具备合理性和可行性,客户现在的以及未来的财务资源是其理财目标得以实现的最重要的基础。

141. A 【解析】自婚姻登记机关收到离婚登记申请之日起30日内,任何一方不愿意离婚的,可以向婚姻登记机关撤回离婚登记申请。

142. A 【解析】房地产的投资方式包括房地产购买、房地产租赁和房地产信托。其中,房地产信托是指房地产拥有者将该房地产委托给信托公司,由信托公司按照委托者的要求进行管理、处分和收益,信托公司再对该信托房地产进行租售或委托专业物业公司进行物业经营,帮助投资者获取溢价或管理收益。

143. A 【解析】银行开展个人外汇创新业务前,应将业务流程、内部管理制度要求、风险防控措施等书面告知国家外汇管理局。

144. B 【解析】银行承兑汇票市场是以银行承兑汇票为交易对象的市场。银行对未到期的商业汇票予以承兑,以自己的信用为担保,成为票据的第一债务人,出票人只负第二责任。

145. B 【解析】委托书授权不明的,被代理人应当向第三人承担民事责任,代理人负连带责任。

机考题库·真题试卷(六)

一、单项选择题

1. B 【解析】FOF是一种专门投资于其他证券投资基金的基金,它并不直接投资股票或债券,其投资范围仅限于其他基金,通过持有其他证券投资基金而间接持有股票、债券等证券资产,它是结合基金产品创新和销售渠道创新的基金新品种。

2. D 【解析】年金是一组在某个特定的时段内金额相等、方向相同、时间间隔相同的现金流。每月家庭日用品消费支出不一定相等,不符合年金的概念。

3. B 【解析】理财师又名理财规划师或财富管理师,一般是指经过专业资格认证,即持有相关从业资格牌照、代表金融机构为客户提供理财规划专业服务的专业人士。故选项A正确。由于现阶段理财师素质水平参差不齐,实战经验弱,客户对理财师的信任度和依赖度不强,造成了理财师的市场认可度有待提高。故选项B错误。理财师的职业特征具有顾问性、专业性、综合性、规范性、长期性、动态性。故选项C正确。理财师可作为终身的职业,越老越吃香。故选项D正确。

4. C 【解析】在普通年金终值系数表中,纵向n表示投资年限,横向r表示投资回报率,本题中,产品的投资回报率r为6%,投资年限n为5,通过查表找到r与n相交的数字为5.637,即期末普通年金终值系数$[(1+r)^n-1]\div r$为5.637。那么5年后未来集团可以拿到:$FV_{END}=[PMT\times(1+r)^n-1]\div r=200\times5.637=1\ 127.4$(万元),故选C。

5. A 【解析】利用理财顾问服务向客户推介投资产品时,商业银行应了解客户的风险偏好、风险认知能力和承受能力,评估客户的财务状况,提供合适的投资产品由客户自主选择,并应向客户解释相关投资工具的运作市场及方式,揭示相关风险。

6. A 【解析】期初年金在期初收取。故选A。

7. B 【解析】现金规划的核心是建立应急基金,保障个人和家庭生活质量和状态的持续性稳定,是针对家庭财务流动性的管理。故选B。

8. C 【解析】基金子公司的产品类型多样,风险收益特征也比较灵活。

9. A 【解析】信托的特点:①信托是以信任为基础的财产管理制度;②信托财产权利主体与利益主体相分离;③信托经营方式灵活、适应性强;④信托财产具有独立性;⑤信托管理具有连续性;⑥受托人不承担无过失的损失风险;⑦信托利益分配、损益计算遵循实绩原则;⑧信托具有融通资金的职能。

10. A 【解析】第三方理财机构是指那些独立的中介理财机构,其不同于银行、证券、保险等大型金融机构,因竞争压力和创新努力,以及绝大多数第三方理财机构没有自己的产品,因而能够客观地分析客户的财务状况和理财需求,帮助客户选择合适的金融产品和产品组合,提供综合性的理财规划服务。

11. A 【解析】选项A,基金管理人一般不承担投资风险,基金投资者根据持有的基金份额比例承担投资风险。

12. D 【解析】单利始终以期初的本金为基数计算收益,而复利则以本金和利息为基数计息,从而产生利上加利、息上添息的收益倍增效应。

13. D 【解析】根据单利终值计算公式$FV=PV\times(1+n\times r)$,可得$r=(130\ 000\div100\ 000-1)\div6\approx5\%$。

14. C 【解析】根据《民法典》的相关规定,基于重大误解、以欺诈手段实施、受第三人欺诈或胁迫等签订的合同,属于可撤销合同。

15. C 【解析】互联网金融是指在新的技术条件下,金融机构,尤其是非传统金融机构依托其海量的数据积累以及分析、解读能力,通过互联网平台提供的信贷融资、支付清算等一系列金融服务。在目前国内理财市场业务模式格局中,互联网金融机构主要服务于大众客户。

16. D 【解析】根据《商业银行个人理财业务管理暂行办法》的规定,商业银行不得将一般储蓄存款产品单独当作理财计划销售,或者将理财计划与本行储蓄存款进行强制性搭配销售。所以,选项A和选项B不正确。商业银行不得无条件向客户承诺高于同期储蓄存款利率的保证收益率。所以,选项C不正确。商业银行销售的理财计划中包括结构性存款产品的,其结构性存款产品应将基础资产与衍生交易部分相分离,基础资产应按照储蓄存款业务管理,衍生交易部分应按照金融衍生产品业务管理。故选D。

17. B 【解析】理财师的工作职责和定位,决定其首要工作就是必须了解自己的客户。故选项B表述错误。

18. A 【解析】投资人自行清算的,应当在清算前十五日内书面通知债权人,无法通知的,应当予以公告。

19. A 【解析】银行代理信托类产品是指信托公司委托商业银行代为向合格投资者推介信托计划。

20. A 【解析】根据期末年金终值的公式，题目中的一系列现金流在第10年结束时的终值为：$FV = C \times [(1+r)^n - 1] \div r = 10\ 000 \times [(1+8\%)^{10} - 1] \div 8\% \approx 144\ 866$（元）。

21. A 【解析】根据《信托公司集合资金信托计划管理办法》，单个信托计划的自然人人数不得超过50人，但单笔委托金额在300万元以上的自然人投资者和合格的机构投资者数量不受限制。故选A。

22. A 【解析】市场利率下降，储蓄存款的收益将下降，理性投资者会减少银行存款。一般来说，市场利率下降会引起债券类固定收益产品价格上升，股票价格上涨，因此理性的投资者应增持债券、股票等投资工具。

23. A 【解析】固定收益类理财产品主要投资于存款、债券等债权类资产。固定收益类理财产品交易结构相对简单、波动率较低。

24. B 【解析】投资者由于冒风险进行投资而获得的超过资金价值的额外收益，称为投资的风险报酬率。

25. D 【解析】一级市场是发行市场，二级市场是交易市场。投资者的股票交易在二级市场进行，交易对手方为其他投资者。

26. D 【解析】制订和提交书面理财规划方案，要给客户足够的时间消化并理解理财规划书的内容和建议。故选项D错误。

27. D 【解析】理财师的职业特征包括顾问性、专业性、综合性、规范性、长期性和动态性。其中，顾问性体现在，在理财规划服务中，金融机构或理财师一般不涉及客户财务资源的具体操作，只提供建议，最终决策权在客户。如果客户接受建议并实施，因此产生的所有收益或风险均由客户拥有或承担。

28. D 【解析】内部回报率（*IRR*），又称内部报酬率或者内部收益率，是指使现金流的现值之和等于零的利率，即净现值等于0的贴现率。故选D。

29. C 【解析】如果金融资产的市场价格上涨，买进看涨期权的交易者可以选择执行期权。理论上来说，基础金融工具的市场价格上涨的幅度是无限的，因此，购入看涨期权的收益也是无限的。反之，如果市场价格下跌且跌至协议价格之下，那么，可以选择放弃执行期权，交易者的损失仅仅是支付的期权费。此理论上，买进看涨期权的交易者，风险是有限的，收益是无限的。

30. A 【解析】期初年金指在一定时期内每期期初发生一系列相等的收付款项，即现金流发生在当期期初，比如说生活费支出、教育费支出、房租支出等；期末年金即现金流发生在当期期末，比如说房贷支出等。

31. D 【解析】合格投资者购买固定收益类产品时必须进行风险评级。

32. D 【解析】个人在高峰期的主要理财任务是妥善管理好积累的财富，积极调整投资组合，降低投资风险，以保守稳健型投资为主，配以适当比例的进取型投资，多配置基金、债券、储蓄、结构性理财产品，以稳健的方式使资产得以保值增值。

33. C 【解析】根据72法则，收益率为8%，那需要72÷8＝9，9年后就可以达到预期目标。按公式计算的话，$20 = 10 \div (1+8\%)^n$ 可得，$n = 9.006\ 5$，由此可见，按72法则估算出的利率与公式计算出的答案基本一致。

34. A 【解析】影响房地产价格的因素很多，主要有行政因素、社会因素、经济因素和自然因素。其中，行政因素是指影响房地产价格的制度、政策、法规等方面的因素，包括土地制度、住房制度、城市规划、税收政策与市政管理等。题中的表述属于受行政因素的影响。

35. D 【解析】查年金现值系数表，利率为6%，期数为6期，年金现值系数为4.917 3，年金现值＝年金×年金现值系数，年金＝年金现值/年金现值系数＝$1\ 000\ 000/(P/A, 6\%, 6) = 1\ 000\ 000/4.917\ 3 = 203\ 363.63$（元）。

36. B 【解析】《个人外汇管理办法》第15条规定，境外个人将原兑换未使用完的人民币兑回外币现钞时，小额兑换凭本人有效身份证件在银行或外币兑换机构办理；超过规定金额的，可以凭原兑换水单在银行办理。选项B错误。

37. C 【解析】理财顾问服务是指商业银行向客户提供财务分析与规划、投资建议、个人投资产品推介等专业化服务，是一种针对个人客户的专业化服务，区别于为销售储蓄存款、信贷产品等进行的产品介绍、宣传和推介等一般性业务咨询活动。客户接受商业银行和理财人员提供的理财顾问服务后，可自行管理和运用资金，并获取和承担由此生的收益和风险。

38. C 【解析】债券投资的风险有：价格风险（利率风险）、再投资风险、违约风险（信用风险）、赎回风险、提前偿还风险和通货膨胀风险。

39. C 【解析】退休养老收入一般分为3大来源：社会养老保险、企业年金和个人储蓄投资。

40. D 【解析】金融衍生品市场是以金融衍生品为交易对象的市场，其功能：①转移风险；②价格发现；③提高交易效率；④优化资源配置。金融衍生品的重要功能就是管理风险，利用衍生品进行风险管理，可大大提高理财的效率。利用金融衍生品可以转移、管理风险但不可以规避风险。

41. D 【解析】保证收益理财计划是指商业银行按照约定条件向客户承诺支付固定收益,银行承担由此产生的投资风险,或银行按照约定条件向客户承诺最低收益并承担相关风险,其他投资收益由银行和客户按照合同约定分配,并共同承担相关投资风险的理财计划。从题中可以看出,这是一款典型的保证收益理财计划,投资者获得这一固定收益的条件是没有权利提前终止理财计划,银行有权利根据市场状况来决定是否提前终止理财计划。

42. A 【解析】货币市场基金的流动性最强,故选A。

43. C 【解析】单利利息为:$50\ 000\times10\%\times5=25\ 000$(元);复利利息为:$50\ 000\times(1+10\%)^5-50\ 000=30\ 525.5$(元)。利息差为:$30\ 525.5-25\ 000=5\ 525.5$(元)。

44. C 【解析】目前占据市场主流的险种主要是人身保险新型产品中的分红险和万能险。

45. B 【解析】根据生命周期理论,一个人将综合考虑其即期收入(又称"现在收入")、未来收入、可预期的开支以及工作时间、退休时间等因素来决定目前的消费和储蓄,以使其消费水平在各阶段保持适当的水平。

46. B 【解析】市场利率上升,债券持有人变现债券的市场交易价格下降;一般来说,市场利率上升会引起股票价格下跌;由于利率水平是资金使用成本的反映,利率上升不仅带来开发成本的提高,也将提高房地产投资者的机会成本,因此会降低房地产的社会需求,导致房地产价格的下降。

47. A 【解析】生命周期理论对人们的消费行为提供了全新的解释,该理论指出:自然人是在相当长的期间内计划个人的储蓄消费行为,以实现生命周期内收支的最佳配置。故选A。

48. A 【解析】商业银行、证券公司、期货公司、保险公司、保险经纪公司、保险代理公司、证券投资咨询机构、独立基金销售机构从事基金销售业务的,应当向住所地中国证监会派出机构申请注册基金销售业务资格,并申领经营证券期货业务许可证。

49. B 【解析】金融远期合约是指双方约定在未来的某一确定时间,按确定的价格买卖一定数量某种金融工具的合约。金融远期合约的优点是规避价格风险。在生产周期比较长的现货交易中,未来价格波动可能很大。远期合约正是为满足买卖双方控制价格不确定性的需要而产生的。

50. B 【解析】万能保险的风险来源:①保险公司的资产规模;②保险公司的发展历史;③理财团队专业化水平。

51. B 【解析】商业银行销售理财产品,应当遵循风险匹配原则,禁止误导客户购买与其风险承受能力不相符合的理财产品。风险匹配原则是指商业银行只能向客户销售风险评级等于或低于其风险承受能力评级的理财产品。

52. D 【解析】总体上,目前个人理财业务已成为商业银行个人金融业务的重要组成部分,是银行中间业务收入的重要来源。

53. A 【解析】客户的财务信息是指客户当前的收支状况、财务安排以及这些情况的未来发展趋势等,选项B、选项C、选项D均为财务信息。选项A属于客户的非财务信息。

54. A 【解析】客户信息可以分为定量信息和定性信息,客户财务方面的信息基本属于定量信息;非财务信息,即客户基本信息和个人兴趣爱好、职业生涯发展和预期目标等属于定性信息。

55. A 【解析】个人理财就是在了解、分析客户情况的基础上,根据其人生、财务目标和风险偏好,通过综合有效地管理其资产、债务、收入和支出,实现理财目标的过程。受限于个人和家庭的财务资源,理财目标既不是客户一厢情愿的结果,也不是理财师随意确定的理财计划。

56. A 【解析】现金管理类理财产品主要投资的金融工具,包括国债、金融债、中央银行票据、债券回购以及高信用级别的企业债、公司债、短期融资券,银行存款以及法律法规允许投资的其他金融工具。故选项A不属于现金管理类理财产品投资的金融工具。

57. A 【解析】股票型基金以股票为主要投资对象,股票投资比重不得低于80%,具有高风险、高收益的特征。故选A。

58. A 【解析】选项A按信托关系建立的方式可划分为任意信托和法定信托。其余选项说法均正确,故选A。

59. C 【解析】按照投资性质,理财产品主要可分为以下几类:固定收益类、权益类、商品及衍生品类及混合类理财产品。

60. C 【解析】一般来说,债券价格与到期收益率成反比。债券价格越高,从二级市场上买入债券的投资者所得到的实际收益率越低;反之则越高。债券的市场交易价格同市场利率成反比。市场利率上升,债券持有人变现债券的市场交易价格下降;反之则上升。折价发行的债券,期限越长,价值越低;溢价发行的债券,期限越长,价值越高。

61. A 【解析】退休期投资以安全为主要目标,保本是基本目标,投资组合应以固定收益投资工具为主,如各种债券、债券型基金、货币基金、储蓄等。

62. B 【解析】信托业务是一种以信用为基础的法律行为,一般涉及三方面当事人,即投入信用的委托人,受信于人的受托人,以及受益于人的受益人。

63. A 【解析】商业银行代客境外理财业务,是指具有代客境外理财资格的商业银行,受境内机构和居民个人委托,以其资金在境外进行规定的金融产品进行投资的金融活动。按照规定,投资者以人民币投资购汇投资的,商业银行结汇后支付给投资者;投资者以外汇投资的,商业银行将外汇划回投资者原账户,原账户关闭的,可划入投资者指定的账户。

64. C 【解析】成长型基金重视基金的长期成长,强调为投资者带来经常性收益。故选C。

65. B 【解析】客户信息的整理通常是针对定量信息,一般汇总为家庭资产负债表和收支储蓄表。

66. D 【解析】一般情况下,相比债券,股票具有高风险、高收益的特征,收益波动性大。经营不佳、业绩低下的公司股票的收益也可能低于较为稳定的债券的收益。

67. A 【解析】根据《经常项目外汇业务指引》的规定,个人结汇和境内个人购汇实行年度便利化额度管理,便利化额度分别为每人每年等值5万美元。

68. C 【解析】商业银行应当根据募集方式的不同,将理财产品分为公募理财产品和私募理财产品。

69. D 【解析】银行代理的人身保险新型产品包括分红险、万能险和投连险;房贷险属于财产险。故选D。

70. B 【解析】财务杠杆效应是指通过借入资金,用较少的自有资金投入获得数倍于自有资金的收益。当房地产收益高于借款成本时,杠杆投资的价值优势十分明显。价值升值效应是指某些房地产,特别是土地,升值非常快。在很多情况下,房地产升值对房地产回报率的影响要大大高于年度净现金流的影响。其他两项不是房地产投资的特点。故选B。

71. A 【解析】银行理财产品市场的萌芽阶段为2005年11月以前,主要特点为产品发售数量少、产品类型单一和资金规模较小等。

72. D 【解析】动态性是指理财规划服务需根据客户的财务状况、理财目标、宏观经济和投资市场、工具等状况以及其他重要因素的变化提供动态性的方案建议。在这个过程中会发生诸多情况,同时理财目标有长期、中期和短期之分,而非一成不变。所以,理财师必须充分了解客户,不间断地跟踪、评估和修正客户的理财方案和投资建议。

73. B 【解析】商业银行应按季度准备理财计划各投资工具的财务报表、市场表现情况及相关材料,客户有权查询或要求商业银行向其提供上述信息。

74. A 【解析】违约责任的承担形式主要有:违约金责任;赔偿损失;强制履行;定金责任;采取补救措施。

75. A 【解析】投资风险认知度是客户主观上对客户选择投资法人的影响程度,有人会选择低风险的投资产品,因此不属于客户财务信息。

76. C 【解析】期权是指在未来一定时期可以买卖的权利,实际上是一种契约,它赋予了持有人在未来某一特定的时间内按买卖双方约定的价格,购买或出售一定数量的某种金融资产的权利。期权的卖方也称为期权的空头,是出售期权的一方,其获得期权费,因而承担在规定的时间内履行该合约的义务。故选C。

77. C 【解析】选项C应改为商业银行接受客户委托进行投资操作和资产管理等业务活动,应与客户签订合同,确保获得客户的充分授权。商业银行应妥善保管相关合同和各类授权文件,并至少每年重新确认一次。

78. A 【解析】货币市场又称短期资金市场,是实现短期资金融通的场所。资本市场是筹集长期资金的场所。故选A。

79. D 【解析】对于贴现债券,到期期限越长,价格越低。面值越大,价格越高。一般来说,债券价格与到期收益率成反比。债券价格越高,从二级市场上买入债券的投资者所得到的实际收益率越低;反之则越高。选项D,债券的市场交易价格同市场利率成反比。市场利率上升,债券持有人变现债券的市场交易价格下降;反之则上升。

80. B 【解析】金融远期协议不是标准化的协议,也不在交易所交易,选项A不符合题意;金融互换是两个或两个以上当事人,按照商定的条件,在约定的时间内,相互交换等值现金流的合约,选项C不符合题意;金融期权实际上是一种契约,它赋予了持有人在未来某一特定的时间内按买卖双方约定的价格,购买或出售一定数量的某种金融资产的权利,选项D不符合题意。

81. B 【解析】信托财产的特点之一是信托财产权利主体与利益主体相分离,故选项B错误。

82. D 【解析】动态性是指理财规划服务需根据客户的财务状况、理财目标、宏观经济和投资市场、工具等状况以及其他重要因素的变化提供动态性的方案建议。在这个过程中会发生诸多情况,同时理财目标有长期、中期和短期之分,而非一成不变。所以,理财师必须充分了解客户,不间断地跟踪、评估和修正客户的理财方案和投资建议。

83. C 【解析】《商业银行个人理财业务风险管理指引》第8条,商业银行接受客户委托进行投资操作和资产管理等业务活动,应与客户签定合同,确保获得客户的充分授权。商业银行应妥善保管相关合同和各类授权文件。并至少每年重新确认一次。

84. C 【解析】本题考查复利方式下本利和的计算。2年后终值$=10\times(1+10\%\div4)^{(2\times4)}=12.18$(万元)。

85. A 【解析】期货资产管理业务类型可以分为六类:债券增强类产品、挂钩期权类产品、量化打新类产品、管理期货策略(CTA)类产品、量化对冲类产品、对冲基金的基金(FOHF)类产品。

86. C 【解析】金融市场特点包括:市场商品的特殊性;市场交易价格的一致性;市场交易活动的集中性;交易主体角色的可变性。

87. A 【解析】国库券即短期政府债券,以低于面值的价格发行即贴现发行,到期按面值偿还,面值与发行价之间的差额,即为债券利息。故选A。

88. C 【解析】对于中长期债券而言,债券货币收益的购买力有可能随着物价的上涨而下降,从而使债券的实际收益率降低,这就是债券的通货膨胀风险。当发生通货膨胀时,投资者投资债券的利息收入和本金都会受到不同程度的价值折损。

89. D 【解析】流动资产是指能够在1年内耗用或变现的资产。汽车和房地产都是耐用品,保险费属于费用且保险产品属于非流动资产。故选D。

90. B 【解析】定期评估的频率主要取决于以下三个因素。①客户的投资金额和占比。②客户个人财务状况变化幅度。③客户的风险偏好,有些客户偏爱高风险高收益的投资产品,投资风格积极主动;而有些客户属于风险厌恶型的投资者,投资风格谨慎、稳健,注重长期投资。前者比后者更需经常性的理财方案评估。

二、多项选择题

91. AC 【解析】理财师属于一种系统性、综合性的金融服务工作。

92. ABCE 【解析】《公司法》规定,3类公司可以发行公司债券:股份有限公司,有限责任公司和国有独资企业或国有控股企业。

93. BCD 【解析】家庭财产保险是以公民个人家庭生活资料作为保险标的的保险。家庭财产保险可分为普通消费型家财保险、长效还本家财保险等。有些地区还有城镇居民安全用电保险、家用电器超电压责任特约险、家庭财产附加柴草火灾险等险种。故选B、C、D。

94. ABCE 【解析】分红险的收益风险来源于利率的波动和保险公司制定的预定死亡率、预定投资回报率和预定营运管理费用。故选A、B、C、E。

95. BCE 【解析】股票按照投资主体的性质可分为国家股、法人股、社会公众股3种。故选B、C、E。

96. ABCE 【解析】房地产与个人的其他资产相比有其自身的特点:位置固定性、使用长期性、影响因素多样性和保值增值性。故选A、B、C、E。

97. ABCD 【解析】ETF是一种跟踪"标的指数"变化的、且在交易所上市的开放式基金,投资者可以像买卖股票那样买卖ETF,从而实现对指数的买卖。从本质上看,ETF属于开放式基金的一种特殊类型,它综合了封闭式基金和开放式基金的优点,投资者既可以向基金管理公司申购或赎回,同时,又可以像封闭式基金一样在证券市场上按市场价格买卖ETF份额。不过,ETF的申购赎回必须以一揽子股票换取基金份额或者以基金份额换回一揽子股票。

98. ABCDE 【解析】女士着装要求有"6不准",选项A、选项B、选项C、选项D、选项E均符合题目要求。另外,女士在着装时最好不要选择时装手表,花哨浮夸的时装手表难免会给客户留下不严谨、不庄重的感觉。女士可尽量选择佩戴简洁大方的普通手表。

99. ACDE 【解析】按照投资性质的不同,资产管理产品分为固定收益类产品、权益类产品、商品及金融衍生品类产品和混合类产品。

100. CDE 【解析】在已发行的信托产品中,多数是依靠项目自身产生的现金流或利润作为还款来源,因此项目自身的风险是信托产品的最大风险之一。投资项目风险包括项目的市场风险、财务风险、经营管理风险等。

101. ACDE 【解析】选项B错误,黄金的收益和股票市场的收益不相关甚至负相关,这个特性通常使它成为投资组合中的一个重要的分散风险的组合资产。故选A、C、D、E。

102. BDE 【解析】税收规划依据的原理不同,采用的方法和手段也不同,主要可分为避税规划、节税规划和转嫁规划3种类型。

103. AD 【解析】选项A会导致土地价格上升,房地产成本上升,价格升高;选项B和选项E都会带来房地产需求下降(选项C),从而降低房地产价格。选项D会增加房地产需求,导致价格上升。故选A、D。

104. ABCDE 【解析】根据《民法典》的规定,债务人或者第三人有权处分的下列权利可以出质:①汇票、本票、支票;②债券、存款单;③仓单、提单;④可以转让的基金份额、股权;⑤可以转让的注册商标专用权、专利权、著作权等知识产权中的财产权;⑥现有的以及将有的应收账款;⑦法律、行政法规规定可以出质的其他财产权利。

105. AC 【解析】年金现值系数可能大于1,也可能小于1。年金终值系数大于或等于1。

106. ACDE 【解析】银行代理黄金业务种类:①条块现货,投资黄金条块因规格大小而有不同的门槛,但有保存不便和移动不易的缺点,安全性差;②金币,有纯金币和纪念金币两种;③黄金基金,是将资金委托专业经理人全权处理,用于投资黄金类产品;④纸黄金,其让投资者免除了储存黄金的风险,也让投资者有随时提取所购买黄金的权利,或按当时的黄金价格,将账户里的黄金兑换成现金,通常也称为"黄金存折";⑤黄金T+D交易品种,是黄金延期交收交易品种,俗称"黄金准期货"。

107. BD 【解析】开放式问题,是指能让客户充分阐述自己的意见、看法及陈述某些事实现状的提问方式,可以让客户自由发挥。这种提问方式便于充分发掘客户需求、获取更多有用信息,让客户多说话。如:“您目前的家庭财务状况如何、收入怎么样”“您如何看待投资风险”“您比较喜欢投资什么样的理财产品”。

108. ABCD 【解析】房地产即不动产,是指土地、建筑物以及附着在土地或建筑物上的不分离的部分和附带的各种权益。房地产与个人的其他资产相比有自身的特点:位置固定性、使用长期性、影响因素多样性和保值增值性。

109. ABE 【解析】一般而言,智能投顾的工作流程:①为客户画像,即获取客户的信息,了解客户需求;②构建投资组合,该过程主要由计算机完成;③执行投资组合。

110. ABCD 【解析】合伙人会议一般仅就涉及合伙人入伙以及合伙人退伙、有限合伙协议的修改、合伙企业清算等进行决策,故选 A、B、C、D。

111. BCDE 【解析】对于投资者而言,购买固定收益类理财产品面临的最大风险来自基础资产的信用风险、市场风险、管理风险和流动性风险,故选项 A 表述错误。故选 B、C、D、E。

112. BD 【解析】保险产品按照保险标的划分为人身保险和财产保险。

113. ABCD 【解析】西方人士的理财意识比较强,与西方行业发展成熟度有关系。主要表现在以下 3 个方面。首先,它是国外同行长期的财商教育所产生的效果。其次,它与海外发达国家对理财行业的监管是分不开的。最后,在收集客户信息的过程中,海外同行已经养成了相应的工作习惯,并掌握了较为成熟的客户信息收集技巧。

114. BCDE 【解析】ETF 在本质上是开放式基金,与现有开放式基金没什么本质的区别,但其本身有三个鲜明特征:①它可以在交易所挂牌买卖,投资者可以像交易单只股票、封闭式基金那样在证券交易所直接买卖 ETF 份额;②ETF 基本是指数型开放式基金,但与现有的指数型开放式基金相比,其最大优势在于,它在交易所挂牌,交易非常便利;③其申购赎回也有自己的特色,投资者只能用与指数对应的一揽子股票申购或者赎回 ETF,而不是现有开放式基金的以现金申购或赎回。

115. ABCDE 【解析】基金子公司的业务灵活,所受限制较少,且变化速度快,目前主要业务有以下几类:①组合投资业务;②股权投资业务;③资本市场类业务;④资产证券化业务;⑤债券类投资产品。故选 A、B、C、D、E。

116. ABCE 【解析】销售保单利益不确定的保险产品,包括分红型、万能型、投资连结型、变额型等人身保险产品和财产保险公司非预定收益型投资保险产品等,存在以下情况的,应当在取得投保人签名确认的投保声明后方可承保:①趸缴保费超过投保人家庭年收入的 4 倍;②年期缴保费超过投保人家庭年收入的 20%,或月期缴保费超过投保人家庭月收入的 20%;③保费缴费年限与投保人年龄数字之和达到或超过 60;④保费额度大于或等于投保人保费预算的 150%。在投保声明中,投保人应当表明投保时了解保险产品情况,并自愿承担保单利益不确定的风险。

117. ACD 【解析】在财务函数中选择需要用的终值、现值或年金函数:①*FV* 终值函数;②*PV* 现值函数;③*PMT* 年金函数;④*NPER* 期数函数;⑤*RATE* 利率函数。选项 B、选项 E 描述相反。

118. ABCDE 【解析】房地产价格构成的基本要素有土地价格或使用费、房屋建筑成本、税金和利润等。影响房地产价格的因素很多,主要:①行政因素;②社会因素;③经济因素;④自然因素。

119. ACDE 【解析】根据《合伙企业法》第 72 条、第 73 条、第 74 条的规定,有限合伙人可以将其在有限合伙企业中的财产份额出质;但是,合伙协议另有约定的除外。有限合伙人可以按照合伙协议的约定向合伙人以外的人转让其在有限合伙企业中的财产份额,但应当提前 30 日通知其他合伙人。有限合伙人的自有财产不足清偿其与合伙企业无关的债务的,该合伙人可以以其从有限合伙企业中分取的收益用于清偿;债权人也可以依法请求人民法院强制执行该合伙人在有限合伙企业中的财产份额用于清偿。人民法院强制执行有限合伙人的财产份额时,应当通知全体合伙人。在同等条件下,其他合伙人有优先购买权。

120. ABD 【解析】直接与客户理财规划相关的客户信息,是客户的家庭财务信息和理财需求(即理财目标)。

121. ABCDE 【解析】永续年金是指无限期支付的年金,即一系列没有到期日的现金流。由于永续年金持续期无限,没有终止时间,因此没有终值,只有现值。所以,题中五个选项均可以视为永续年金。故选 A、B、C、D、E。

122. ABCDE 【解析】题干表述均符合《信托法》的各项规定。

123. ABCE 【解析】李先生处于家庭成熟期,资产达到巅峰。此时的风险厌恶系数比较低,承受风险的能力增加,应该逐步降低投资风险,由于他自己有多年的权证、转债等证券投资经验,可以考虑用一部分资金参与到期货、权证等金融衍生工具的交易活动中。所以,选项 A、选项 B 是正确的,选项 D 是不正确的。为了在老年时期生活过得更美满,李先生应当把更多的精力和资源用于养老规划,应当适当地将一部分资金转移到风险较低的债券和存款当中。所以,选项C、选项E的叙述也是正确的。故选A、B、C、E。

124. ABCD 【解析】综合理财服务可进一步划分为理财计划和私人银行业务两类。所以,选项A的叙述是正确的。理财计划是商业银行针对特定目标客户群体进行的个人理财服务,而私人银行业务的服务对象主要是高净值客户,涉及的业务范围更加广泛,与理财计划相比,个性化服务的特色相对强一些。所以,选项E“私人银行业务是商业银行针对特定目标客户群体进行的个人理财服务”的说法是不正确的。

125. BCE 【解析】过上幸福生活、做个有钱人都是目标,但不具体;60岁退休、想把孩子送到美国读大学、为孩子建立教育基金就是相对具体的理财目标。理财师在与客户沟通时,一定要确定具体明确的理财目标。故选B、C、E。

126. ABCDE 【解析】银行理财产品可分为货币型理财产品、债券类理财产品、股票类理财产品、组合投资类理财产品、结构性理财产品、QDII基金挂钩类理财产品、另类理财产品和其他理财产品。

127. BE 【解析】创业板于2009年开启,开办之初采用核准制。2020年8月24日,创业板改革,实施注册制。习近平总书记于2018年11月5日在首届中国国际进口博览会开幕式上宣布在上海证券交易所设立科创板,该板块于2019年6月13日正式开板,并实行注册制上市制度。

128. ABCDE 【解析】Excel财务功能包括利率函数、终值函数、现值函数、年金函数、内部报酬率函数等,它集查表法与财务计算器法的优势于一体,能够迅速又准确地计算出相关财务结果,同时也能够方便地将各个工作表格计算出来的数字相互链接,方便最终结果的计算。

129. BE 【解析】对于一个投资项目,如果r小于IRR,表明该项目有利可图;如果r大于IRR,表明该项目无利可图。故选B、E。

130. ABDE 【解析】按照基础工具的种类划分,金融衍生工具可以分为股权衍生工具、货币衍生工具和利率衍生工具。按照交易场所划分,金融衍生工具可以分为场内交易工具和场外交易工具。前者如股指期货,后者如利率互换等。按照交易方式分,金融衍生工具可以分为远期、期货、期权和互换。

三、判断题

131. A 【解析】在通常情况下,信托资金不可以提前支取。但如果合同有约定,则在信托合约生效后几个月,委托人(受益人)可以转让信托受益权。

132. A 【解析】终值系数随着利率的提高而上升。现值系数随着利率的提高而降低。

133. B 【解析】在教育方面,美国金融理财师要求学员完成经培训机构认可的大学教育或与大学教育程度相当的理财培训项目。

134. B 【解析】保险金额是指保险人承担赔偿或者给付保险金责任的最高限额,即投保人对保险标的的实际投保金额;同时又是保险公司收取保险费的计算基础。

135. B 【解析】大额可转让定期存单的特点是不记名;金额较大;利率有固定的,也有浮动的,一般比同期限的定期存款的利率高;不能提前提取,但是可以在二级市场上流通转让。

136. A 【解析】债券的价格与债券的到期收益率成反比,价格下跌到期收益率上升,价格上升到期收益率下降。

137. B 【解析】同业拆借是指银行等金融机构之间相互借贷,以调剂资金余缺。业拆借利率的形成机制分两种:一种是由拆借双方当事人协定,这种机制下形成的利率主要取决于拆借双方拆借资金的愿望的强烈程度,利率弹性较大;另一种是借助中介人经纪商,通过公开竞价确定,这种机制下形成的利率主要取决于市场拆借资金的供求状况,利率弹性较小。

138. B 【解析】信托机构通过管理和处理信托财产而获得的收益全部归受益人所有。同时,信托机构处理受托财产而发生的亏损全部由信托者承担。

139. B 【解析】家庭衰老期大部分情况下支出大于收入,可将其资产变现来应付退休后的生活开销,投资应以固定收益工具为主。

140. B 【解析】理财产品按照适合性原则,根据投资者风险承受能力依次分类为保守型、谨慎型、稳健型、进取型和激进型。

141. A 【解析】理财师执行理财规划方案要和客户事先重复沟通,让客户有明确的预期,以避免接下来每笔资金的动用、每个类别资产买进卖出及需要缴纳的相关费用都会引起客户反弹质疑。

142. B 【解析】根据等值现金流发生的时间点的不同,年金可以分为期初年金和期末年金。

143. B 【解析】理财目标必须具备合理性和可行性。客户现在的以及未来的财务资源是其理财目标得以实现的最重要的基础。

144. A 【解析】债券市场不是一个孤立的市场,它与股票市场、黄金市场、外汇市场的变化形成互动关系。

145. B 【解析】成长型基金投资对象常常是风险较大的金融产品,收入型基金投资对象一般为风险较小、资本增值有限的金融产品。

未来教育
Future Education

2023

新增真考290题

考前摸底仿真卷2套

● 个人理财

视频课程 智能题库 全真机考 直播互动 在线交流
微信扫码获取赠送学习资源
图书增值服务

赠

《个人理财》考前摸底仿真卷

考前摸底仿真卷(一)

一、单项选择题。以下各小题所给出的四个选项中,只有一项符合题目要求,请选择相应选项,不选、错选均不得分。(共90题,每题0.5分,共45分)

1. 理财师的工作流程的第一步是(　　)。
A. 分析客户家庭财务现状　B. 明确客户的理财目标
C. 接触客户,建立信任关系　D. 制订理财规划方案

2. 房地产投资者以所购买的房地产为抵押,借入相当于其购买成本的绝大部分款项。这被称为房地产投资的(　　)。
A. 价值升值效应　B. 财务杠杆效应　C. 现金流和税收效应　D. 风险效应

3. 2005年陈老太太将20万元借给了当时贫困的邻居老曹去治病,直至2015年老曹才有能力把这20万元还给了陈老太太,然而由于通货膨胀的原因导致这钱只能抵得上当年的一半购买力,那么,这10年的通货膨胀率平均应该是(　　)更接近实际情况。(答案取近似数值)
A. 5%　B. 7%　C. 3%　D. 4%

4. (　　)是一种专门投资于其他证券投资基金的基金。
A. ETF　B. LOF　C. FOF　D. QDII

5. 假定投资者小王购买了某产品,该产品的当前价格是82.64元,2年后可达到100元,则小王获得的按复利计算的年收益率为(　　)。(答案取近似数值)
A. 17.36%　B. 10%　C. 21%　D. 8.68%

6. 小李在2009年4月13日购买H银行理财计划100万元,4月16日工作时间卖出,4月13日至4月16日每天的年化收益率(已扣除管理费用,卖出当天不计收益)如下表所示,那么此期间该理财计划的理财收益为(　　)元。(答案取近似数值,一年按照365天计算)
当日年化收益率表:

4月13日	4月14日	4月15日	4月16日
0.95%	1.35%	1.95%	2.10%

A. 116.44　B. 147.95　C. 173.97　D. 176.39

7. 某投资者购买10万元优惠期限为3个月(90天)的人民币债券理财计划,到期一次还本付息,预期本产品年化收益率为2.75%,则投资者到期可获得的理财收益为(　　)元。
A. 687.5　B. 275　C. 2 750　D. 68.75

8. 在收集客户信息的过程中,属于定性信息的是(　　)。
A. 投资偏好　B. 奖金收入　C. 资产与负债额　D. 客户的资产额度

9. 交易类投资是指个人可以通过外汇账户买卖外汇获得(　　)。
A. 外币利息　B. 本币利息　C. 本币价差收益　D. 外汇价差收入

10. (　　)指的是投保人可以任意支付保险费以及任意调整死亡保险金给付金额的保险,也就是说在支付某一个最低金额的第一期保险费之后,投资者可以在任何时间支付任何金额的保险费,并且任意提高或者降低死亡给付金额,只要保单积存的现金价值足够支付以后各期的成本和费用就可以。
A. 万能险　B. 分红险　C. 生死两全保险　D. 投连险

11. 下列选项中,不属于着装的"TOP"原则的是(　　)。
A. 时间　B. 目的　C. 场合　D. 色彩

12. 美国心理学家艾伯特·梅拉别恩根据实验研究指出,在沟通结果或效果上,各部分所占的比例正确的是(　　)。
A. 语言占55%　B. 声音占55%　C. 语体占55%　D. 面部表情占38%

13. 下列财产中,不可以用于抵押的是(　　)。
A. 抵押人所有的房屋　B. 抵押人所有的汽车
C. 抵押人所有的机器　D. 土地所有权

14. 根据《经常项目外汇业务指引》的规定,手持外币现钞汇出,当日累计等值(　　)以下(含),凭本人有效身份证件在银行办理。

A. 5 万美元　B. 3 万美元　C. 2 万美元　D. 1 万美元

15. 关于个人生命周期中的稳定期,下列说法错误的是(　　)。

A. 子女上小学、中学　B. 投资自用房产、股票、基金
C. 负担减轻、准备退休　D. 保险主要是养老险、定期寿险

16. 如果第 1 年年初投资 100 万元,以后每年年末追加投资 8.76 万元,希望在第 10 年年末得到 340 万元,则投资的收益率(必要回报率)是(　　)。(答案取近似数值)

A. 7.0%　B. 6.0%　C. 8.0%　D. 9.0%

17. 下列关于个人生命周期各阶段理财活动特征的表述中,正确的是(　　)。

A. 建立期的理财任务是尽可能多地储备资产、积累财富
B. 探索期是以个人家庭生活为重心,是个人财务的建立与形成期
C. 维持期是个人和家庭进行财务规划的关键期,财务投资是中高风险的组合投资为主要手段
D. 高峰期的主要理财任务是妥善管理好积累的财富,主动调整投资组合,降低投资风险,以保守稳健型投资为主

18. 李女士想在 5 年后得到 10 万元,目前有两种方案可供选择:A 方案,现在存入一笔钱,按照每年 5% 的单利计息;B 方案,现在存入一笔钱,按照每年 4% 的复利计息。李女士如何选择才对自己有利(　　)。

A. 选择 B 方案　B. 两个方案不能比较
C. 选择 A 方案　D. 两个方案一样,任选一个

19. 根据民事法律制度的规定,下列关于代理的说法,错误的是(　　)。

A. 代理人不履行职责而给被代理人造成损害的,应当承担民事责任
B. 行为人超越代理权后仍然实施代理行为,未经被代理人追认的,对被代理人不发生效力
C. 代理人和相对人串通损害被代理人合法权益的,由代理人和相对人负连带责任
D. 相对人知道行为人没有代理权的情况下还与行为人实施民事行为给他人造成损害的,相对人不负责任

20. 下列客户信息中,不属于定性信息的是(　　)。

A. 家庭住址　B. 客户的生活品质要求
C. 客户风险属性　D. 家庭储蓄额度

21. 下列关于信托计划风险的表述中,错误的是(　　)。

A. 在已发行的信托计划中,多数是依靠项目自身产生的现金流或利润作为还款来源,因此项目自身的风险是信托计划的主要风险之一
B. 多数项目是由某一特定的、持续经营的主体发起的,由该主体负责项目的实际操作和管理,因此,该主体的经营管理水平、财务状况以及还款意愿将在很大程度上影响信托计划的安全程度
C. 信托公司项目评估能力和信托计划设计水平的高低对信托产品的风险高低没有影响
D. 信托产品流动性差,缺少转让平台,存在较大的流动性风险

22. 商品及衍生品投资市场较为分散,具有(　　)波动性、(　　)杠杆等特点。

A. 高;低　B. 低;高　C. 低;低　D. 高;高

23. 外汇市场的典型特征是(　　)。

A. 品种多样性和清算及时性　B. 交易主体单一性
C. 价格稳定性和交易集中性　D. 空间的统一性和时间的连续性

24. 理财师在投资规划中最重要的工作是(　　)。

A. 保证收益　B. 资产配置　C. 投资建议　D. 理财规划

25. 下列选项中,不属于家庭收支管理核心内容的是(　　)。

A. 建立应急基金　B. 投资管理　C. 增收节支　D. 现金管理

26. 根据投资理念的不同,基金可分为主动型基金和被动型基金,其中(　　)是主动型基金的主要特征。

A. 投资对象一般为风险较小、资本增值有限的金融产品
B. 选取特定指数作为跟踪对象,复制跟踪对象的表现
C. 通过主动管理,力求取得超越基金组合表现的基金
D. 投资组合中现金持有量较少,大部分资金用于投资资本市场

27. 下列不能作为财产保险标的的是(　　)。

A. 健康状况　B. 产品责任　C. 机器设备　D. 出口信用

28. 理财人员向客户提供理财顾问服务后，客户根据理财顾问服务来管理和运用资金，所产生的收益和风险由(　　)承担。
A. 客户　B. 银行　C. 银行与客户协商　D. 银行与客户共同
29. 下列不属于强行平仓的情形的是(　　)。
A. 会员结算准备金余额大于零　B. 持仓量超出其限仓规定
C. 因违规受到交易所强行平仓处罚　D. 根据交易所的紧急措施应予强行平仓
30. 根据我国《民法典》的规定，下列对格式条款理解不正确的是(　　)。
A. 合同订立方应采取合理的方式提请对方注意免除或者限制其责任的条款，按对方要求，对条款予以说明
B. 格式条款是指当事人为了重复使用而预先拟定，并在订立合同时未与对方协商的条款
C. 提供格式条款一方应遵循公平原则确定当事人之间的权利和义务
D. 格式条款和非格式条款不一致时，应采用格式条款
31.《民法典》中以法人活动的性质为标准，将法人分类为三种，下列不属于前述分类的是(　　)。
A. 营利法人　B. 非营利法人　C. 特别法人　D. 事业法人
32. 如果小明每年存款 1 000 元，年利率为 10%，那么 5 年后获得的本利和是(　　)元。
A. 5 464　B. 6 105　C. 6 737　D. 5 348
33. 按利息的支付方式，可将债券分类为附息债券、一次还本付息债券和(　　)。
A. 信用债券　B. 不动产抵押债券　C. 贴现债券　D. 担保债券
34. 某企业拟建立一项基金计划，每年年初投入 10 万元，若利率为 10%，5 年后该项基金本利和将为(　　)元。
A. 564 100　B. 610 500　C. 671 561　D. 871 600
35. 关于客户分类，下列说法正确的是(　　)。
A. AUM 在 50 万元人民币以下的客户为大众富裕客户
B. 贵宾客户服务需求单一，占据了银行网点服务渠道的大量资源，是各类银行利用智能化、移动化服务渠道批量维护的重点客群
C. 私人银行客户对个人财富类产品(国债、基金、保险等)的服务需求较强，是银行个人中间业务的重点挖掘客群
D. AUM 值在 600 万元人民币以上的客户为私人银行客户
36. (　　)是指其财产或者人身受保险合同保障的人。
A. 受益人　B. 被保险人　C. 投保人　D. 保险人
37. 沪股通的股票范围不包括(　　)。
A. 上证 180 指数成分股　B. 上证 380 指数成分股
C. A + H 股上市公司在上交所上市的 A 股　D. A + H 股上市公司在联交所上市的 H 股
38. (　　)客户投资工具以储蓄、理财产品和债券为主，结合高收益的股票、基金和信托投资，优化组合模型，使收益和风险均衡化；(　　)客户非常注重资金安全，极力回避风险，投资工具以储蓄、国债、保险为主。
A. 风险厌恶型；风险偏好型　B. 风险厌恶型；风险中立型
C. 风险中立型；风险厌恶型　D. 风险中立型；风险偏好型
39. 一般而言，各类基金的风险特征由高到低的排序正确的是(　　)。
A. 混合型基金、股票型基金、货币市场型基金和债券型基金
B. 股票型基金、混合型基金、货币市场型基金和债券型基金
C. 股票型基金、混合型基金、债券型基金和货币市场型基金
D. 混合型基金、股票型基金、债券型基金和货币市场型基金
40. 李先生准备投资一笔钱用于 8 年后为儿子购置一套婚房，预计需要 50 万元作为首付，现有一个期望收益率为 6% 的基金产品非常适合他，那么他需要为购房准备的投资资金是(　　)万元。
A. 31.37　B. 35.18　C. 29.8　D. 33.78
41. 刘先生目前每年年末储蓄为 5 万元，希望达成目标包括 5 年后创业资金 50 万元与 15 年后子女教育金 100 万元，若投资报酬率设定为 6%，那么为了实现此两大理财目标还需要一次性投资(　　)万元。(答案取近似数值)
A. 30.53　B. 36.24　C. 25.56　D. 35.67
42. 下列各类市场中不属于货币市场组成部分的是(　　)。
A. 回购市场　B. 同业拆借市场　C. 股票市场　D. 票据市场

43. 在家庭生命周期各阶段中,一般来说投资组合中储蓄比重最高的是(　　)。
A. 夫妻60岁以后　　B. 夫妻30~55岁时
C. 夫妻50~60岁时　　D. 夫妻25~35岁时
44. (　　)是使货币购买力缩水的反向因素。
A. 时间　　B. 利率　　C. 收益率　　D. 通货膨胀率
45. 王先生到银行存入1 000元,假设年利率是5%,5年后单利终值是(　　)元。
A. 1 210　　B. 1 296　　C. 1 300　　D. 1 250
46. 空间统一性和(　　)是外汇市场的特点。
A. 时间连续性　　B. 全球一体性　　C. 地域一贯性　　D. 时间统一性
47. 下列关于期货资产管理产品中量化打新类产品的说法,正确的是(　　)。
A. 资金容量较大,风险收益可控,适合风险偏好适中的银行客户
B. 风格稳健,风险较小,在高收益资产稀缺背景下,可获得稳健的套利机会
C. 潜在收益明显上升,可与货币基金投资结合,实现相对稳健的投资收益
D. 借助计算机系统,根据数量化模型产生的买卖信号进行投资交易
48. 一般而言,下列产品相比较安全性最高的是(　　)。
A. 私募债券　　B. 企业债券　　C. 中期票据　　D. 国债
49. 对于即将退休的投资人,比较适合理财师推荐的投资组合是(　　)。
A. 定存+国债+保本投资型产品　　B. 绩优股+指数型股票型基金+外币交易
C. 认股权证+小型股票基金+期货　　D. 投资股+房产信托基金+黄金
50. 下列选项中,对退休规划的关键内容和注意事项表述错误的是(　　)。
A. 根据客户的财务资源对客户未来可以获得的退休生活进行合理规划
B. 由于通货膨胀,生活水平提高等因素,退休养老成本高,远超许多人的预期
C. 尽早地进行退休养老规划,以投资、商业养老保险以及其他理财方式来补充退休收入的不足
D. 退休后失去很多兴趣爱好,因此退休后养老成本降低
51. 根据《民法典》的相关规定,下列表述不正确的是(　　)。
A. 丧偶儿媳对公婆尽了主要赡养义务的可以作为第一顺序继承人
B. 继承开始后,有遗赠扶养协议的按照协议办理
C. 继承开始后,没有第一顺序继承人的由第二顺序继承人继承
D. 所有继兄弟姐妹均可作为继承人参与继承
52. "理财师是客户声音的反馈者"是指,理财师不仅代表所服务的金融机构,还是(　　)。
A. 产品销售的推动者　　B. 投资理念的传导者
C. 金融政策的执行者　　D. 客户利益的代表者
53. 处于不同家庭生命周期家庭,其理财重点也不同,下列正确的是(　　)。
A. 家庭形成期的资产不多但流动性需求大,应以存款为主要配置
B. 家庭成长期的信贷运用多以信用卡和小额信贷为主
C. 家庭成熟期的信托安排以购置房产信托为主
D. 家庭衰老期的核心配置应以债券为主
54. 关于ETF基金的特征,下列表述错误的是(　　)。
A. 跟踪标的指数变化　　B. 投资者可以现金申购赎回
C. 可在交易所挂牌买卖　　D. 本质上是开放式基金
55. 同业拆借市场是指(　　)。
A. 企业之间资金调剂市场　　B. 金融机构之间资金调剂市场
C. 商业银行与中央银行之间资金调剂市场　　D. 银行与企业之间资金调剂市场
56. 银行开展的个人理财业务就是经国务院银行业监管机构批准的一项银行(　　)。
A. 对公业务　　B. 负债业务　　C. 资产业务　　D. 中间业务
57. 已知某只基金的投资资产中持有量较小,则该只基金最有可能是一只(　　)。
A. 开放式基金　　B. 公募基金　　C. 国际基金　　D. 成长型基金
58. 假定一项投资的年利率为20%,每半年计息一次,则有效年利率为(　　)。(答案取近似数值)
A. 10%　　B. 21%　　C. 40%　　D. 20%
59. 张小姐看好某一项目,并投资20万元,希望能在12年后收回40万元,那么该项目的投资回报率约为(　　)。
A. 6%　　B. 8%　　C. 10%　　D. 200%

60. 赵小姐想全家三口到加拿大旅游，目前旅行社报价加拿大十日游每人2万元，假设价格未来十年一直保持不变。赵小姐今年获得4万元奖金，准备把这笔资金购买某高收益理财产品，假设年化收益率为10%，(　　)年后，赵小姐可以实现该目标。(答案取近似数值)

A. 6　　B. 4　　C. 7　　D. 5

61. 根据《合伙企业法》的规定，在普通合伙企业中，下列各项中，(　　)不可以成为合伙人出资。

A. 货币　　B. 实物

C. 知识产权　　D. 土地所有权

62. 有形市场和无形市场最明显的区别是(　　)。

A. 交易范围是否广　　B. 交易时间长短

C. 交易场所是否固定，是否为分散交易　　D. 交易种类的多少

63. 甲年满18周岁，为在校大学生，无独立的生活来源，在校期间向银行申请助学贷款2万元，到期无力偿还。以下处理方式正确的是(　　)。

A. 由甲承担偿还责任　　B. 甲之父母应该先行垫付

C. 甲之父母负有连带偿还责任　　D. 由甲或甲之父母承担偿还责任

64. 同样用10万元买股票，对于一个仅有10万元养老金的退休人员和一个有数百万元资产的富翁来说，其情况是截然不同的，这是因为各自有不同的(　　)。

A. 风险分散　　B. 风险承受能力

C. 风险认知　　D. 风险偏好

65. 财产保险是以(　　)为保险标的的一种保险。

A. 财产　　B. 信用　　C. 利益　　D. 财产及有关利益

66. 下列关于会见客户时伸手握手先后次序的讲究，描述错误的是(　　)。

A. 男女之间，女士先　　B. 长幼之间，长者先

C. 迎接客人，客人先　　D. 上下级之间，上级先，下级趋前相握

67. 一般而言，设立合伙制私募基金时GP的出资比例可以是(　　)。

A. 0%　　B. 10%　　C. 5%　　D. 20%

68. 金融理财师小李在为客户做保险规划时，根据客户的具体情况打算为客户配置健康保险。此时一家保险公司正在促销投资连结险，并承诺支付给推荐客户的金融理财师15%的佣金。小李于是为客户配置了可获得预期高回报的投资连结险。此行为违反了理财师职业道德准则的(　　)原则。

A. 正直诚信　　B. 专业胜任　　C. 客观公正　　D. 专业精神

69. 关于债券的利率风险，以下说法错误的是(　　)。

A. 利率风险属于市场风险　　B. 利率上升，债券价格下降

C. 持有债券到期，则无任何损失　　D. 债券到期时间越长，利率风险越大

70. 下列关于股票的表述正确的是(　　)。

A. 目前我国投资者购买股票最主要是为了获得股息

B. 优先股的股利股东发放先于普通股，但不是定额的

C. 股票是股份公司发行的有价证券，其实质是公司的产权证明书

D. 引起股票价格变动的直接原因是公司盈利水平

71. 林先生在未来的10年内每年年初获得10 000元，年利率为10%，则这笔年金的终值约为(　　)元。(答案取近似数值)

A. 175 312　　B. 159 374　　C. 110 000　　D. 185 310

72. (　　)是一种专门投资于其他证券投资基金的基金。

A. FOF　　B. ETF　　C. LOF　　D. QDII

73. 商业银行从事境内黄金期货交易业务，通过我国期货行业认可的从业资格考试合格人员不少于(　　)人，其中交易人员至少(　　)人，风险管理人员至少(　　)人。

A. 4;2;2　　B. 4;1;3　　C. 4;3;1　　D. 5;2;3

74. 个人在面临教育费用、赡养费用及养老费用三大财务考验的同时，还要还清各种中长期债务，这属于个人生命周期的(　　)。

A. 建立期　　B. 高峰期　　C. 稳定期　　D. 维持期

75. 根据《经常项目外汇业务指引》，个人提取外币现钞当日累计等值(　　)美元以下(含)的，凭本人有效身份证件在银行办理。

A. 5 000　　B. 1 500　　C. 10 000　　D. 20 000

76. 下列关于股票收益的表述中,错误的是(　　)。
A. 股票收益包括股利收益和资本利得
B. 股票资本利得是股票的买卖价差
C. 优先股的股利发放比债券利息支付更优先
D. 股利收益是公司税后利润的一部分

77. 在商业银行理财顾问服务中,客户根据商业银行和理财人员提供的理财顾问服务自行管理和运用资金,下列表述正确的是(　　)。
A. 客户获得由此产生的收益,银行承担由此产生的风险
B. 客户与银行共同获得由此产生的收益,客户承担由此产生的风险
C. 客户获得由此产生的收益并承担风险
D. 客户获得由此产生的收益,客户和银行共同承担由此产生的风险

78. 现有理财保险产品为增长型永续年金性质,第一年将分红 3 000 元,并得以 3% 的速度增长下去,年贴现率为 6%,那么该产品的现值为(　　)元。
A. 1 000　　B. 10 000　　C. 100 000　　D. 1 000 000

79. 根据保险人的委托,向保险人收取代理手续费,并在保险人授权的范围内代为办理保险业务的机构或个人是(　　)。
A. 保险公估人　　B. 保险受益人　　C. 保险代理人　　D. 保险经纪人

80. 文小姐计划把 20 万元存款投入某名义利率为 15% 的理财产品中,采取连续复利计息方式,则 3 年后可回收(　　)。
A. 33.468 2 万元　　B. 31.366 2 万元　　C. 23.568 9 万元　　D. 21.347 6 万元

81. 贾先生今年 60 岁,妻子 55 岁。贾先生目前有银行存款 20 万元,贾先生每年支出 5 万元,妻子每年支出 3 万元,目前两人无子女也无老人需赡养。用遗属需求法来估算,以遗属生活费的需求来投保,若配偶余命还有 20 年,以 2% 折现,贾先生应买入寿保险金额为(　　)万元。(答案取近似数值)
A. 50　　B. 20　　C. 40　　D. 30

82. 小徐三年后需要 2 万元来支付研究生的学费,投资收益率是 8%,那么,现在小徐至少需要拿出(　　)元来进行投资。(答案取近似数值)
A. 17 147　　B. 15 877　　C. 17 160　　D. 12 996

83. 下列属于银行理财产品的产品目标客户信息的是(　　)。
A. 投资顾问收费信息　　B. 产品发行地区
C. 客户赎回权　　D. 收益分配方式

84. 理财规划师在首次交付客户理财规划方案后还要为客户提供持续理财服务,影响理财规划师对客户理财规划方案定期评估频率的因素不包含(　　)。
A. 客户的风险偏好　　B. 客户个人财务状况变化幅度
C. 客户投资金额　　D. 理财规划师的性格和工作习惯

85. 商业银行应当根据理财产品的性质和风险特征,设置适当的期限和销售起点金额。商业银行发行私募理财产品的,合格投资者投资于单只权益类产品的金额不得低于(　　)万元人民币。
A. 30　　B. 10　　C. 100　　D. 40

86. 方先生现年 40 岁,从现在起每年储蓄 5 万元年底进行投资,年投资报酬率为 4%。他希望退休时至少积累 50 万元用于退休后的生活,则方先生最早能在(　　)岁退休。(答案取近似数值)
A. 60　　B. 65　　C. 53　　D. 49

87. 我们按年龄层可以把个人生命周期比照家庭生命周期分为(　　)6 个阶段。
A. 探索期、形成期、稳定期、维持期、高峰期、退休期
B. 探索期、建立期、稳定期、维持期、成熟期、退休期
C. 探索期、建立期、成长期、维持期、高峰期、退休期
D. 探索期、建立期、稳定期、维持期、高峰期、退休期

88. 根据时间管理的优先矩阵,属于不紧急不重要的是(　　)。
A. 琐碎的工作　　B. 不速之客　　C. 建立人际关系　　D. 突发事件

89. 证券发行可以通过公募和私募两种方式进行,其中公募是指(　　)推销证券。
A. 事先确定特定的发行对象,向社会公开
B. 发行公司只对特定的发行对象
C. 事先不确定特定的发行对象,向社会广大投资者公开
D. 虽然事先不确定特定的发行对象,但是不向社会广大投资者公开

90. [2ND]键是(　　)键。
A. 开关机　B. 切换　C. 调用　D. 清除

二、多项选择题。以下各小题所给出的五个选项中,有两项或两项以上符合题目的要求,请选择相应选项,多选、少选、错选均不得分。(共40题,每题1分,共40分)

91. 在理财产品销售、理财顾问服务时,应尽量避免(　　)。
A. 以产品销售为中心　B. 误导客户
C. 不专业的工作行为　D. 严格审核客户开户资料
E. 向客户推荐理财产品

92. 签订的合同如有(　　)情形时。当事人一方有权请求人民法院或者仲裁机构变更或者撤销。
A. 受第三人胁迫或欺诈　B. 恶意串通,损害国家、集体或者第三人利益
C. 因重大误解订立的　D. 以合法形式掩盖非法目的
E. 违反法律、行政法规的强制性规定

93. 任何金融产品或服务卖点均可以从(　　)方面进行概述。
A. 安全性　B. 灵活性　C. 规范性
D. 回报　E. 其他一些特殊的卖点或优势

94. 下列属于间接融资的特征的有(　　)。
A. 间接性　B. 分散性　C. 信誉的差异性较小
D. 可逆性　E. 主动权主要掌握在金融中介手中

95. 下列属于女性理财师化妆的说法正确的是(　　)。
A. 佩戴首饰不可过分繁多　B. 妆成有却无
C. 不当众化妆　D. 颜色搭配协调
E. 不化大浓妆

96. 智能投顾的出现带来的影响有(　　)。
A. 降低了金融机构的获客、服务成本　B. 相对标准化的服务流程,提高了业务运行效率
C. 提高了金融机构的服务水平　D. 更贴近客户的服务需求
E. 增加了服务难度

97. 下列关于开放式证券投资基金的表述中,错误的有(　　)。
A. 单位资产净值每周公布一次
B. 在开放期限内可以随时提出申购或赎回申请
C. 基金存续期内规模不固定,但有最低规模要求
D. 申购或赎回价格依据基金的资产净值而定
E. 开放式基金只能在场外销售,不可在交易所上市交易

98. 贵金属产品投资所面临的主要风险有(　　)。
A. 汇率风险　B. 技术风险　C. 交易风险
D. 价格波动风险　E. 政策风险

99. 银行代理理财产品销售的基本原则有(　　)。
A. 适用性原则　B. 合法性原则　C. 银行利益最大化原则
D. 客观性原则　E. 客户利益最大化原则

100. 根据基础资产划分,常见的金融远期合约主要包括(　　)。
A. 股指期货合约　B. 股权类资产的远期合约
C. 债权类资产的远期合约　D. 远期利率协议
E. 近期汇率协议

101. 基金收益分配的形式一般包括(　　)。
A. 分配现金　B. 现金分红　C. 分配利息
D. 分配基金单位　E. 红利再投资

102. 退休养老收入的来源一般分为(　　)。
A. 企业年金收入　B. 个人储蓄投资　C. 社会养老保险
D. 商业养老保险　E. 实物投资收益

103. 商业银行选择合作保险公司时,应当充分考虑其(　　)。
A. 偿付能力状况　B. 风险管控能力
C. 业务和财务管理信息系统　D. 近两年违法违规情况
E. 资本充足率

104. 下列关于保险市场在个人理财中运用的说法,正确的有(　　)。
A. 不论生命周期处于哪一阶段,个人(家庭)保险已经成为理财规划的一个重要组成部分
B. 通过购买保险产品,可以将个人或家庭面临的风险进行分散和转移
C. 根据相关法律规定,受益人获得保险金给付若存在债务则要用于清偿债务
D. 实践证明,购买保险产品是有效的税收筹划方法
E. 保险产品最显著的特点是具有其他投资理财工具不可替代的财富保障、税负减免和财富传承功能

105. 根据信托财产的不同,信托产品可划分为(　　)等。
A. 个人信托　B. 动产信托　C. 不动产信托
D. 资金信托　E. 法人信托

106. 下列关于个人生命周期的退休期理财活动的表述中,正确的有(　　)。
A. 稳健投资保住财产,合理支出积蓄的财富
B. 投资以安全为主要目标,保本是其基本目标
C. 适当节约资金进行高风险的金融投资
D. 中高风险的组合投资是其理财主要手段
E. 投资组合以固定收益投资工具为主

107. 下列关于国债的表述中,正确的有(　　)。
A. 记账式国债可记名、可挂失,可以上市流通,但是交易成本高
B. 凭证式国债可记名、可挂失,但是不能上市流通
C. 电子式国债不可以上市流通
D. 国债的流动性高于公司债券
E. 国债投资收益主要来自利息收益和价差收益

108. 银行开展的黄金业务的种类有(　　)。
A. 实物黄金　B. 黄金基金　C. 黄金 T + D
D. 金币　E. 纸黄金

109. 下列关于 LOF 的表述,正确的有(　　)。
A. 既可以在指定网点申购与赎回,也可以在交易所买卖该基金
B. LOF 的申购、赎回必须以一揽子股票换取基金份额或者以基金份额换回一揽子股票
C. 在指定网点申购的基金份额若要上网抛出,须办理一定的转托管手续
D. LOF 兼具封闭式基金交易方便、交易成本较低和开放式基金价格贴近净值的优点
E. 深圳交易所已经开通的基金场内申购赎回,在场内认购的 LOF 无须办理转托管手续,可直接抛出

110. 商业银行应当对客户风险承受能力进行评估,下列属于风险承受能力评估依据的有(　　)。
A. 客户年龄及财务状况　B. 客户的投资经验
C. 客户的风险认识　D. 客户风险损失承受程度
E. 客户投资目的

111. 电话沟通的流程、技巧非常重要,要注意(　　)。
A. 电话拨打频率　B. 电话沟通的时点
C. 通话时间的长短　D. 及时的反馈
E. 目的性不要太强

112. 目前大多数银行按照客户 AUM 即资产管理规模对客户进行分类,AUM 一般包括(　　)。
A. 定期存款　B. 保险　C. 活期存款
D. 理财　E. 基金

113. 下列关于固定收益类理财产品的表述中,正确的有(　　)。
A. 产品结构简单、波动率相对较低
B. 对于投资者而言,购买固定收益类理财产品面临的风险有市场和流动性风险等风险
C. 投资于存款、债券等资产的比例不低于80%
D. 可以投资于国债、金融债、企业债等
E. 目前我国债券市场仍处于发展建设期,债券市场投资门槛较高

114. 根据运作方式的不同,银行理财产品可以划分为(　　)。
A. 开放式产品　B. 保本产品　C. 非保本产品
D. 封闭式产品　E. 期权类产品

115. 下列关于金融市场特点的说法，正确的有(　　)。
A. 金融市场交易的对象是货币、资金、信用以及其他金融工具
B. 市场交易价格的不一致性
C. 市场交易活动的集中性
D. 交易主体角色的固定性
E. 市场商品的特殊性

116. 期货合约的特征主要包括(　　)。
A. 标准化合约
B. 合约的履行由期货交易所或结算公司提供担保
C. 合约的价格有最小变动单位和浮动限额
D. 场外交易
E. 履约大部分通过对冲方式

117. 下列属于金融市场的构成要素的有(　　)。
A. 主体　　B. 客体　　C. 中介
D. 监管机构　　E. 法律法规

118. 根据《民法典》的规定，不得抵押的财产包括(　　)。
A. 学校、幼儿园、医疗机构等为公益目的成立的非营利法人的教育设施、医疗卫生设施和其他公益设施
B. 所有权、使用权不明或者有争议的财产
C. 土地所有权
D. 正在建造的建筑物
E. 建设用地使用权

119. 出现下列(　　)情形之一的，委托代理终止。
A. 被代理人或者代理人死亡　　B. 被代理人取消委托
C. 代理人丧失民事行为能力　　D. 代理期间届满
E. 被代理人取得或者恢复民事行为能力

120. 下列选项中属于《公开募集证券投资基金销售机构监督管理办法》规定的基金销售机构应当为投资人提供信息服务的要求的有(　　)。
A. 及时告知投资人其认购、申购、赎回的基金名称等信息
B. 提供有效途径供投资人实时查询其所持基金的基本信息
C. 定期向投资人主动提供基金保有情况信息
D. 按照中国证监会的规定，做好有关信息传递工作，向投资人及时提供对其投资决策有重大影响的信息
E. 中国证监会规定的其他要求

121. 信托业务是一种以信用为基础的法律行为，一般涉及三方面当事人，即(　　)。
A. 受益人　　B. 委托人　　C. 投资人
D. 信托人　　E. 受托人

122. 个人在决定目前的消费和储蓄时，应综合考虑的因素有(　　)。
A. 退休时间　　B. 未来收入　　C. 可预期的开支
D. 工作时间　　E. 即期收入

123. 下列属于金融市场功能的有(　　)。
A. 交易功能　　B. 避险功能　　C. 集聚功能
D. 财富投资功能　　E. 反映功能

124. 按内在因素对客户进行分类，主要包括按客户的(　　)进行分类。
A. 财富观　　B. 风险态度　　C. 年龄
D. 性格　　E. 消费行为

125. 葛先生现将 5 000 元现金进行投资，期限为 3 年，年利率为 4%。下列表述正确的有(　　)。(答案取近似数值)
A. 若每季度付息一次，则三年后的本息和是 5 634 元
B. 若每半年付息一次，则三年后的本息和是 5 631 元
C. 若以复利计算，三年后的本利和是 5 624 元

D. 若以单利计算,三年后的本利和是5 600元
E. 若采用连续复利计算,三年后的本利和是5 637元

126. 下列关于黄金理财产品的说法,正确的有(　　)。
A. 黄金非货币化后,其流动性较其他证券投资品差
B. 黄金与股票市场收益正相关
C. 黄金价格随通货膨胀而提高,常作为保值产品
D. 黄金可以分散投资组合风险
E. 黄金的价格受到国际市场影响较大

127. 个人理财是指根据客户的(　　),制定理财目标和理财规划,执行理财规划,实现理财目标的过程。
A. 人生目标　B. 财务目标　C. 风险属性
D. 学历　E. 工作经验

128. 一般而言,下列关于债券价格风险的表述,正确的有(　　)。
A. 债券到期时间越长,价格风险越大
B. 价格风险也叫利率风险
C. 当利率上涨,债券价格下跌
D. 对于在到期日前转让债券的投资者来说,利率上涨引起的债券价格下跌会减损投资人的资产收益
E. 债券到期时间越长,利率风险越小

129. 货币时间价值中计算终值所必须考虑的因素有(　　)。
A. 本金　B. 年利率　C. 年数
D. 到期债务　E. 股票价格

130. 年金是指一定时间内每期等额收付的系列款项,下列属于年金形式的有(　　)。
A. 等额分期付款　B. 融资租赁的租金
C. 按照直线法计提的折旧　D. 期缴型保险费
E. 养老金

三、判断题。请对以下各项描述做出判断,正确的为A,错误的为B。(共15题,每题1分,共15分)

131. 个人存入外币现钞当日累计等值1万美元以下(含)的,凭本人有效身份证件在银行办理;超过上述金额的,凭本人有效身份证件、经海关签章的《海关申报单》或原存款银行外币现钞提取单据在银行办理。(　　)
132. 第三人为债务人向债权人提供担保的,可以要求债务人提供反担保。(　　)
133. 单利始终以最初的本金为基数计算收益,而复利则以本金和利息为基数计息,从而产生利上加利、息上添息的收益倍增效应。(　　)
134. 一般来说,债券价格与到期收益率成反比。(　　)
135. ETF的申购赎回都是基金份额与现金的交易,且通过交易所进行。(　　)
136. 专业理财师可以以电子邮件形式向客户提交理财规划方案——理财规划书。(　　)
137. 商业银行应保证个人理财业务人员每年的培训时间不少于20个小时。(　　)
138. 客户贡献度指标中的综合贡献 = 综合收益 + 运营成本。(　　)
139. 以财务计算器进行货币时间价值的计算时,输入顺序不会影响计算结果。(　　)
140. 个人理财规划在执行过程中会遇到一些影响,为了保证目标的实现必须坚持原则,不能进行个人理财规划的调整。(　　)
141. 管理费用通常是作为普通合伙人基金运营和管理的费用,是普通合伙人主要的报酬方式。(　　)
142. 根据《民法典》,只有十八周岁以上的自然人才可能是完全民事行为能力人。(　　)
143. 期末年金是指在无限期内,时间间隔相同、不间断、金额相等、方向相同的一系列现金流。(　　)
144. 综合理财规划是"线"性的,而单项目标理财规划考虑的是"面"。(　　)
145. 债券通货膨胀风险是指债券货币收益的购买力有可能随着物价的下降而下降,从而使债券的实际收益率降低的风险。(　　)

考前摸底仿真卷(二)

一、单项选择题。以下各小题所给出的四个选项中,只有一项符合题目要求,请选择相应选项,不选、错选均不得分。(共90题,每题0.5分,共45分)

1. 在理财方案执行过程中,专业理财师应遵循的原则不包括(　　)。
A. 目标明确原则　B. 了解原则　C. 诚信原则　D. 连续性原则

2. 对开展理财顾问业务而言,属于客户重要非财务信息的是(　　)。
A. 资产和负债　B. 收入与支出　C. 房地产升值现值　D. 客户风险厌恶系数

3. 人身保险是以(　　)作为保险标的的一种保险。
A. 人的寿命　B. 人的身体　C. 被保险人的身体　D. 人的身体和寿命

4. 金融市场的中介可以分为(　　)。
A. 交易中介和服务中介　B. 外部中介和内部中介
C. 信用中介和非信用中介　D. 理财中介和非理财中介

5.《民法典》对自然人的民事行为能力根据自然人的年龄、智力与精神状况做如下分类(　　)。
A. 完全民事行为能力人、不完全民事行为能力人、完全无民事行为能力人
B. 完全民事行为能力人、限制民事行为能力人、无民事行为能力人
C. 完全民事行为能力人、不完全民事行为能力人、无民事行为能力人
D. 完全民事行为能力人、限制民事行为能力人、完全无民事行为能力人

6. 理财顾问服务与银行一般性业务咨询活动的最主要区别是(　　)。
A. 理财顾问服务专业性强　B. 理财顾问服务面向高端客户
C. 理财顾问服务收费较高　D. 理财顾问服务及范围宽

7. 我国国内理财师队伍的市场认可度有待提高,对此,下列说法中错误的是(　　)。
A. 现阶段理财师素质水平参差不齐,实战经验少
B. 大部分人认为理财就是投资,就是选择高收益的产品,不需要理财师的专业指导
C. 中国资本市场不健全,投资渠道匮乏
D. 我国现有理财产品可满足高端客户的个性化需求

8. 某电器商城进行清仓大甩卖,宣称价值1万元的商品,采取分期付款的方式,3年结清,假设利率为12%的单利。该商品每月付款额为(　　)元。
A. 369　B. 374　C. 378　D. 381

9. 期权的买方又称(　　)。
A. 期权的多头　B. 期权的空头　C. 期权的平头　D. 以上均正确

10. 下列选项中,不属于时间管理的方法的是(　　)。
A. 制定合理目标　B. 遵循二八定律
C. 时间管理优先矩阵　D. 邮件处理习惯

11. 溢价发行的附息债券,票面利率是6%,则实际的到期收益率可能是(　　)。
A. 6%　B. 5.6%　C. 0　D. 6.25%

12. 商业银行在办理个人理财业务中,超越客户的授权从事业务且没有经过客户追认的,其民事责任(　　)。
A. 由商业银行承担,客户承担连带责任
B. 完全由客户承担
C. 由客户承担,商业银行承担连带责任
D. 完全由商业银行承担

13. 根据F. 莫迪利安尼的家庭生命周期理论,下列理财策略中不适合处于家庭成长期的投资人的是(　　)。
A. 保持资产的流动性　B. 购买长期护理类保险
C. 适当投资债券型基金　D. 适当投资浮动收益类理财产品

14. 理财规划服务包括但不仅限于财务、法律、投资和债务管理、保险、税务等,还兼顾客户家庭财

务、非财务状况以及不同时期变化的需求。这体现了理财师职业的(　　)。

A. 顾问性　B. 综合性　C. 长期性　D. 规范性

15. 按照(　　)来划分,金融衍生工具可分为远期、期货、期权和互换。

A. 交易方式　B. 交易场所　C. 交易主体　D. 基础工具种类

16. 根据生命周期理论,个人在稳定期的理财特征为(　　)。

A. 愿意承担一些高风险投资

B. 尽可能多地储备资产、积累财富

C. 妥善管理好积累的财富,降低投资风险

D. 保证本金安全,风险承受能力差,投资流动性较强

17. 王先生现在资产50万元,投资一项预期年收益5%的投资项目,复利计息,2年后王先生的资产为(　　)万元。(答案取近似数值)

A. 55.00　B. 55.19　C. 55.13　D. 52.50

18. 下列不能成为商业银行个人理财业务客户的是(　　)。

A. 无民事行为能力人的法定代理人　B. 完全民事行为能力的自然人

C. 无民事行为能力的自然人　D. 限制民事行为能力人的法定代理人

19. 下列关于收藏品的说法,错误的是(　　)。

A. 艺术品是一种中长期投资,其价值随时间而提升

B. 艺术品投资具有较大的风险,主要体现在流动性差、保管难、价格波动大

C. 纪念币是各国政府或中央银行为某一纪念题材而限量发行的具有一定面值的货币

D. 在国外,艺术品已与股票、债券并列为三大投资理财对象

20. 下列关于一般情况下客户和商业银行在理财规划服务中的角色的描述中,正确的是(　　)。

A. 商业银行只提供建议,最终决策权在客户

B. 客户只提供建议,最终决策权在商业银行

C. 商业银行提供建议并作出决策,客户不参与

D. 客户提供建议并作出决策,商业银行不参与

21. 下列特征中属于封闭式基金的是(　　)。

A. 通过基金管理公司进行交易　B. 可以随时提出购买或赎回申请

C. 分红方式有现金分红和再投资分红　D. 一般不能再增加发行

22. 关于债券的风险,下列表述错误的是(　　)。

A. 信用风险可以用发行者的信用等级来衡量

B. 附息债券的息票率是固定的,所以不存在利率风险

C. 债券的再投资风险是指用利息投资所获得的收益率的不确定性

D. 公司债券存在信用风险

23. 下列选项中,不属于人身保险新型产品的是(　　)。

A. 家庭财产险　B. 万能保险　C. 投资连结保险　D. 分红险

24. 国债的风险不包括(　　)。

A. 再投资风险　B. 价格风险　C. 通货膨胀风险　D. 收益风险

25. 下列关于期货合约特征的表述,错误的是(　　)。

A. 期货合约在商品品种、品质、数量,交货时间和地点等方面事先确定好标准条款

B. 合约的履行由期货交易所或结算公司提供担保

C. 合约的价格没有最小变动单位和浮动限额

D. 期货合约只有很少一部分进行实物交割,绝大多数合约都会在交割期之前平仓

26. 理财师在收集客户信息时,下列给出的询问方式中可能会使客户产生抵触心理的是(　　)。

A. "您现在可以动用作为首付的资金是多少"

B. "购房涉及住房公积金的情况,能否了解一下您的住房公积金的缴纳情况"

C. "您现在有多少资金"

D. "也许我们能帮助您大致计算一下可以从住房公积金中获得多少钱和贷款,我能了解一下您的收入情况吗"

27. 关于证券发行市场与流通市场的关系，下列表述错误的是（　　）。
A. 流通市场上证券流通的规模、结构和速度并不与发行市场证券的种类、数量和方式直接相关
B. 流通市场对发行市场起着积极的推动作用
C. 流通市场上证券的供求状况与价格水平有力地影响发行市场上证券的发行
D. 经营良好的流通市场为证券的变现提供了现实可能
28. 个人外汇账户按账户性质区分为（　　）。
A. 境内个人外汇账户与境外个人外汇账户
B. 贸易项目和融资项目
C. 经常项目和资本项目
D. 外汇结算账户、资本项目账户和外汇储蓄账户
29. 下列金融交易中涉及货币市场工具的是（　　）。
A. 买入100股某公司的股票　　B. 从银行获得了3年期贷款购买小轿车
C. 买入20 000元股票投资基金　　D. 在银行购买了10 000元的短期国债
30. 下列黄金产品通常也称为“黄金存折”的是（　　）。
A. 金币　　B. 条块现货　　C. 纸黄金　　D. 实物黄金
31. 下列（　　）不属于黄金T+D产品具有的特点。
A. 交易渠道标准化
B. 交易时间灵活
C. 保证金模式——利益杠杆方式，较实物黄金投入资金少
D. 无交割时间限制，减少了操作成本
32. 一般而言，由于（　　）的存在，今年的1元钱比明年的1元钱更有价值。
A. 经济增长　　B. 货币时间价值　　C. 心理认知　　D. 通货紧缩
33. 李先生不幸因车祸去世，家庭财产有婚后共同购买的一处房产价值300万元人民币，无贷款；现金100万元人民币。李先生夫妇与李先生父母共同生活，李太太是全职太太，二人育有一子。李先生去世后无遗嘱，上述财产中李太太应该分得（　　）万元。
A. 50　　B. 200　　C. 250　　D. 100
34. 周先生现在40岁，准备60岁退休。退休之后每年年末领取养老金3.6万元，最少领取25年。假定退休之后的投资收益率为4%，则该笔养老金在退休时刻的现值是（　　）万元。
A. 58.49　　B. 50.89　　C. 48.92　　D. 56.24
35. 影响货币时间价值的首要因素是（　　）。
A. 时间　　B. 收益率　　C. 通货膨胀率　　D. 单利与复利
36. 下列关于时间管理优先矩阵的说法，不正确的是（　　）。
A. 先做重要又紧急的事情　　B. 多做重要不紧急的事情
C. 不做紧急不重要的事情　　D. 不做不重要不紧急的事情
37. 将一种货币的本金和利息与另一种货币的等价本金和利息进行交换是（　　）。
A. 资产互换　　B. 利率互换　　C. 指数互换　　D. 货币互换
38. 李先生拟在本地的一家中学建立一项永久性的奖学金，每年计划颁发奖金8 000元。假设该基金能获得固定利率6%收益，则李先生现在最少应当存入（　　）元。
A. 120 000　　B. 132 333　　C. 133 333　　D. 145 672
39. 一般而言，如果客户个人和家庭的收入主要来源于主动投资，而不是被动工作，说明客户实现了（　　）。
A. 财富增值　　B. 财务自由　　C. 财富保障　　D. 财务安全
40. 某银行人民币债券理财计划为半年期理财产品，到期一次还本付息。2010年5月1日，小王投资20 000元购买该理财产品，四个月后到期。该产品实际年收益率为4.8%。则理财收益约为（　　）元。
A. 78.02　　B. 66.22　　C. 323.51　　D. 326.51
41. 理财顾问服务所能提供的功能不包括（　　）。
A. 财务规划　　B. 理财产品推介　　C. 资产管理　　D. 投资建议

42. 金条含金量的多少被称为成色,通常用百分或者千分含量表示,下面(　　)不是上海黄金交易所规定参加交易的金条成色规格。

A. 99.99%　　B. 99.9%　　C. 99.5%　　D. 99%

43. (　　)的交易工具常常作为机构和企业的流动性二级准备,故被称为准货币。

A. 有形市场　　B. 无形市场　　C. 资本市场　　D. 货币市场

44. 下列产品中,(　　)主要投资于存款、债券债权类资产。

A. 商品及金融衍生类理财产品　　B. 固定收益类理财产品

C. 权益类理产品　　D. 混合类理财产品

45. 开放式基金和封闭式基金份额的价格基础分别为(　　)。

A. 供求关系,基金资产净值　　B. 基金资产净值,供求关系

C. 供求关系,供求关系　　D. 基金资产净值,基金资产净值

46. 我国商业银行个人理财业务的萌芽阶段是(　　)。

A. 20 世纪 30 年代到 60 年代　　B. 20 世纪 60 年代到 80 年代

C. 20 世纪 80 年代末到 90 年代　　D. 21 世纪初

47. 金融期货合约的特点包括(　　)。

①标准化合约

②履约大部分通过对冲方式

③合约的履行由期货交易所或结算公司提供担保

④合约的价格有最大变动单位和浮动限额

A. ①②③　　B. ①②④　　C. ②③④　　D. ①③④

48. 下列关于个人理财顾问服务业务的表述中,错误的是(　　)。

A. 收益和风险由客户和银行共同分担

B. 它是一种针对个人客户的专业化服务

C. 商业银行主要向客户提供财务分析与规划、投资建议等服务

D. 客户自行管理和运用资金

49. 下列关于极低风险产品表述正确的是(　　)。

A. 主要投资低风险资产,产品形式上以现金管理类产品为主,具有较强的流动性和安全性,收益相对较低

B. 包括只能保障一定比例本金安全的产品

C. 包括本金亏损的概率较低,但预期收益存在不确定性的产品

D. 包括本金安全,且预期收益存在不确定性的产品

50. 合伙制私募基金的有限合伙人的人数不可以是(　　)人。

A. 49　　B. 50　　C. 1　　D. 2

51. 下列收益中,不属于投资债券收益的是(　　)。

A. 长期持有债券,按照债券票面利率定期获得的利息收入

B. 在二级市场买入债券后一直持有到期兑付实现的损益

C. 长期持有债券,根据公司的盈利状况获得的分红

D. 持有债券期间买卖债券形成的价差收入

52. 根据《民法典》的相关规定,下列关于夫妻财产相关的表述中,错误的是(　　)。

A. 夫妻对婚前财产的约定需采用书面形式

B. 夫妻对共同所有的财产有平等的处理权

C. 夫妻对婚前财产的约定对双方均有约束力

D. 夫妻对所负债务进行偿还约定的,以夫妻一方财产清偿

53. 债券的市场交易价格同市场利率成(　　),债券价格与到期收益率成(　　)。

A. 正比;反比　　B. 正比;正比　　C. 反比;反比　　D. 反比;正比

54. 银行、信托、证券、基金、期货、保险资产管理机构、金融资产投资公司等金融机构接受投资者委托,对受托的投资者财产进行投资和管理的金融服务是(　　)。

A. 综合理财服务　　B. 财富管理业务　　C. 资产管理业务　　D. 投资管理业务

55. 甲投资项目的名义利率为8%，每季度复利一次，则甲投资项目的有效年利率为(　　)。
A. 8.24%　　B. 8.52%　　C. 8.44%　　D. 8.34%

56. 孩子10年后读大学，届时大学学费为每年2万元，连续4年，教育金投资产品的年报酬率为6%，如果采用现在一次性投资的方式，约需要投资(　　)元。(不考虑学费成长率，学费是年初缴纳，投资为年末投入)
A. 45 913　　B. 38 671　　C. 41 020　　D. 73 460

57. 一个投资项目，初始投资20 000元，共投资4年，每年年末的现金流分别为3 000元，5 000元，6 000元和9 000元，*IRR*为(　　)。
A. 3.75%　　B. 5.18%　　C. 4.57%　　D. 4.96%

58. 高先生投资10 000元，年利率为8%，期限为3年。如果每季度复利一次，则3年后的投资总额为12 682元，则高先生这笔投资的有效年利率为(　　)。(答案取近似数值)
A. 8.24%　　B. 8.15%　　C. 8.12%　　D. 8.32%

59. 以下不属于现金管理类理财产品特征的是(　　)。
A. 投资期短　　B. 资金赎回灵活
C. 本金安全性较高　　D. 交易结构相对简单

60. 下列不属于非财务信息的是(　　)。
A. 客户的家庭成员情况　　B. 个人发展目标
C. 保险账户情况　　D. 客户个人兴趣爱好

61. 下列关于证券投资基金的表述中，正确的是(　　)。
A. 证券投资基金按投资目标不同可以分为开放式基金和封闭式基金
B. 基金托管人负责管理和运用基金资产
C. 证券投资基金可以通过构造有效资产组合最大限度地降低系统风险
D. 证券投资基金的特点主要包括专业管理、分散化投资等

62. 根据资管新规的规定，一般而言，投资者超过(　　)人的集合资产管理计划属于公募产品，根据监管要求将参照公募基金，纳入《证券投资基金法》管理。
A. 150　　B. 200　　C. 100　　D. 300

63. 个人理财业务最早兴起于(　　)。
A. 瑞士　　B. 英国　　C. 美国　　D. 日本

64. 李先生购买了某公司首次公开发售时的股票，该公司的分红为每股1.20元，并预计能在未来3年中以每年10%的速度增长，则3年后的股利约为(　　)元。(答案取近似数值)
A. 2.00　　B. 3.96　　C. 4.00　　D. 1.60

65. 根据《个人外汇管理办法》和《经常项目外汇业务指引》，下列对于居民购汇的表述错误的是(　　)。
A. 居民个人购汇对于上一年度未用完的额度可转入下一年度使用
B. 居民个人需凭真实身份证明购汇
C. 居民个人购汇在年度总额内可分次购买
D. 居民个人购汇不受其户籍所在地地域的限制

66. 在销售代理理财产品时，要有适合的产品、适合的客户、适合的网点、适合的销售人员。这是银行代理理财产品销售的(　　)原则。
A. 诚实守信　　B. 客观性　　C. 避免利益冲突　　D. 适当性

67. A公司于第一年年初借款42 120元，每年年末还本付息额均为10 000元，连续5年还清，则该项借款利率为(　　)。(答案取近似数值)
A. 7%　　B. 8%　　C. 6%　　D. 7.5%

68. 假如你有一笔资金收入，若目前领取可得10 000元，而3年后领取则可得15 000元。如果当前你有一笔投资机会，年收益率为20%，按复利计算，下列说法正确的是(　　)。
A. 目前领取并进行投资更有利
B. 3年后领取更有利
C. 目前领取并进行投资和3年后领取没有差别
D. 无法比较何时领取更有利

69. 下列选项中,风险厌恶型客户会选择(　　)。
A. 80%的可能获得5 000元,20%的可能获得0元
B. 确定的10 000元损失
C. 80%的可能损失5 000元,20%的可能无损失
D. 确定的4 000元收入

70. 下列不属于财务信息的是(　　)。
A. 客户的收支情况　　B. 财富观
C. 资产与负债情况　　D. 保险账户情况

71. 高先生投资某项目,期限为3年,第一年年初投资10万元,第二年年初又追加投资5万元,假设年收益率为8%,那么他在3年内每年年末至少收回(　　)万元才是盈利的。(答案取近似数值)
A. 5.74　　B. 5.82　　C. 5.68　　D. 5.33

72. 保险原则是在保险发展的过程中逐渐形成并被人们公认的基本原则。下列不属于保险原则的是(　　)。
A. 保险利益原则　　B. 转移风险原则　　C. 近因原则　　D. 损失补偿原则

73. 委托代理人转托他人代理,代理人要对自己所转托的人的行为负民事责任的情形是(　　)。
A. 事先取得被代理人的同意
B. 事先没有取得被代理人同意的,而在事后及时告诉被代理人,但被代理人不同意
C. 事先没有取得被代理人同意的,而在事后及时告诉被代理人,被代理人表示同意
D. 在紧急情况下,为了保护被代理人的利益而转托他人代理

74. 在复利计算时,一定时期内,复利计算的周期越短,频率越高,那么(　　)。
A. 终值越大　　B. 现值越大　　C. 实际利率更小　　D. 存储的金额越大

75. 某企业年初借得50 000元贷款,10年期,年利率为12%,每年年末等额偿还。已知年金现值系数为5.650 2,则每年应付金额为(　　)元。(答案取近似数值)
A. 5 000　　B. 28 251　　C. 8 849　　D. 6 000 000

76. 下列不属于理财师职业道德要求的是(　　)。
A. 遵纪守法　　B. 正直守信　　C. 收益至上　　D. 客观公平

77. 银行理财师小于认为央行可能会加息,想建议客户钱先生将持有的债券卖掉。因无法取得联系,为避免客户损失,小于将钱先生的债券以市场价格售出,第二天,该债券价格下跌了5%。小于的行为违反的原则是(　　)。
A. 没有违反职业道德准则,因为他帮助客户避免了损失
B. 违反了勤勉尽职原则,因为他没有获得客户授权
C. 违反了专业胜任原则,因为他没有与客户沟通
D. 违反了遵纪守法原则,因为他没有获得客户授权

78. 在收集客户信息阶段,下列表达方式中,不容易遭到客户心理抵触,从而避免客户有可能敷衍回答,使理财师可获得有用信息的是(　　)。
A. 贵公司的规模这么大,您的收入也一定很多,大概有多少
B. 像您这样的成功人士一定做好了自身的人生风险管理,面对意外死亡,您买了多少保险
C. 听说您太太是家庭收入的顶梁柱,您的收入远远低于您太太的收入吗
D. 您正在做购房计划,那您现在可以动用的房贷首付资金是多少

79. 某项目在5年建设期内每年年初向银行借款100万元,借款年利率为10%,问项目竣工时应付本息的总额是(　　)。
A. 512.72万元　　B. 581.49万元　　C. 610.54万元　　D. 671.56万元

80. 男女双方可以对婚姻关系存续期间所得财产的所有进行约定,约定采用(　　)。
A. 书面形式　　B. 口头形式
C. 书面或口头形式均可　　D. 无具体规定

81. 李先生将30万元存入银行,选择3年期定期存款,央行基准利率为3%,按1.4倍利率上浮,则到期后李先生可以获得的本息合计为(　　)万元。(按单利计算,答案取近似数值)
A. 33.94　　B. 32.78　　C. 33.78　　D. 32.70

82. 下列债券不可上市流通的是(　　)。
A. 记账式国债　　B. 金融债券　　C. 实物式国债　　D. 凭证式国债
83. 下列不属于投资贵金属产品主要风险的是(　　)。
A. 技术风险　　B. 信用风险　　C. 交易风险　　D. 政策风险
84. (　　)不可以作为资产证券化业务的基础资产。
A. 房贷资产　　B. 企业应收款　　C. 商业汇票　　D. 汽车贷款
85. 个人经常项目外汇业务应具有真实、合法的交易背景。个人结汇和境内个人购汇实行年度便利化额度管理,便利化额度分别为每人每年等值(　　)万美元。
A. 5　　B. 10　　C. 2　　D. 8
86. 商业银行应当建立理财产品销售授权管理体系,制定统一的标准化销售服务规程,建立清晰的报告路线,明确分支机构业务权限,并采取一定的方式加强对分支机构销售活动的管理。下列不属于商业银行可以采取的方式的是(　　)。
A. 定期核对　　B. 现场检查　　C. 风险评估　　D. 突击检查
87. 在个人理财方面,根据生命周期理论,个人维持期年龄在(　　)岁。
A. 15 ~ 24　　B. 35 ~ 44　　C. 45 ~ 54　　D. 55 ~ 60
88. 一笔 100 万元的资金存入银行,20 年后,按 5% 的年均复利计算比按 5% 的年均单利计算,多(　　)元。
A. 653 298　　B. 1 000 000　　C. 1 653 298　　D. 0
89. 在国际货币市场中,最典型的、最有代表性的同业拆借利率是(　　)。
A. HIBOR　　B. SIBOR　　C. SHIBOR　　D. LIBOR
90. 某人投保了人身意外伤害保险,在回家的路上被汽车撞伤送往医院,在其住院治疗期间因心肌梗死而死亡。那么,这一死亡事故的近因是(　　)。
A. 被汽车撞倒和心肌梗死　　B. 被汽车撞倒
C. 心肌梗死　　D. 被汽车撞倒导致的心肌梗死

二、多项选择题。以下各小题所给出的五个选项中,有两项或两项以上符合题目的要求,请选择相应选项,多选、少选、错选均不得分。(共 40 题,每题 1 分,共 40 分)

91. 下列选项中,可以成为个人理财业务客户的有(　　)。
A. 20 岁的间歇性精神病人的法定代理人
B. 7 周岁小学生的母亲
C. 80 周岁的退休教授
D. 以自己的劳动收入为主要生活来源的 16 周岁服务员
E. 20 岁的间歇性精神病人
92. 下列选项中,可以销售理财产品的机构有(　　)。
A. 商业银行营业网点　　B. 农村合作银行
C. 其他商业银行　　D. 农村信用合作社
E. 村镇银行
93. 下列保险属于人身保险的有(　　)。
A. 公众责任险　　B. 万能保险　　C. 个人责任险
D. 医疗保险　　E. 雇主责任险
94. 下列属于客户基本信息的有(　　)。
A. 社会关系　　B. 工作单位与职务　　C. 家庭资产
D. 受教育程度　　E. 个人兴趣爱好
95. 下列关于现金管理类银行理财产品的描述,正确的有(　　)。
A. 风险低,属于保守、稳健型金融产品
B. 一般被视为银行活期存款替代品
C. 主要投资于信用级别高、流动性较好的金融资产
D. 投资期短,资金申购、赎回灵活
E. 可以投资不超过产品净资产 20% 的上市公司股票

96. 社会保险的特点主要包括(　　)。
A. 营利性　　B. 自愿性　　C. 社会公平性
D. 非营利性　　E. 强制性

97. 投资型保险产品的功能主要包括(　　)。
A. 基本保障功能　　B. 投机功能　　C. 价格发现功能
D. 资金增值功能　　E. 套期保值功能

98. 金融市场的构成要素主要包括主体、客体、中介和监管机构,下列属于金融市场参与主体的有(　　)。
A. 居民个人及其家庭　　B. 在A股市场公开发行的股票
C. 政府及政府机构　　D. 中央银行
E. 会计师事务所

99. 基金销售机构及其从业人员在从事基金销售业务时,下列做法不正确的有(　　)。
A. 附送实物　　B. 抽奖销售
C. 以低于成本价销售　　D. 挪用基金销售结算资金
E. 附送基金份额

100. 已知一个投资项目要求的回报率和现金流状况是:初始投资10 000元,共投资4年,第一年收回2 000元,第二年收回3 000元,第三年收回4 000元,第四年收回5 000元,如果贴现率为5%。那么根据公式计算净现值为:$NPV=-10\ 000+2\ 000\div(1+5\%)+3\ 000\div(1+5\%)^2+4\ 000\div(1+5\%)^3+5\ 000\div(1+5\%)^4=2\ 194.71$。对于一个投资项目,该项目的回报率要求是5%,以下说法正确的有(　　)。
A. 净现值$NPV=2\ 194.71>0$,表明该项目在5%的回报率要求下是可行的
B. 净现值$NPV=2\ 194.71>0$,表明该项目在5%的回报率要求下是不可行的
C. 净现值=2 194.71,说明投资是亏损的
D. 该项目盈亏平衡
E. 净现值=2 194.71,说明投资能够盈利

101. 以下属于资本市场的有(　　)。
A. 国债市场　　B. 公司债市场　　C. 商业票据市场
D. 股票市场　　E. 同业拆借市场

102. 关于格式条款,下列说法正确有(　　)。
A. 对格式条款有两种以上解释的,应当做出利于提供格式条款一方的解释
B. 格式条款和非格式条款不一致的,应当采用格式条款
C. 提供格式条款的一方应当遵循公平原则确定当事人之间的权利和义务
D. 对格式条款的理解发生争议的,应当按照通常理解予以解释
E. 格式条款是当事人为了重复使用而预先拟定,并在订立合同时未与对方协商的条款

103. 与期货合约相比,远期合约的缺点主要有(　　)。
A. 柜台交易　　B. 没有履约保证
C. 非标准化合约　　D. 不利于形成统一的价格
E. 违约风险较高

104. 理财师队伍的迅速扩张主要是因为(　　)。
A. 理财服务需求强烈　　B. 理财师职业发展前景较好
C. 行业自理和规范管理　　D. 收入不稳定
E. 合格理财师的职场提升空间有限

105. 下列属于期货资产管理业务类型的有(　　)。
A. 对冲基金的基金类产品　　B. 量化对冲类产品
C. 管理期货策略类产品　　D. 量化打新类产品
E. 挂钩期权类产品

106. 关于信托类产品的流动性,下列说法错误的是(　　)。
A. 流动性强

B. 在通常情况下,信托资金不可以提前支取
C. 转让时,转让人应到信托公司办理转让手续,并缴纳手续费
D. 转让时,受让人应到信托公司办理转让手续,但无须缴纳手续费
E. 如果合同有约定,在信托合约生效后几个月,委托人可以转让信托收益权

107. 对于一个投资项目,下列表述正确的有(　　)。(其中 r 表示融资成本,*IRR* 表示内部报酬率)
A. 如果 $r < IRR$,表明该项目无利可图
B. 如果 $r > IRR$,表明该项目无利可图
C. 不能够以 r 和 *IRR* 的关系判断投资是否能够获利
D. 如果 $r < IRR$,表明该项目有利可图
E. 如果 $r > IRR$,表明该项目有利可图

108. 一般而言,下列会引起黄金价格上升的因素有(　　)。
A. 发现新的金矿　B. 通货膨胀率上升　C. 实际利率上升
D. 战争爆发　E. 美元贬值

109. 根据《民法典》,下列不属于法定继承第一顺序继承人的是(　　)。
A. 配偶　B. 子女　C. 父母
D. 祖父母　E. 堂兄弟

110. 大额可转让定期存单(CDs)是银行发行的有固定面额、可转让流通的存款凭证。下列关于大额可转让定期存单的说法,错误的有(　　)。
A. 记名,金额较大　B. 一般比同期限的定期存款的利率高
C. 不能提前支取,但可在二级市场上流通　D. 利率一般都是固定的
E. 是资本市场投资工具

111. 银行理财产品要素所包含的信息大致可分为三大类,产品开发主体信息、产品目标客户信息和产品特征信息。下列属于产品开发主体信息范畴的有(　　)。
A. 投资顾问　B. 销售对象　C. 发行人
D. 监管机构　E. 托管机构

112. 万能保险是一种(　　)的人身保险新型产品。
A. 交费灵活　B. 保额可调整　C. 非约束性
D. 可分红　E. 保险费被分成两部分

113. 理财师的职业特征包括(　　)。
A. 规范性　B. 专业性　C. 短期性
D. 顾问性　E. 随意性

114. 2005 年 11 月至 2008 年中期是我国银行理财产品市场的起步阶段。关于这一阶段的特点,以下说法正确的有(　　)。
A. 产品数量增长缓慢　B. 产品数量快速增长
C. 产品类型日益丰富　D. 产品余额屡创新高
E. 产品风险越来越低

115. 广义的外汇包括(　　)。
A. 可自由兑换的外国货币　B. 外币支票
C. 外币汇票　D. 外币本票存单
E. 外币有价证券

116. (　　)是促进我国个人理财业务发展的重要动力。
A. 居民不断提升的理财意识　B. 居民不断增加的理财需求
C. 居民理财技能的欠缺　D. 居民财富的积累
E. 金融机构转型的客观需要

117. 期货资产管理产品的特征包括(　　)。
A. 产品参与人数较少　B. 绝对收益性
C. 交易策略多种多样　D. 专业性强
E. 对投资者要求较高

118. 商业银行及其保险销售从业人员应向投保人提供完整合同材料,包括(　　)。
A. 投保提示书　B. 投保单　C. 保险单
D. 产品说明书　E. 现金价值表
119. 假设名义利率为12%,当利息在一年内复利两次时,其实际利率与名义利率之间的关系错误的有(　　)。
A. 实际利率小于名义利率　B. 实际利率等于名义利率
C. 两者无显著关系　D. 无法计算两者关系
E. 实际利率大于名义利率
120. 信托的特点包括(　　)。
A. 信托是以信任为基础的财产管理制度　B. 信托财产权利主体与利益主体是完全一致的
C. 信托管理具有不连续性　D. 信托利益分配、损益计算遵循实绩原则
E. 受托人要承担所有的损失风险
121. 一定数量的货币在两个时点之间的价值差异称为货币时间价值,货币之所以具有时间价值的原因有(　　)。
A. 投资可能产生投资风险,需要提供风险补偿
B. 通货膨胀可能造成货币贬值
C. 货币可以满足当期消费,货币占用具有机会成本
D. 货币可以用于投资而产生回报
E. 人们的货币幻觉
122. 下列不是根据投资性质划分的理财产品种类的有(　　)。
A. 固定收益类理财产品　B. 商品及金融衍生品类理财产品
C. 封闭式理财产品　D. 混合类理财产品
E. 开放式理财产品
123. 投资人购入基金前,基金销售机构应当提示投资人阅读(　　),提供有效途径供投资人查询,并以显著、清晰的方式向投资人揭示投资风险。
A. 基金合同　B. 招募说明书
C. 基金产品资料概要　D. 基金宣传推介材料
E. 基金年报
124. 下列关于金融衍生品市场功能的说法,正确的有(　　)。
A. 金融衍生品市场可以转移风险　B. 金融衍生品市场具有价格发现功能
C. 金融衍生品市场可以提高交易效率　D. 金融衍生品市场具有优化资源配置的功能
E. 金融衍生品市场可以消除风险
125. 基金子公司的业务类型主要包括(　　)。
A. 组合投资业务　B. 资产证券化业务　C. 股权投资业务
D. 量化打新业务　E. 资本市场类业务
126. 下列关于记账式国债的说法,正确的有(　　)。
A. 记账式国债以记账形式记录债权
B. 通过银行间市场或证券交易所的交易系统发行和交易
C. 投资者进行记账式证券买卖,必须在银行间市场或证券交易所设立账户
D. 由于记账式国债的发行和交易均无纸化,所以效率高、成本低、交易安全
E. 记账式国债不记名,不挂失,可以上市流通
127. 下列关于夫妻离婚的说法,正确的有(　　)。
A. 离婚时,夫妻的共同财产由双方协议处理;协议不成的,由人民法院根据财产的具体情况,按照照顾子女、女方和无过错方权益的原则判决
B. 对夫或者妻在家庭土地承包经营中享有的权益等,应当依法予以保护
C. 夫妻一方因抚育子女、照顾老年人、协助另一方工作等负担较多义务的,离婚时有权向另一方请求补偿,另一方应当给予补偿。具体办法由双方协议;协议不成的,由人民法院判决
D. 夫妻一方隐藏、转移、变卖、毁损、挥霍夫妻共同财产,或者伪造夫妻共同债务企图侵占另一方财产的,在离婚分割夫妻共同财产时,对该方可以少分或者不分
E. 离婚时,夫妻共同债务应当共同偿还

128. 下列不属于完全民事行为能力人的有(　　)。
A. 50 岁的张菲,双目失明　　B. 22 岁的罪犯
C. 12 岁的小明,获得多项世界数学奖项　　D. 19 岁不能完全辨认自己行为的男生
E. 101 岁的老太太

129. 理财师进行信息收集的具体步骤包括(　　)。
A. 理财师自己没有心理障碍
B. 引导客户,告诉客户为什么我们要了解这些信息
C. 在具体提问的时候,尽可能先围绕客户关心的问题,不要去问那些与其不相关的信息
D. 制定系统性收集客户信息的框架,以便于把问题延伸出来,较为全面地了解客户信息
E. 专业理财师在收集信息的时候要注意不要触犯客户的隐私

130. 王某与赵某于 2016 年 5 月结婚。2017 年 7 月,王某出版了一本小说,获得 20 万元的收入。2018 年 1 月,王某继承了其母亲的一处房产。2018 年 2 月,赵某在一次车祸中受了重伤,获得 6 万元赔偿金。在赵某受伤后,许多亲朋好友来探望,共收礼 1 万元。对此,下列表述正确的有(　　)。
A. 王某出版小说所得收入归夫妻共有
B. 王某继承的房产归夫妻共有
C. 赵某获得的 6 万元赔偿金归赵某个人所有
D. 赵某接受的礼品归赵某个人所有
E. 王某继承的房产归王某个人所有

三、判断题。请对以下各项描述做出判断,正确的为 A,错误的为 B。(共 15 题,每题 1 分,共 15 分)

131. 境内个人手持外币现钞汇出,当日累计等值 1 万美元以下(含)的,凭本人有效身份证件在银行办理。(　　)

132. 小张是即将成为一名理财师,他认为要想吸引客户只能依靠高谈阔论,这样才能让客户感受到自己的诚意。(　　)

133. 理财目标的合理性和可行性告诉我们要尊重金融实务中客观规律的存在,客户要追求高收益无风险的投资结果,有悖于客观规律。(　　)

134. 对冲基金的基金策略可分散风险、获得较高回报,但提高了单个私募基金的准入门槛。(　　)

135. 王先生有 100 万元的存款,打算做一笔投资,理财师给出两种方案:第一种是存入银行 10 年期的定期存款,年利率为 7.5%,按单利计算;第二种是投入某货币基金产品,年利率为 6%,按复利计算。理财师给的建议是按照方案一投资,因为方案一的利率高。(　　)

136. 男士着装的三大禁忌是:袖口商标没有拆;正规场合穿黑皮鞋、白袜子;正规场合长袖衬衫配领带。(　　)

137. 永续年金即无现值也无终值。(　　)

138. 一旦合同成立即具有法律效力,无论是何种情况下订立的合同都将不能变更或撤销。(　　)

139. 李先生不幸因车祸去世,家庭财产和婚后共同购买的房产价值 300 万元人民币,无贷款,现金 50 万元人民币,李先生夫妇与李先生父母共同生活,李太太是全职太太,二人育有一子,李先生去世后无遗嘱,300 万元资产在李先生父母、李太太、儿子四个第一顺序继承人之间平均分配。(　　)

140. 在为客户提供税务规划方面,财务规划包括了对客户的收入进行合理合规的税务筹划,必要时理财师应该和会计师或专业税务顾问共同完成相关筹划工作。(　　)

141. 金融市场上,很多无形市场和有形市场是交叉叠合的。(　　)

142. 现金规划的核心是建立应急基金,保障个人和家庭生活质量和状态的持续性稳定,是针对家庭财务流动性的管理。(　　)

143. 在同业拆借市场上,商业银行仅扮演资金供给者的角色。(　　)

144. 按照《分红保险精算规定》,保险公司每一会计年度向保单持有人实际分配盈余的比例不低于当年可分配盈余的 80%。(　　)

145. 银行代理服务类业务属于商业银行的表内资产负债业务。(　　)

考前摸底仿真卷参考答案

考前摸底仿真卷(一)

一、单项选择题

1	2	3	4	5	6	7	8	9	10
C	B	B	C	B	A	A	A	D	A
11	12	13	14	15	16	17	18	19	20
D	C	D	D	C	C	D	C	D	D
21	22	23	24	25	26	27	28	29	30
C	D	D	B	B	C	A	A	A	D
31	32	33	34	35	36	37	38	39	40
D	B	C	C	D	B	D	C	C	A
41	42	43	44	45	46	47	48	49	50
A	C	A	D	D	A	B	D	A	D
51	52	53	54	55	56	57	58	59	60
D	D	D	B	B	D	D	B	A	D
61	62	63	64	65	66	67	68	69	70
D	C	A	B	D	C	C	C	C	C
71	72	73	74	75	76	77	78	79	80
A	A	A	D	C	C	C	C	C	B
81	82	83	84	85	86	87	88	89	90
D	B	B	D	C	D	D	A	C	B

二、多项选择题

91	92	93	94	95	96	97	98	99	100
ABC	AC	ABCDE	ACDE	ABCDE	ABCD	AE	BCDE	AD	BCD
101	102	103	104	105	106	107	108	109	110
ABDE	ABC	ABCD	ABDE	BCD	ABE	BCDE	ABDE	ACDE	ABCDE
111	112	113	114	115	116	117	118	119	120
ABC	ABCDE	ABCDE	AD	ACE	ABCE	ABCD	ABC	ABCD	ABCDE
121	122	123	124	125	126	127	128	129	130
ABE	ABCDE	ABCDE	ABCD	ABCDE	ACDE	ABC	ABCD	ABC	ABCDE

三、判断题

131	132	133	134	135	136	137	138	139	140
A	A	A	A	B	B	A	B	A	B
141	142	143	144	145					
B	B	B	B	B					

考前摸底仿真卷(二)

一、单项选择题

1	2	3	4	5	6	7	8	9	10
A	D	D	A	B	A	D	C	A	D
11	12	13	14	15	16	17	18	19	20
B	D	B	B	A	B	C	C	D	A
21	22	23	24	25	26	27	28	29	30
D	B	A	D	C	C	A	D	D	C
31	32	33	34	35	36	37	38	39	40
A	B	C	D	A	C	D	C	B	C
41	42	43	44	45	46	47	48	49	50
C	D	D	B	B	C	A	A	A	B
51	52	53	54	55	56	57	58	59	60
C	D	C	C	A	C	D	A	D	C
61	62	63	64	65	66	67	68	69	70
D	B	C	D	A	D	C	A	D	B
71	72	73	74	75	76	77	78	79	80
C	B	B	A	C	C	B	D	D	A
81	82	83	84	85	86	87	88	89	90
C	D	B	C	A	D	C	A	D	C

二、多项选择题

91	92	93	94	95	96	97	98	99	100
ABCD	ABCDE	BD	AB	ABCD	CDE	AD	ACD	ABCDE	AE
101	102	103	104	105	106	107	108	109	110
ABD	CDE	ABCDE	ABC	ABCDE	AD	BD	BDE	DE	ADE
111	112	113	114	115	116	117	118	119	120
ACE	ABCE	ABD	BCD	ABCDE	AB	CE	ABCDE	ABCD	AD
121	122	123	124	125	126	127	128	129	130
ABCD	CE	ABC	ABCD	ABCE	ABCD	ABCDE	CD	ABCD	ABC

三、判断题

131	132	133	134	135	136	137	138	139	140
A	B	A	B	B	B	B	B	B	A
141	142	143	144	145					
A	A	B	B	B					

【说明】 考前摸底仿真卷带大家提前走进考场！试卷的考点分布、试题难度均与真考一致，适合考生在考前两周左右用于自我检测前期学习成果。考生做完试卷请根据上述参考答案评判分数，并根据实际得分情况制订适合自己的考前冲刺学习计划。建议得分较低的考生重点回顾试卷错题，并将错题回归教材强化知识点，这样查缺补漏可以有效提分！

我们还给大家提供了考前摸底仿真卷(一)~(二)的电子版详细解析，如有需要，请扫描右侧二维码查看。

查看解析

微信扫描

银行业专业人员职业资格考试（初级）

高频考点

个人理财

（第 2 版）

银行业专业人员职业资格考试命题研究组 编著

目 录

第一章　个人理财概述

章节测评 微信扫描

高频考点1　个人理财一般概念（1.1*）

个人理财是指以了解、分析客户基本情况为前提，根据其人生目标、财务状况、风险属性等不同因素，制定理财目标与理财规划，执行理财规划，实现理财目标的过程。

高频考点2　个人理财业务相关主体（1.1）

（1）个人客户。

（2）商业银行。

（3）非银行金融机构。

（4）互联网金融机构。

（5）第三方理财机构。

（6）律师、会计师事务所。

（7）监管机构。

高频考点3　银行个人理财业务的分类（1.1）

1. 理财顾问服务和综合理财服务

按是否接受客户委托和授权对客户资金进行投资和管理，理财业务划分为理财顾问服务和综合理财服务。

（1）理财顾问服务是指商业银行向个人客户提供财务分析与规划、投资建议和个人投资产品推介等专业化顾问服务。它是一种针对个人客户的专业化服务，区别于为销售储蓄存款、信贷产品等进行的产品介绍、宣传和推介等一般性业务咨询活动。客户接受商业银行和理财人员提供的理财顾问服务后，可自行管理和运用资金，并获取和承担由此产生的收益和

* 1.1 表示第一章第一节。所有考点均标明所属章节，可据此定位到教材对应知识点。

风险。

（2）综合理财服务是指商业银行在向客户提供理财顾问服务的基础上，接受客户的委托和授权，按照与客户事先约定的投资计划和方式进行投资和资产管理的业务活动。

2. 理财业务、财富管理业务与私人银行业务

按客户类型（主要是资产规模），个人理财业务可分为理财业务（服务）、财富管理业务（服务）和私人银行业务（服务）三个类别。

类别	内容
理财业务（服务）	面向所有客户，仅提供基础性服务。客户范围广泛，但是服务种类有限。
财富管理业务（服务）	面向中高端客户，提供部分个性化服务。客户等级与服务种类均超过理财业务（服务）。
私人银行业务（服务）	面向高端客户，提供个性化、综合性服务，服务种类最为齐全。

【真题示例·单选题】下列选项中，不属于理财业务按客户类型（主要是资产规模）进行分类的是（　　）。

A. 理财业务　　B. 财富管理业务

C. 私人银行业务　　D. 小客户投资咨询业务

【答案】D**【解析】**按客户类型（主要是资产规模）进行分类，个人理财业务可分为理财业务（服务）、财富管理业务（服务）和私人银行业务（服务）三个层次。

高频考点4 国内个人理财业务迅速发展的原因（1.2）

（1）我国城乡居民收入迅速增长，财富得到了大量的积累，除了收入和储蓄金额的增加之外，经济环境的变迁也直接促进了我国居民财富的积累。

（2）居民理财意识不断上升，理财需求不断增加。

（3）居民理财知识和技能欠缺，其日益积累的财富与自身的投资理财知识、法律保护意识、时间和精力等不相匹配。

（4）随着金融市场不断发展，投资理财工具日趋丰富。

（5）国内金融机构战略转型的客观需要。

高频考点5 理财师的职业特征（1.3）

理财师的职业特征：①顾问性；②专业性；③综合性；④规范性；⑤长期性；⑥动态性。

高频考点6 理财师的执业资格要求（1.3）

1. “4E”执业资格

“4E”由教育（Education）、考试（Examination）、工作经验（Experience）和职业道德（Ethics）四部分组成。

项目	内容
教育	（1）教育是理财师资格认证的首要环节，是成为一名合格理财师的基础。 （2）获得理财师资格需要学习的内容包括金融、投资、法律、保险、税务、员工福利和社会保障、遗产处置等。
考试	考试可以有效检验申请人对理财知识和技能的掌握程度，是否具备理财师工作的条件。通过考试则意味着具备了理财师工作所要求的胜任能力。
工作经验	理财从业人员的工作经验和从业记录通过资格审核后，才能被授予理财师资格证书。
职业道德	（1）职业道德不仅是获得理财师资格认证最重要的环节，也是最后环节。遵守职业道德是理财师应具备的最重要的职业素养。 （2）我国对于理财师职业道德的要求：遵纪守法、保守秘密、正直守信、客观公正、勤勉尽职、专业胜任。

【真题示例·单选题】下列不属于理财师执业资格“4E”执业资格的是（　　）。

A. 工作经验　　B. 教育

C. 情绪管理　　D. 考试

【答案】C【解析】“4E”由教育、考试、工作经验和职业道德四部分组成，不包括选项C。

2. 理财师的社会责任

（1）理财师在执业过程中，充当国家金融政策和金融法规的重要传导者。

（2）理财师在执业过程中，充当正确投资理念的重要宣导者，倡导并引导客户树立健康的投资理念。

（3）理财师在执业过程中，充当理财风险的揭示者，应当正确向客户揭示理财过程中的风险。

（4）理财师在执业过程中，充当客户声音的反馈者，应当认真听取并向上级报告客户的建议和意见，忠诚倾听客户的心声。

第二章　与个人理财业务相关的法律法规

章节测评　微信扫描

高频考点1　民事法律行为应遵循的基本原则（2.1）

民事法律行为指民事主体通过意思表示设立、变更、终止民事法律关系的行为。

民事主体在民事活动中的法律地位一律平等。民事主体之间进行民事法律活动时，应当遵循自愿、公平、诚信原则，不得违背公序良俗。其中，诚信原则是民事活动中最核心、最基本的原则。

高频考点2　民事行为能力人（2.1）

自然人的民事行为能力根据自然人的年龄、智力和精神状况可分为以下三类。

类别	内容
完全民事行为能力人	（1）18 周岁以上的自然人为成年人。不满 18 周岁的自然人为未成年人。 （2）成年人为完全民事行为能力人，可以独立实施民事法律行为。16 周岁以上的未成年人，以自己的劳动收入为主要生活来源的，视为完全民事行为能力人。
限制民事行为能力人	（1）8 周岁以上的未成年人为限制民事行为能力人，实施民事法律行为由其法定代理人代理或者经其法定代理人同意、追认；但是，可以独立实施纯获利益的民事法律行为或者与其年龄、智力相适应的民事法律行为。 （2）不能完全辨认自己行为的成年人为限制民事行为能力人，实施民事法律行为由其法定代理人代理或者经其法定代理人同意、追认；但是，可以独立实施纯获

续表

类别	内容
限制民事行为能力人	利益的民事法律行为或者与其智力、精神健康状况相适应的民事法律行为。
无民事行为能力人	（1）不满8周岁的未成年人为无民事行为能力人，由其法定代理人代理实施民事法律行为。 （2）不能辨认自己行为的成年人为无民事行为能力人，由其法定代理人代理实施民事法律行为。8周岁以上的未成年人不能辨认自己行为的，适用前款规定。

高频考点3 民事代理制度（2.1）

1. 代理的含义

民事主体可以通过代理人实施民事法律行为。代理人在代理权限内，以被代理人名义实施的民事法律行为，对被代理人发生效力。依照法律规定、当事人约定或者民事法律行为的性质，应当由本人亲自实施的民事法律行为，不得代理。

2. 代理的分类

根据《中华人民共和国民法典》（以下简称《民法典》）的规定，代理包括委托代理和法定代理。委托代理人按照被代理人的委托行使代理权。法定代理人依照法律的规定行使代理权。

（1）委托代理授权采用书面形式的，授权委托书应当载明代理人的姓名或者名称、代理事项、权限和期限，并由被代理人签名或者盖章。

（2）代理人需要转委托第三人代理的，应当取得被代理人的同意或者追认。

（3）转委托代理经被代理人同意或者追认的，被代理人可以就代理事务直接指示转委托的第三人，代理人仅就第三人的选任以及对第三人的指示承担责任。

3. **代理的法律责任**

（1）代理人不履行或者不完全履行职责，造成被代理人损害的，应当承担民事责任。代理人和相对人恶意串通，损害被代理人合法权益的，代理人和相对人应当承担连带责任。

（2）代理人知道或者应当知道代理事项违法仍然实施代理行为，或者被代理人知道或者应当知道代理人的代理行为违法未作反对表示的，被代理人和代理人应当承担连带责任。

（3）行为人没有代理权、超越代理权或者代理权终止后，仍然实施代理行为，未经被代理人追认的，对被代理人不发生效力。

（4）相对人可以催告被代理人自收到通知之日起30日内予以追认。被代理人未作表示的，视为拒绝追认。行为人实施的行为被追认前，善意相对人有撤销的权利。撤销应当以通知的方式作出。

（5）相对人知道或者应当知道行为人无权代理的，相对人和行为人按照各自的过错承担责任。

4. **代理的终止**

（1）《民法典》第一百七十三条规定，有下列情形之一的，委托代理终止：

①代理期限届满或者代理事务完成。

②被代理人取消委托或者代理人辞去委托。

③代理人丧失民事行为能力。

④代理人或者被代理人死亡。

⑤作为代理人或者被代理人的法人、非法人组织终止。

（2）《民法典》第一百七十五条规定，有下列情形之一的，法定代理终止：

①被代理人取得或者恢复完全民事行为能力。

②代理人丧失民事行为能力。

③代理人或者被代理人死亡。

④法律规定的其他情形。

【真题示例·多选题】委托代理终止的情形有（　　）。

A. 被代理人取消委托或者代理人辞去委托

B. 作为被代理人或者代理人的法人终止

C. 代理人死亡

D. 代理人丧失民事行为能力

E. 代理期限届满或代理事务完成

【答案】ABCDE【解析】略。

高频考点4　合同法律制度（2.2）

1. 合同的概念

合同是民事主体之间设立、变更、终止民事法律关系的协议。

2. 合同的订立

（1）当事人订立合同，应当具有相应的民事权利能力和民事行为能力。

（2）当事人订立合同，有书面形式、口头形式和其他形式。

分类	内容
格式条款	①采用格式条款订立合同的，提供格式条款的一方应当遵循公平原则确定当事人之间的权利和义务，并采取合理的方式提示对方注意免除或者减轻其责任等与对方有重大利害关系的条款，按照对方的要求，对该条款予以说明。 ②对格式条款有两种以上解释的，应当作出不利于提供格式条款一方的解释。 ③格式条款和非格式条款不一致的，应当采用非格式条款。
合同中的无效免责条款	①造成对方人身损害的。 ②因故意或者重大过失造成对方财产损失的。

续表

分类	内容
可撤销合同	下列合同，当事人一方有权请求人民法院或者仲裁机构撤销： ①因重大误解、以欺诈手段实施订立的。 ②受第三人欺诈或胁迫签订的。

3. 合同的履行

(1) 当事人互负债务，没有先后履行顺序的，应当同时履行。一方在对方履行之前有权拒绝其履行请求。一方在对方履行债务不符合约定时，有权拒绝其相应的履行请求。

(2) 当事人互负债务，有先后履行顺序，应当先履行债务一方未履行的，后履行一方有权拒绝其履行请求。先履行一方履行债务不符合约定的，后履行一方有权拒绝其相应的履行请求。

4. 违约责任

承担形式主要有继续履行、支付违约金、赔偿损失、遵守定金罚则和采取补救措施。

高频考点5 物权法律制度（2.2）

1. 担保物权

(1) 债权人在借贷、买卖等民事活动中，为保障实现其债权，需要担保的，可以依照《民法典》和其他法律的规定设立担保物权。第三人为债务人向债权人提供担保的，可以要求债务人提供反担保。反担保适用《民法典》和其他法律的规定。

(2) 设立担保物权，应当依照《民法典》和其他法律的规定订立担保合同。

2. 抵押权

(1) 根据《民法典》第三百九十五条的规定，债务人或者第三人有权处分的下列财产可以抵押：

①建筑物和其他土地附着物。

②建设用地使用权。

③海域使用权。

④生产设备、原材料、半成品、产品。

⑤正在建造的建筑物、船舶、航空器。

⑥交通运输工具。

⑦法律、行政法规未禁止抵押的其他财产。

抵押人可以将前款所列财产一并抵押。

（2）根据《民法典》第三百九十六条的规定，企业、个体工商户、农业生产经营者可以将现有的以及将有的生产设备、原材料、半成品、产品抵押，债务人不履行到期债务或者发生当事人约定的实现抵押权的情形，债权人有权就抵押财产确定时的动产优先受偿。

（3）根据《民法典》第三百九十九条的规定，下列财产不得抵押：

①土地所有权。

②宅基地、自留地、自留山等集体所有土地的使用权，但是法律规定可以抵押的除外。

③学校、幼儿园、医疗机构等为公益目的成立的非营利法人的教育设施、医疗卫生设施和其他公益设施。

④所有权、使用权不明或者有争议的财产。

⑤依法被查封、扣押、监管的财产。

⑥法律、行政法规规定不得抵押的其他财产。

3．质权

（1）根据《民法典》第四百二十七条的规定，设立质权，当事人应当采用书面形式订立质押合同。质押合同一般包括下列条款：

①被担保债权的种类和数额。

②债务人履行债务的期限。

③质押财产的名称、数量等情况。

④担保的范围。

⑤质押财产交付的时间、方式。

(2) 根据《民法典》第四百四十条的规定，债务人或者第三人有权处分的下列权利可以出质：

①汇票、本票、支票。

②债券、存款单。

③仓单、提单。

④可以转让的基金份额、股权。

⑤可以转让的注册商标专用权、专利权、著作权等知识产权中的财产权。

⑥现有的以及将有的应收账款。

⑦法律、行政法规规定可以出质的其他财产权利。

高频考点6 婚姻法律制度 (2.2)

1. 夫妻财产的约定

(1) 夫妻在婚姻关系存续期间所得的下列财产为夫妻的共同财产，归夫妻共同所有：

①工资、奖金、劳务报酬。

②生产、经营、投资的收益。

③知识产权的收益。

④继承或者受赠的财产，但是《民法典》第一千零六十三条第三项规定的除外。

⑤其他应当归共同所有的财产。

(2) 下列财产为夫妻一方的个人财产：

①一方的婚前财产。

②一方因受到人身损害获得的赔偿或者补偿。

③遗嘱或者赠与合同中确定只归一方的财产。

④一方专用的生活用品。

⑤其他应当归一方的财产。

(3) 夫妻对婚姻关系存续期间所得的财产以及婚前财产的约定，对双方具有法律约束力。

（4）夫妻对婚姻关系存续期间所得的财产约定归各自所有，夫或者妻一方对外所负的债务，相对人知道该约定的，以夫或者妻一方的个人财产清偿。

2. 夫妻离婚时的财产分配

（1）夫妻的共同财产由双方协议处理；协议不成的，由人民法院根据财产的具体情况，按照照顾子女、女方和无过错方权益的原则判决。

（2）对夫或者妻在家庭土地承包经营中享有的权益等，应当依法予以保护。

（3）离婚时，夫妻共同债务应当共同偿还。共同财产不足清偿或者财产归各自所有的，由双方协议清偿；协议不成的，由人民法院判决。

（4）离婚时，如果一方生活困难，有负担能力的另一方应当给予适当帮助。具体办法由双方协议；协议不成的，由人民法院判决。

高频考点7 个人独资企业法（2.2）

1. 设立个人独资企业的条件

（1）投资人为一个自然人。

（2）有合法的企业名称。

（3）有投资人申报的出资。

（4）有固定的生产经营场所和必要的生产经营条件。

（5）有必要的从业人员。

2. 个人独资企业的债务承担责任

个人独资企业投资人在申请企业设立登记时明确以其家庭共有财产作为个人出资的，应当依法以家庭共有财产对企业债务承担无限责任。

3. 个人独资企业解散时财产的清算

（1）个人独资企业解散，由投资人自行清算或者由债权人申请人民法院指定清算人进行清算。投资人自行清算的，应当在清算前十五日内书面通知债权人，无法通知的，应当予以公告。

（2）个人独资企业解散的，财产应当按照下列顺序清偿：①所欠职工工资和社会保险费用；②所欠税款；③其他债务。

高频考点8 合伙企业法（2.2）

1. 普通合伙企业

（1）设立合伙企业，应当具备下列条件：①有 2 个以上合伙人，合伙人为自然人的，应当具有完全民事行为能力；②有书面合伙协议；③有合伙人认缴或者实际缴付的出资；④有合伙企业的名称和生产经营场所；⑤法律、行政法规规定的其他条件。

（2）合伙人可以用货币、实物、知识产权、土地使用权或者其他财产权利出资，也可以用劳务出资。

（3）合伙人之间转让在合伙企业中的全部或者部分财产份额时，应当通知其他合伙人。

2. 有限合伙企业

（1）有限合伙企业由 2 个以上 50 个以下合伙人设立；但是，法律另有规定的除外。有限合伙企业至少应当有 1 个普通合伙人。

（2）有限合伙人可以按照合伙协议的约定向合伙人以外的人转让其在有限合伙企业中的财产份额，但应当提前 30 日通知其他合伙人。

高频考点9 继承法律制度（2.2）

1. 法定继承

《民法典》中对法定继承作出规定，具体如下：

（1）继承权男女平等。

（2）遗产按照下列顺序继承：

①第一顺序：配偶、子女、父母。

②第二顺序：兄弟姐妹、祖父母、外祖父母。

继承开始后，由第一顺序继承人继承，第二顺序继承人不继承；没有第一顺序继承人继承的，由第二顺序继承人继承。

本编所称子女，包括婚生子女、非婚生子女、养子女和有扶养关系的继子女。

本编所称父母，包括生父母、养父母和有扶养关系的继父母。

本编所称兄弟姐妹，包括同父母的兄弟姐妹、同父异母或者同母异父的兄弟姐妹、养兄弟姐妹、有扶养关系的继兄弟姐妹。

（3）被继承人的子女先于被继承人死亡的，由被继承人的子女的直系晚辈血亲代位继承。被继承人的兄弟姐妹先于被继承人死亡的，由被继承人的兄弟姐妹的子女代位继承。

（4）丧偶儿媳对公婆，丧偶女婿对岳父母，尽了主要赡养义务的，作为第一顺序继承人。

（5）同一顺序继承人继承遗产的份额，一般应当均等。

2．遗嘱继承

《民法典》中对遗嘱继承作出规定，具体如下：

（1）自书遗嘱由遗嘱人亲笔书写，签名，注明年、月、日。

（2）代书遗嘱应当有两个以上见证人在场见证，由其中一人代书，并由遗嘱人、代书人和其他见证人签名，注明年、月、日。

（3）打印遗嘱应当有两个以上见证人在场见证。遗嘱人和见证人应当在遗嘱每一页签名，注明年、月、日。

（4）以录音录像形式立的遗嘱，应当有两个以上见证人在场见证。遗嘱人和见证人应当在录音录像中记录其姓名或者肖像，以及年、月、日。

（5）遗嘱人在危急情况下，可以立口头遗嘱。口头遗嘱应当有两个以上见证人在场见证。危急情况消除后，遗嘱人能够以书面或者录音录像形式立遗嘱的，所立的口头遗嘱无效。

（6）公证遗嘱由遗嘱人经公证机构办理。

高频考点10 理财产品分类（2.3）

《商业银行理财业务监督管理办法》对商业银行理财产品从不同维度进行分类管理，具体内容如下：

（1）商业银行应当根据募集方式的不同，将理财产品分为公募理财产品和私募理财产品。

（2）商业银行应当根据投资性质的不同，将理财产品分为固定收益类理财产品、权益类理财产品、商品及金融衍生品类理财产品和混合类理财产品。

（3）商业银行应当根据运作方式的不同，将理财产品分为封闭式理财产品和开放式理财产品。

高频考点11 基金销售机构类型（2.3）

商业银行（含在华外资法人银行，下同）、证券公司、期货公司、保险机构、证券投资咨询机构、独立基金销售机构以及中国证监会认定的其他机构从事基金销售业务的，应向工商注册登记所在地的中国证监会派出机构进行注册并取得相应资格。

高频考点12 基金销售机构及其从业人员禁止性规定（2.3）

基金销售机构及其从业人员从事基金销售业务，不得有下列情形：

（1）虚假记载、误导性陈述或者重大遗漏。

（2）违规承诺收益、本金不受损失或者限定损失金额、比例。

（3）预测基金投资业绩，或者宣传预期收益率。

（4）误导投资人购买与其风险承担能力不相匹配的基金产品。

（5）未向投资人有效揭示实际承担基金销售业务的主体、所销售的基金产品等重要信息，或者以过度包装服务平台、服务品牌等方式模糊上述重要信息。

（6）采取抽奖、回扣或者送实物、保险、基金份额等方式销售基金。

（7）在基金募集申请完成注册前，办理基金销售业务，向公众分发、公布基金宣传推介材料或者发售基金份额。

（8）未按照法律法规、中国证监会规定、招募说明书和基金份额发售公告规定的时间销售基金，或者未按照规定公告即擅自变更基金份额的发售日期。

（9）挪用基金销售结算资金或者基金份额；违规利用基金份额转让等形式规避基金销售结算资金闭环运作要求、损害投资人资金安全。

（10）利用或者承诺利用基金资产和基金销售业务进行利益输送或者利益交换。

（11）违规泄露投资人相关信息或者基金投资运作相关非公开信息。

（12）以低于成本的费用销售基金。

（13）实施歧视性、排他性、绑定性销售安排。

（14）中国证监会规定禁止的其他情形。

高频考点13 保险代理业务风险提示语及犹豫期提示语相关要求（2.3）

（1）分红保险风险提示语："您投保的是分红保险，红利分配是不确定的。"

（2）万能保险风险提示语："您投保的是万能保险，最低保证利率之上的投资收益是不确定的。"有初始费用的产品还应包括："您缴纳的保险费将在扣除初始费用后计入保单账户。"

（3）投资连结保险风险提示语："您投保的是投资连结保险，投资回报具有不确定性。"有初始费用的产品还应包括："您缴纳的保险费将在扣除初始费用后计入投资账户。"

（4）其他产品类型的风险提示语，由公司自行确定。

（5）犹豫期提示语："您在收到保险合同后15日内有全额退保（扣除不超过10元的工本费）的权利。超过15日退保有损失。"

高频考点14 个人外汇管理的相关规定（2.3）

（1）个人外汇业务按照交易主体区分境内与境外个人外汇业务，按照交易性质区分经常项目和资本项目个人外汇业务。按上述分类对个人外汇业务进行管理。

（2）银行应通过外汇局指定的管理信息系统办理个人购汇和结汇业务，真实、准确录入相关信息，并将办理个人业务的相关材料至少保存5年备查。

（3）从事货物进出口的个人对外贸易经营者，在商务部门办理对外贸易经营权登记备案后，其贸易外汇资金的收支按照机构的外汇收支进行管理。

（4）境内个人外汇汇出境外用于经常项目支出，单笔或当日累计汇出在规定金额以下的，凭本人有效身份证件在银行办理；单笔或当日累计汇出在规定金额以上的，凭本人有效身份证件和有交易额的相关证明等材料在银行办理。

（5）境外个人在境内取得的经常项目项下合法人民币收入，可以凭本人有效身份证件及相关证明材料在银行办理购汇及汇出。

（6）境内个人在境外获得的合法资本项目收入经外汇局核准后可以结汇。

（7）境外个人在境内的外汇存款应纳入存款金融机构短期外债余额管理。境外个人对境内机构提供贷款或担保，应当符合外债管理的有关规定。

（8）个人外汇账户按主体类别区分为境内个人外汇账户和境外个人外汇账户；按账户性质区分为外汇结算账户、资本项目账户及外汇储蓄账户。

（9）个人可以凭本人有效身份证件在银行开立外汇储蓄账户。外汇储蓄账户的收支范围为非经营性外汇收付、本人或与其直系亲属之间同一主体类别的外汇储蓄账户间的资金划转。

（10）个人购汇提钞或从外汇储蓄账户中提钞，单笔或当日累计在有关规定允许携带外币现钞出境金额之下的，可以在银行直接办理；单笔或当日累计提钞超过上述金额的，凭本人有效身份证件、提钞用途证明等材料向当地外汇局事前报备。

（11）个人外币现钞存入外汇储蓄账户，单笔或当日累计在有关规定允许携带外币现钞入境免申报金额之下的，可以在银行直接办理；单笔或当日累计存钞超过上述金额的，凭本人有效身份证件、携带外币现钞入境申报单或本人原存款金融机构外币现钞提取单据在银行办理。

高频考点15 个人经常项目外汇业务的相关规定（2.3）

（1）个人经常项目外汇业务应具有真实、合法的交易背景。个人结汇和境内个人购汇实行年度便利化额度管理，便利化额度分别为每人每年等值5万美元。

（2）境外个人凭本人有效身份证件和有交易额的结汇资金用途材料，在银行办理不占用年度便利化额度的经常项目结汇。结汇单笔等值5万美元以上（不含）的，应将结汇所得人民币资金直接划转至交易对方的境内人民币账户。

（3）境外个人原兑换未用完的人民币兑回外汇，凭本人有效身份证件和原兑换水单办理，原兑换水单的兑回有效期为自兑换日起24个月；对于当日累计兑换不超过等值500美元（含）以及离境前在境内关外场所当日累计不超过等值1 000美元（含）的兑换，可凭本人有效身份证件办理。

（4）外汇账户内外汇汇出境外当日累计等值5万美元以下（含）的，凭本人有效身份证件办理；超过上述金额的，凭本人有效身份证件、有交易额的相关材料办理。

（5）外币现钞结汇或外币现钞入账金额当日累计等值1万美元以上（不含）的，个人还应提供经海关签章的《海关申报单》正本。

（6）个人提取外币现钞当日累计等值1万美元以下（含）的，凭本人有效身份证件在银行办理。

（7）个人携带外币现钞等入境，超过等值5 000美元的应向海关书面申报。

章节测评 微信扫描

第三章　理财投资市场介绍

高频考点1　金融市场的特点（3.1）

（1）金融市场商品是特殊的。

（2）交易价格趋向一致。

（3）交易活动是集中的。

（4）交易主体角色是可变的，并非固定不变。

高频考点2　金融市场的构成要素与功能（3.1）

1. 金融市场的构成要素

（1）主体。参与金融市场交易的当事人是金融市场的主体，包括企业、政府及政府机构、中央银行、金融机构、居民个人（家庭）。

（2）客体。金融市场的客体是指金融市场的交易对象，包括同业拆借、票据、债券、股票、外汇和金融衍生品等。

（3）中介。交易中介通过金融市场为买卖双方成交撮合，并从中收取佣金，包括银行、有价证券承销人、证券交易经纪人、证券交易所和证券结算公司等。

（4）监管机构。目前我国金融市场为分业监管，采用“一委一行两会”模式对不同领域进行分工监管，其中“一委”是指国务院金融稳定发展委员会，“一行”是指中国人民银行，“两会”分别是指中国银保监会和中国证监会。

2. 金融市场的功能

①资金融通、调剂和集聚功能；②财富、投资和避险功能；③交易功能；④优化资源配置功能；⑤经济调节功能；⑥反映经济运行的功能。

高频考点3 有形市场与无形市场（3.1）

1. 有形市场

有形市场是指有组织、固定交易场所、专门的组织机构和人员、专门设备的市场，如我国的上海证券交易所、深圳证券交易所等。

2. 无形市场

无形市场是指没有固定交易场所、通过电信工具和网络实现交易的市场。无形市场具有的典型特征包括以下几方面。

（1）交易分散，无固定、集中的交易场所。

（2）由于受地域限制的影响较小，所以交易范围广。

（3）交易时间较长。

（4）用于交易的金融工具种类较多。

高频考点4 发行市场与流通市场（3.1）

1. 发行市场（一级市场）

也称初级金融市场、原始金融市场，是筹集资金的公司或机构将其发行的金融产品销售给最初购买者的金融市场。发行市场为资金需求者提供筹措资金的渠道，为资金供给者提供投资机会。在发行市场上，证券发行的方式有以下两种。

（1）公募方式：又称公开发行，指向社会广大投资者公开推销证券。

（2）私募方式：又称非公开发行，指只针对特定的发行对象推销证券。

2. 流通市场（二级市场）

指已经发行的证券进行买卖、转让和流通的市场。流通市场的作用在于为有价证券提供流通性，使证券持有者随时可以卖掉手中的有价证券，得以变现。

高频考点5 货币市场与资本市场（3.1）

1. 货币市场

（1）概念：货币市场又称短期金融市场，指专门融通不超过1年短期资金的场所。

（2）范围：政府短期债券市场、银行短期借贷市场、同业拆借市场、回购市场、商业票据市场、大面额可转让存单市场等。

（3）特征：①风险、收益均较低；②期限短（不超过1年），流动性强；③交易量大，交易频次较高。

2. 资本市场

（1）概念：资本市场又称中长期资金市场，指以期限在1年以上的有价证券作为交易工具进行长期资金交易的市场。

（2）范围：①银行中长期存贷款市场；②有价证券市场，包括债券市场、股票市场和证券投资基金市场。

（3）特征：①期限长（1年以上），流动性较弱；②风险、收益均较高。

高频考点6 直接融资市场与间接融资市场（3.1）

1. 直接融资市场

（1）概念：指不通过金融中介机构，资金的需求方直接向资金的供给方进行融资的市场。

（2）直接融资的方式：①商业信用；②企业发行股票和债券；③企业之间、个人之间、企业与个人之间的直接借贷。

2. 间接融资市场

指通过银行等信用中介的资产负债业务来进行资金融通的市场。这个市场上资金融通方式需通过金融中介机构来进行。

高频考点7 货币市场（3.2）

货币市场是短期资金融通的场所，主要有以下几个子市场。

（1）同业拆借市场。同业拆借利率的典型品种：国际市场上，以伦敦银行同业拆借利率（LIBOR）为代表；国内市场上，以上海银行间同业拆放利率（SHIBOR）为代表。

（2）商业票据市场。商业票据市场主体包括发行者、投资者、销售商。

（3）银行承兑汇票市场。

（4）回购市场。

（5）短期政府债券市场。特点：①违约风险小；②流动性强；③交易成本低；④收入免税。

（6）大额可转让定期存单市场。特点：①不记名；②金额较大；③利率既有固定的，也有浮动的，一般比同期限定期存款的利率高；④不能提前支取，只能在二级市场上流通转让。

（7）货币市场基金市场。投资于短期货币工具，包括商业票据、银行定期存单、短期政府债券、短期企业债券等短期有价证券。

高频考点8 债券市场（3.2）

1. 概念

债券，又称固定收益证券，反映的是债权债务关系，是一种债权凭证。

2. 特征

偿还性、流动性、剩余资产优先受偿性、收益性。

3. 功能

（1）融资功能。债券市场可以迅速聚集资金，将资金从闲置部门汇集到资金紧缺部门。

（2）价格发现功能。债券市场不但为债券流通和变现提供场所，实现了价格发现功能，而且进一步反映了企业的经营实力和财务状况。

（3）宏观调控功能。债券市场为中央银行提供宏观金融调控场所。

4. 发行

按照债券的面值与发行价格的不同，可以将债券发行分为三种情况。

发行方式	发行价格与票面价值的关系	偿还方式
平价发行	发行价格=票面价值	按票面价值偿还
溢价发行	发行价格>票面价值	
折价发行	发行价格<票面价值	

5. 债券的分类

分类标准	内容
发行主体不同	可以划分为政府债券、公司债券、金融债券等。
期限不同	可划分为短期债券、中期债券和长期债券。一般来说，偿还期限在 10 年以上的为长期债券；偿还期限在 1 年以下的为短期债券；期限在 1 年（包括 1 年）以上、10 年（包括 10 年）以下的为中期债券。
利息支付方式	可划分为附息债券、一次还本付息债券和贴现债券等。
募集方式	可划分为公募债券和私募债券。

6. 债券的交易

（1）债券价格与到期收益率成反比。

（2）债券的市场交易价格同市场利率成反比。

高频考点9 股票市场（3.2）

1．概念

股票市场是指股票进行买卖和转让的场所。股票反映的是一种所有权关系，是一种所有权凭证，由股份公司发行，表明了投资者投资份额及其权利和义务。

2．分类

（1）根据上市地点、投资者的不同分为5类：①A股；②B股；③H股；④N股；⑤S股。

（2）根据发行股票公司性质的不同分为6类：①主板市场；②中小板市场；③创业板市场；④科创板；⑤三板市场；⑥四板市场。

高频考点10 深港通的投资额度及投资者限制（3.2）

（1）深港通的投资额度。

深港通不设总额度限制，但为防范资金每日大进大出的跨境流动风险，深港通设置了每日额度的限制，深股通每日额度为520亿元人民币，港股通每日额度为420亿元人民币。

（2）深港通的投资者限制。

参与港股通的境内投资者限于机构投资者和满足港股通适当性要求的个人投资者。

高频考点11 金融衍生品市场的功能与分类（3.2）

项目	内容
功能	（1）风险对冲、转移功能。 （2）价格发现功能。 （3）提高交易效率功能。 （4）扩大了金融服务的范围、优化了基础金融市场资源配置功能。

续表

项目	内容
分类	按金融衍生工具的交易方式划分，金融衍生品市场可分为金融远期市场、金融期货市场、金融期权市场和金融互换市场，这四个市场对应的交易工具分别是金融远期合约、金融期货合约、金融期权合约和金融互换合约。

高频考点12 金融期权合约的分类（3.2）

分类标准	类型	特点
按对价格的预期划分	看涨期权	在某种标的资产预期未来价格会上涨时购买。
	看跌期权	在某种标的资产预期未来价格会下跌时购买。
按行权日期划分	欧式期权	在期权到期日才能执行期权。
	美式期权	在期权到期日前的任何时间执行期权，期权费通常较高。
按基础资产性质划分	现货期权	以各种金融工具等标的资产本身作为期权合约的标的物，如各种股票期权、股指期权、外汇期权和债券期权等。
	期货期权	以各种金融期货合约作为期权合约的标的物，如各种外汇期货期权、利率期货期权及股指期货期权等。

高频考点13 外汇市场（3.2）

项目	内容
概念	外汇市场是指由银行等金融机构、自营交易商、大型跨国企业参与的，通过中介机构或电信系统联结的，以各种货币为买卖对象的交易市场。
典型特征	空间的统一性和时间的连续性。
功能	（1）充当国际金融活动的枢纽。 （2）确定一国货币的汇率水平和各国货币的外汇价格体系。 （3）调剂外汇余缺，调节外汇供求。 （4）实现不同地区间的支付结算。 （5）运用操作技术规避外汇风险。

高频考点14 保险市场（3.2）

1. 保险的基本原则

（1）保险利益原则。投保人或被保险人对保险标的具有法律上承认的利益，人身保险在订立合同时应存在保险利益，而财产保险在保险事故发生时应存在保险利益。

（2）近因原则。

（3）损失补偿原则。通常财产保险遵循该原则，人身保险不适用该原则。

（4）最大诚信原则。保险合同当事人行使权利、履行义务应当遵循诚实信用原则。

2. 保险市场的主要产品分类

（1）按保险的经营性质划分。

①社会保险。

◆特点：非营利性、社会公平性和强制性。

◆我国主要社会保险产品：养老保险、医疗保险、失业保险、工伤保险、生育保险等。

②商业保险。

◆特点：营利性、遵循自愿原则和签订保险合同。

◆我国主要商业保险产品：人身保险、财产保险等。

（2）按保险标的划分。

①人身安全保险。

◆保险标的：人的身体和寿命。

◆代表性产品：人身保险新型产品。该类产品保险费中含有投资保费，这部分保费由保险人的投资专家进行运作。其最大特点就是结合保险的基本保障功能和资金增值的功能，其给付的保险金一部分是风险保障金，另一部分是投资收益，投资收益具有不确定性。

②财产保险。

◆保险标的：财产及其有关利益。

高频考点15 另类投资品市场（3.2）

1. 黄金市场

（1）黄金的成色规格。

黄金的成色规格：上海黄金交易所规定的参加交易的金条成色有4种规格：大于99.99%、大于99.95%、大于99.9%和大于99.5%。

（2）影响黄金价格的因素。

因素	与黄金价格的关系	影响
供求关系和均衡价格	呈负相关	供大于求，导致供给过剩，黄金价格下降；反之，则黄金价格上升。
通货膨胀	呈正相关	通货膨胀率越高，黄金价格上升；反之，则黄金价格下降。

续表

因素	与黄金价格的关系	影响
利率	呈负相关	利率上升，黄金价格下降；反之，则黄金价格上升。
汇率	呈负相关	美元是黄金的主要标价货币，美元贬值，黄金价格上升；反之，黄金价格下降。

2. 房地产市场

（1）房地产价格的构成：①土地价格或使用费；②房屋建筑成本；③税费；④利润。

（2）房地产价格的影响因素：①行政因素；②社会因素；③经济因素；④自然因素。

3. 收藏品市场

（1）收藏品的种类：艺术品、古玩、纪念币和邮票等。

（2）收藏品价格影响因素：生产或开采能力；储藏量或再生速度；投资者喜好及追捧程度。

章节测评 微信扫描

第四章　理财产品概述

高频考点1　银行理财产品要素分类（4.1）

银行理财产品要素所包含的信息可以分为三大类：产品开发主体信息、产品目标客户信息和产品特征信息。

高频考点2　银行理财产品分类和特点（4.1）

1. 银行理财产品分类

（1）按照理财产品风险分类。

①极低风险理财产品；②低风险理财产品；③中等风险理财产品；④较高风险理财产品；⑤高风险理财产品。

（2）按照理财产品募集方式分类。

公募理财产品和私募理财产品。

（3）按照理财产品投资性质分类。

现金管理类理财产品、固定收益类理财产品、权益类理财产品、混合类理财产品和商品及衍生品类理财产品等。

（4）按照运作方式分类。

开放式理财产品和封闭式理财产品。

2. 部分银行理财产品简介

（1）现金管理类理财产品是投资于货币市场的银行理财产品。它主要投资于信用级别较高、流动性较好的金融工具，包括国债、金融债券、中央银行票据、债券回购，高信用级别的企业债券、公司债券、短期融资券，银行存款以及法律法规允许投资的其他金融工具。

（2）固定收益类理财产品是以存款、债券等债权类资产作为主要投资对象的银行理财产品。

（3）权益类理财产品是指主要投资于权益市场的理财产品，根据《关于规范金融机构资产管理业务的指导意见》（以下简称《指导意见》），该类理财产品投资于股票、未上市企业股权等权益类资产的比例不低于80%。

（4）商品及衍生品类理财产品是指主要投资于商品及衍生品等金融产品的理财产品，根据《指导意见》，该类理财产品投资商品、衍生品等资产的比例不得低于80%。相比于股票和债券投资，商品及衍生品投资市场较为分散，且具有高波动性、高杠杆等特点，因此，这类理财产品的收益表现往往也体现出较大的波动性，风险较大。

（5）混合类理财产品通常投资于多种资产组成的资产组合，根据《指导意见》，混合类理财产品可投资于债权类资产、权益类资产、商品及金融衍生品类资产，且任意一类资产的投资比例不超过80%。

（6）QDII境外投资类理财产品。QDII即合格境内机构投资者，它是在中国境内设立，经中国有关部门批准从事境外证券市场的股票、债券等有价证券业务的证券投资基金。

（7）另类理财产品是指除传统股票、债券和现金外的金融资产和实物资产，如房地产、证券化资产、对冲基金、私募股权基金、大宗商品、巨灾债券、低碳产品、酒和艺术品等。

高频考点3 银行代理理财产品（4.2）

1. 类型

银行代理理财产品的类型包括基金、保险、国债、信托计划、贵金属以及券商资产管理计划等。

2. 销售基本原则

银行代理理财产品的销售基本原则是适当性、客观性及避免利益冲突。

高频考点4 基金（4.2）

1. 基金的特点

（1）集合理财，专业管理。

（2）组合投资，分散投资。

（3）利益共享，风险共担。

（4）严格监管，信息透明。

（5）独立托管，保障安全。

2. 基金的分类

（1）按照受益凭证是否可以赎回分类。

项目	内容
封闭式基金	（1）在国内上海证券交易所、深圳证券交易所交易。 （2）有固定的存续期。 （3）发行额度固定，一般不可增发，在期限内不能直接赎回，但可以通过上市套现实现基金赎回。 （4）遵循价值规律，供求决定价格。 （5）采取现金分红方式。 （6）资金能得到充分运用，利于获取长期投资的基金增值。 （7）每周至少公告一次单位资产净值。 （8）主要包括产品管理费用。
开放式基金	（1）在基金管理公司和银行等金融机构代销网点交易，符合上市交易条件的部分基金可在证券交易所交易。 （2）存续期、发行额度不固定，但不得低于最低发行规模。 （3）购买、赎回不受限，资产净值决定价格。 （4）分红方式包括现金分红和再投资分红。 （5）随时面临赎回压力，不利于做出长期投资的规划。 （6）对基金管理人管理水平要求较高。 （7）每个开放日进行单位资产净值公告。 （8）主要包括申购（认购）费、赎回费等费用，赎回费一般不超过 1.5%。

（2）按照投资对象分类。

项目	内容
股票型基金	80%以上的基金资产投资于股票，风险高、收益高。
债券型基金	80%以上的基金资产投资于债券，风险较低、收益较低。
货币市场基金	投资工具仅限于货币市场，风险低、收益低，但流动性高。
混合型基金	投资工具集中在股票、债券和货币市场，对股票和债券的投资比例均不满足上述情形，努力实现风险和收益平衡。股票比例或债券投资比例在60%以上的，分别属于偏股型和偏债型混合基金。

（3）按照投资目标分类。

项目	内容
成长型基金	关注长期成长，为客户带来经常性收益是其目的要求。以风险较大的投资标的为主，闲置现金量少，孳息一般用于再投资。
收入（收益）型基金	关注基金的单位价格上涨，让投资者取得稳健的、最大化收益是其目的要求。以低风险、增值有限的投资标的为主，闲置现金量大，投资多元化、分散化，派息固定。
平衡型基金	分散投资于股票和债券，既要获得当期收入，又追求基金资产长期增值，以保证资金的安全性和营利性。

（4）按照投资理念分类。

项目	内容
主动型基金	主动管理，争取业绩超越基金组合。
被动型基金	被动型基金采取跟踪特定指数、复制跟踪对象的表现策略，与主动型基金策略相反。

（5）按照法律地位分类。

项目	内容
公司型基金	根据公司法和公司章程经营；是具有法人资格的股份有限公司，因此股东大会是最高权力机构；可向社会进行融资以扩大规模；具有永久性特征（破产、清算除外）。
契约型基金	根据事先的约定即契约经营；不具有法人资格，因此基金受益人对基金运作无决定权；一般不向银行借款；存续期以契约的约定为准（非永久性）。

（6）其他类型基金。

基金中的基金（FOF）；交易型开放式指数基金（ETF）；上市开放式基金（LOF）；合格境内机构投资者基金（QDII）。

高频考点5 保险的种类（4.2）

1. 人身保险新型产品

项目	内容
分红险	（1）概念：分红险指保险公司将其实际经营成果优于定价假设的盈余，按照一定比例向保单持有人进行分配的人寿保险。 （2）来源：保单固定利率在未来很长时间内和市场收益率变动风险在投保人和保险公司之间共同承担。

续表

项目	内容
万能保险	（1）特点：缴费自由、费用透明，既具有保险功能，还可以让客户直接参与由保险公司为投保人建立的投资账户内资金的投资活动。 （2）费用类型：初始费、风险保险费、保单管理费、部分领取手续费及退保费。
投连险	（1）概念：投资连结保险（以下简称投连险），是一种寿险与投资相结合的新型寿险产品。 （2）账户类型：单独管理的资金账户。 （3）特点：保费中含有投资保费；保单持有人可以根据资金运用情况享受分红；给付的保险金包括风险保障金和投资收益两部分。

【真题示例·多选题】人身保险新型产品主要包括（　　）。

A. 分红险　　B. 万能保险　C. 投连险

D. 健康险　　E. 死亡险

【答案】ABC【解析】人身保险新型产品主要包括分红险、万能保险和投连险。

2. 财产险

项目	内容
家庭财产险	保险标的是投保人的家庭生活资料，分为普通消费型家庭财产保险和长效还本家庭财产保险等。
个人抵押商品住房保险	个人抵押商品住房保险也称为房贷险，包含对抵押商品住房本身的家庭财产保险和对借款人本人的借款人意外险。
企业财产保险	保险标的是投保人存放在固定地点的财产和物资，其适用范围广，对一切独立核算的法人单位均适用。

高频考点6 国债（4.2）

1. 银行代理国债的种类

我国的国债专指财政部代表中央政府发行的国家公债。目前银行代理国债的种类有3种。

（1）凭证式国债是一种国家储蓄债，可记名、挂失，以“凭证式国债收款凭证”记录债权，不能上市流通，从购买之日起计息。

（2）电子式国债是财政部在境内发行的，以电子方式记录债权的不可流通人民币债券。它只面向境内个人投资者发售，企事业单位和行政机关等机构投资者不能购买。

（3）记账式国债以记账形式记录债权，通过银行间市场或证券交易所的交易系统发行和交易，可以记名、挂失。但由于记账式国债的发行和交易均为无纸化交易，所以效率高、成本低、交易安全。

2. 国债的流动性及收益情况

（1）流动性。在债券产品中，由于国债在信用资质上的优势，且国债总体市场规模较大，因此国债的流动性一般高于公司债券的流动性，另外，短期国债的流动性高于长期国债的流动性。

（2）收益情况。相对于现金存款或货币市场金融工具，投资国债获得的收益更高，而相对于股票、基金产品，投资国债的风险又相对较小。

3. 银行代理国债的风险

债券投资的风险因素有价格风险、再投资风险、违约风险、赎回风险、提前偿付风险和通货膨胀风险。

高频考点7 信托计划（4.2）

1. 信托产品的特点和分类

（1）特点。

①以信任为基础；②对财产权利主体和利益主体进行分离；③运作连续、灵活、干扰少；④财产独立且受法律保护；⑤对于没有过错的损

失，受托人不担责；⑥按照实际的运营绩效结果分配信托利益并进行相应的损益计算；⑦兼具融资的功能；⑧流动性差。

（2）分类。

①按信托关系建立的方式，信托可分为任意信托和法定信托。

②按委托人或受托人的性质不同，信托可划分为法人信托和个人信托。

③按信托财产的不同，信托可划分为资金信托、动产信托、不动产信托和其他财产信托。

2．信托类产品的流动性

信托产品个性化强，缺少转让平台，因此流动性较差。

3．银行代理信托计划的风险

信托产品风险主要分为以下几种：①投资项目风险；②项目主体风险；③信托公司风险；④流动性风险。

高频考点8 贵金属（4.2）

（1）银行代理贵金属业务种类。

①条块现货；②金币；③黄金基金；④纸黄金；⑤黄金 T + D 产品。

（2）贵金属产品流动性和收益情况。

①流动性。黄金退出流通领域后，其流动性较其他证券投资品种差。

②收益情况。可以分散投资总风险，且价格会随着通货膨胀而提高，具有一定保值功能。

（3）贵金属产品风险。

①政策风险；②价格波动风险；③交易风险；④技术风险。

高频考点9 期货资产管理产品（4.3）

1．按投资标的与投资策略分类

（1）债券增强类产品。

（2）挂钩期权类产品。

（3）量化打新类产品。

（4）管理期货策略（CTA）类产品。

（5）量化对冲类产品。

（6）对冲基金的基金（FOHF）类产品。

2. 期货资产管理产品特征

（1）交易策略多种多样。

（2）对投资者要求较高。

3. 期货资管产品注意事项

（1）了解期货资产管理业务的法律法规、基础知识、业务特点、风险收益特征等内容，了解期货公司是否具有开展资产管理业务的资格，并认真听取期货公司对相关业务规则和资产管理合同内容的讲解。

（2）综合考虑自身的资产与收入状况、投资经验、风险偏好，确信自身有承担参与期货资产管理业务所面临的投资风险和损失的能力，审慎选择与自身风险承受能力相匹配的资产管理投资策略。

（3）了解参与期货资产管理业务通常具有的市场风险、管理风险、流动性风险、信用风险及其他风险，包括但不限于政策风险、经济周期风险、利率风险、技术风险、操作风险、不可抗力因素导致的风险等。

（4）关注投资期货类品种具有的特定风险，包括但不限于因保证金交易方式可能导致投资损失大于委托资产价值的风险，因市场流动性不足、交易所暂停某合约的交易、修改交易规则或采取紧急措施等原因，未平仓合约可能无法平仓或现有持仓无法继续持有的风险。

（5）知晓合同虽然约定了一定的止损比例，但由于持仓品种价格可能持续向不利方向变动、持仓品种因市场剧烈波动不能平仓等原因，委托资产亏损存在超出该止损比例的风险。

（6）知晓参与期货资产管理业务的资产损失由客户自行承担，期货公司不以任何方式对客户作出取得最低收益或分担损失的承诺或担保。

（7）知晓客户无论参与期货资产管理业务是否获利，都需要按约支付管理费用和其他费用，会对客户的账户权益产生影响。

（8）知晓期货公司在一定条件下存在变更投资经理人选的可能，会对资产管理投资策略的执行产生影响。

高频考点10 基金子公司产品（4.3）

（1）基金子公司业务类型。

①组合投资业务；②资产证券化业务；③资本市场类业务；④债权类投资产品。

（2）基金子公司产品特征。

①产品参与人数适中；②开展组合投资业务的优势大。

（3）基金子公司产品投资注意事项。

①充分了解产品发行人的情况；②了解产品类型和风险收益特征；③了解产品的风险管理措施；④确定资金最终流向和投资标的物；⑤了解信息披露方式和项目进展情况。

高频考点11 合伙制私募基金（4.3）

合伙制私募基金是由普通合伙人和有限合伙人组成，普通合伙人即私募基金管理人，他们和另外 1～49 人的有限合伙人共同组建的 1 只私募基金。

1. 合伙制私募基金的运作机制

有限合伙制私募股权基金的核心机制是为专业投资人才建立有效的激励及约束机制，提高基金的运作水平和效率，以实现投资方利益的最大化。

2. 合伙制私募基金内部治理机制

（1）有限合伙企业由三部分构成：合伙人会议（全体合伙人组成）、普通合伙人（专业投资人才）和咨询委员会（由有限合伙人组成）。

（2）普通合伙人是基金的实际运作者，是基金投资的决策者和执行者，在合伙协议授权的范围内，基金的投资决策完全由普通合伙人完成，不受其他有限合伙人的干涉和影响。

高频考点12 智能投顾的工作流程（4.3）

（1）为客户画像。

获取客户信息，了解客户需求的过程。可以利用大数据快速完成客户的风险偏好分析，掌握客户的投资习惯和目的。

（2）构建投资组合。

根据客户的不同风险偏好及自身掌握的金融产品数据，在金融数据模型的基础上为客户推荐个性化的资产配置方案。

（3）执行投资组合。

投资操作完成后，智能投顾服务提供商需要跟踪分析投资组合的运作情况，并结合客户授权情况进行动态调整。

章节测评 微信扫描

第五章　客户分类与需求分析

高频考点1　企业经营理念发展的趋势（5.1）

（1）转变金融企业经营理念——从以产品为中心转为以客户为中心。

（2）借助互联网技术的发展——有机整合信息技术与金融业务。

高频考点2　理财师工作职责的要求（5.1）

（1）理财师的工作职责和定位，决定其首要工作就是必须了解自己的客户。

（2）对于理财师而言，提供专业化服务和加强客户关系主要指通过客户资料的收集、整理、分析、判断，确定客户的需求，为客户制订能够满足其理财需求和承受能力的合理的综合理财方案。

（3）理财顾问服务体现了理财师对客户需求的准确理解和把握以及对金融服务、产品的综合运用水平。

（4）了解客户和明确客户的需求是理财师工作的第一步和最为关键的一步。

高频考点3　理财服务规范和质量的要求（5.1）

（1）专业胜任、勤勉尽职。

（2）关于商业银行理财业务了解、分析和管理客户的相关规章。

高频考点4　了解客户的主要内容（5.2）

项目	内容
客户信息	（1）基本信息：包括客户的姓名、年龄、联系方式、工作单位与职务、国籍、婚姻状况、健康状况，以及重要的家庭、社会关系信息（包括需要供养父母、子女信息）等。基本信息是深入了解客户的基础。

续表

项目	内容
客户信息	(2) 财务信息：主要指客户家庭的收支与资产负债状况，以及相关的财务安排（包括储蓄、投资、保险账户情况等）。 (3) 个人兴趣及人生规划和目标：主要包括职业和职业生涯发展，客户性格特征、风险属性、个人兴趣爱好和志向，客户的生活品质及要求，受教育程度和投资经验、人生观、财富观等。
财务信息和非财务信息	(1) 财务信息：客户家庭收支和资产负债状况等信息。 (2) 非财务信息：客户的基本信息、个人兴趣、职业生涯发展及预期目标等。
定量信息和定性信息	(1) 定量信息：客户财务方面的信息。 (2) 定性信息：客户基本信息和个人兴趣爱好、职业生涯发展和预期目标等。

高频考点5 马斯洛需求层次理论（5.2）

马斯洛需求层次理论将人的需求从低到高可以分为以下五个层次：

(1) 生理需求。包括对呼吸、水、食物、睡眠、生理平衡等的需求。生理需求是推动人们行动的首要动力。

(2) 安全需求。包括人身安全、健康保障、财产所有性、道德保障、工作职位保障、家庭安全等的需求。

(3) 爱和归属感的需求。包括对友谊、爱情以及隶属关系等的需求。

(4) 尊重的需求。既包括对成就或自我价值的个人感觉，也包括他人对自己的认可与尊重，具体包括对信心、成就、尊重他人、被他人尊重等的需求。

（5）自我实现的需求。包括对道德、创造力、自觉性、问题解决能力、公正度等方面的需求。

高频考点6 不同的客户分类方法（5.3）

（1）按风险态度分类，把客户划分为风险厌恶型、风险偏好型及风险中立型三类。

（2）按客户资产分类，一般采用客户资产管理规模（AUM）月/日均指标进行客户评级，一般分为大众客户、贵宾客户及私人银行客户。

（3）按客户利润贡献度分类，可分为富裕客户、大众富裕客户、大众客户。

高频考点7 家庭生命周期的特征（5.3）

项目	形成期	成长期	成熟期	衰老期
对应阶段	从结婚到子女婴儿期	从子女幼儿期到子女经济独立	从子女经济独立到夫妻双方退休	从夫妻双方退休到一方过世
收支	以薪水为主，支出在子女诞生后增加	以薪水为主，支出趋于稳定，子女教育费用负担重	以薪水为主，支出随子女经济独立而减少	以理财收入及转移性收入为主，医疗支出增加
储蓄	收入稳定而支出增加，储蓄低水平增长	收入增加而支出稳定，储蓄稳步增加	收入处于巅峰，支出相对较低，储蓄增长的最佳阶段	支出大于收入，储蓄逐步减少

续表

项目	形成期	成长期	成熟期	衰老期
资产	积累资产有限，追求高风险、高收益	积累资产逐年增加，注重投资风险管理	资产达到巅峰，降低投资风险	投资以固定收益类为主
负债	房贷负担	房贷负担	房贷余额逐年减少，负债结清	无大额长期负债

高频考点8 开户资料（5.4）

开户通常是理财师与客户的首次接触，也是理财师了解客户、收集信息的最好时机。

高频考点9 调查问卷（5.4）

项目	内容
问卷形式	客户风险类型评估问卷；测试类问卷。
目的	获得客户对投资风险的态度、过往投资情况、资产现状和对未来的预期等信息，是一种比较常见有效的收集客户信息和观点的方法。
特点	（1）优势：简便易行，有的放矢、有针对性地采集信息，容易量化，客户接受度高。 （2）难点（劣势）：问卷问题的设计需要精确科学，否则容易误导客户；客户有时不愿意填写或不认真填写。

高频考点10 面谈沟通（5.4）

面对面沟通是深入了解客户并建立长期良好客户关系的契机。在面谈中有许多方法能让理财师与客户增进彼此的互信了解，获取大量客户信息。在面对面接触中，理财师的仪表、肢体行为和沟通言辞对沟通效果和了解、收集客户信息至关重要。

高频考点11 电话沟通（5.4）

电话沟通是理财师服务客户的一个重要方式。

（1）电话沟通的优点：工作效率高、营销成本低、计划性强、方便易行。

（2）电话沟通的缺点：不能面对面，对客户周围环境和其肢体语言都毫无所知。

高频考点12 数据挖掘（5.4）

数据挖掘就是从大量的数据中，抽取出潜在的、有价值的知识、模型或规则的过程。一般从客户识别和客户保留两方面入手。

第六章　理财规划计算工具与方法

章节测评　微信扫描

高频考点1　货币时间价值概念与影响因素（6.1）

（1）货币时间价值是指货币在无风险的条件下，经历一定时间的投资和再投资而发生的增值，或者是货币在使用过程中由于时间因素而形成的增值，也被称为资金时间价值。

（2）货币之所以具有时间价值，主要是因为以下三点。

①现在持有的货币可以用作投资，从而获得投资回报。

②货币的未来购买力会受到通货膨胀的影响而降低。

③未来的投资收益预期具有不确定性。

（3）货币时间价值的影响因素包括时间、收益率或通货膨胀率、单利与复利等。其中通货膨胀率是使货币购买力缩水的反向因素。

高频考点2　时间价值的基本参数（6.1）

（1）现值。货币现在的价值，即资金在期初的价值，通常用 PV 表示。

（2）终值。货币在未来某个时间点上的价值，即资金在期末的价值，通常用 FV 表示。

（3）时间。货币经过的时间，即资金经过的时间，期数通常用 n 表示。

（4）利率（通货膨胀率）。影响金钱时间价值程度的波动要素，通常用 r 表示。

高频考点3　现值与终值的计算（6.1）

（1）单期中的终值。

$FV = PV \times (1 + r)$。

（2）单期中的现值。

$PV = FV/(1+r)$。

（3）多期中的终值。

$FV = PV \times (1+r)^n$，其中 $(1+r)^n$ 是终值利率因子（$FVIF$），也称复利终值系数，终值利率因子与利率、时间呈正比关系，时间越长，利率越高，终值越大。

（4）多期中的现值。

$PV = FV/(1+r)^n$，其中 $1/(1+r)^n$ 是现值利率因子（$PVIF$），也称复利现值系数，现值利率因子与利率、时间呈反比关系，贴现率越高，时间越长，现值越小。

高频考点4 72法则（6.1）

72法则在金融学上通常用作估计一定投资额倍增或减半所需时间的方法，即用72除以收益率或通货膨胀率就可以得到一笔固定投资翻番或减半所需时间。

高频考点5 有效利率的计算（6.1）

1. 复利期间与复利期间数量

复利期间数量是指1年内计算复利的次数。例如以季度为复利期间，则复利期间数量为4；以月份为复利期间，则复利期间数量为12。

2. 有效年利率

不同复利期间投资的年化收益率称为有效年利率（EAR）。名义年利率 r 与有效年利率 EAR 之间的换算为：

$$EAR = (1 + r/m)^m - 1$$

其中，r 是指名义年利率，EAR 是指有效年利率，m 是指1年内复利次数。

3. 连续复利

在连续复利的情况下，计算终值的一般公式：$FV = PV \times e^{rn}$，其中 PV 为现值；r 为年利率；n 为按年计算的投资期间；e为自然对数的底数，约等于2.718 3。

高频考点6 期末年金（6.2）

<table>
<tr><th>项目</th><th>内容</th></tr>
<tr><td>期末年金终值</td><td>（1）概念。
期末年金是年金的基本形式，指从第一期开始，于每期期末持续等额收付的款项，又称作普通年金或后付年金。期末年金终值是指最后一次收付时的本利和。
（2）公式。
$$FV=\frac{C}{r}[(1+r)^n-1]$$
其中，FV 代表期末普通年金终值，$[(1+r)^n-1]/r$ 代表普通年金终值系数，r 代表投资报酬率，n 代表期数。</td></tr>
<tr><td>期末年金现值</td><td>（1）概念。
期末年金现值是指在一定时期内，于每期期末持续等额地收付款项的本利和折算到第一期期初的现值金额。
（2）公式。
$$PV=\frac{C}{r}\left[1-\frac{1}{(1+r)^n}\right]$$
其中，PV 代表期末普通年金现值，$[1-(1+r)^{-n}]/r$ 代表普通年金现值系数，r 代表投资报酬率，n 代表折现期数。</td></tr>
</table>

高频考点7 期初年金（6.2）

<table>
<tr><th>项目</th><th>内容</th></tr>
<tr><td>期初年金终值</td><td>（1）概念。
期初年金终值是指从第一期开始，于每期期初持续等额收付的款项，又称作先付年金。期初年金终值是指最后一次收付时的本利和。
（2）公式。
期初年金终值等于期末年金终值的（1+r）倍，即 $FV_{BEG}=FV_{END}(1+r)$：
$$FV_{BEG}=\frac{C}{r}\left[(1+r)^n-1\right](1+r)$$
其中，FV_{BEG}代表期初年金终值，FV_{END}代表期末年金终值，$[(1+r)^n-1](1+r)/r$代表期初年金终值系数，r代表投资报酬率，n代表期数。</td></tr>
<tr><td>期初年金现值</td><td>（1）概念。
期初年金现值是指在一定时期内，于每期期初持续等额地收付款项的本利和折算到第一期期初的现值金额。
（2）公式。
期初年金现值等于期末年金现值的（1+r）倍，即 $PV_{BEG}=PV_{END}(1+r)$：
$$PV_{BEG}=\frac{C}{r}\left[1-\frac{1}{(1+r)^n}\right](1+r)$$
其中，PV_{BEG}代表期初年金现值，PV_{END}代表期末年金现值，$[1-(1+r)^{-n}](1+r)/r$代表期初年金现值系数，r代表投资报酬率，n代表折现期数。</td></tr>
</table>

高频考点8 永续年金（6.2）

项目	内容
概念	永续年金是指在无限期内，时间间隔相同、不间断、金额相等、方向相同的一系列现金流。
公式	$PV=C/(1+r)^1+C/(1+r)^2+C/(1+r)^3+\cdots+C/(1+r)^n$ （期末）永续年金现值的公式：$PV=C/r$。

高频考点9 增长型年金（6.2）

项目	内容
增长型年金	（1）概念。 增长型年金是指在一定期限内，时间间隔相同、不间断、金额不相等但每期增长率相等、方向相同的一系列现金流。这种年金又被称作等比增长型年金。 （2）公式。 现值（期末）： $PV=C/(1+r)+C\times(1+g)/(1+r)^2+\cdots+C\times(1+g)^{n-1}/(1+r)^n$ 终值（期末）： $FV=C\times(1+r)^{n-1}+C\times(1+g)(1+r)^{n-2}+C\times(1+g)^2(1+r)^{n-3}+\cdots+C\times(1+g)^{n-1}$ 其中，C 表示第1年现金流，g 表示每年固定增长比率，r 代表现金流的收益率或贴现率。 （期末）增长型年金现值的计算公式： ①当 $r>g$ 时，$PV=\frac{C}{r-g}\left[1-\left(\frac{1+g}{1+r}\right)^n\right]$

续表

项目	内容
增长型年金	②当 $r<g$ 时，$PV=\frac{C}{r-g}\left[1-\left(\frac{1+g}{1+r}\right)^{n}\right]$ ③当 $r=g$ 时，$PV=\frac{nC}{1+r}$ （期末）增长型年金终值的计算公式： ①当 $r>g$ 时，$FV=\frac{C(1+r)^{n}}{r-g}\left[1-\left(\frac{1+g}{1+r}\right)^{n}\right]$ ②当 $r<g$ 时，$FV=\frac{C(1+r)^{n}}{r-g}\left[1-\left(\frac{1+g}{1+r}\right)^{n}\right]$ ③当 $r=g$ 时，$FV=nC(1+r)^{n-1}$
增长型永续年金	（1）概念。 增长型永续年金是指在无限期内，时间间隔相同、不间断、金额不相等但每期增长率相等、方向相同的一系列现金流。 （2）公式。 （期末）增长型永续年金的现值计算公式（$r>g$）：$PV=C/(r-g)$。

高频考点10 净现值（NPV）（6.3）

净现值（NPV）是指所有现金流，包括正现金流和负现金流在内的现值之和。净现值为正值，说明投资能够获利，净现值为负值，说明投资是亏损的。计算公式：

$$NPV=\sum_{n=0}^{N}\frac{C_n}{(1+r)^n}$$

对于一个投资项目，如果 $NPV>0$，表明该项目在 r 的回报率要求下是可行的，且 NPV 越大，投资收益越高。相反，如果 $NPV<0$，表明该项目在 r 的回报率要求下是不可行的。

高频考点11 内部回报率（*IRR*）（6.3）

内部回报率（*IRR*），又称内部报酬率或者内部收益率，是指使现金流的现值之和等于零的利率，即净现值等于0的贴现率。计算公式：

$$NPV=\sum_{n=0}^{N}\frac{C_n}{(1+IRR)^n}$$

对于一个投资项目，如果 $r<IRR$，表明该项目有利可图；相反，如果 $r>IRR$，表明该项目无利可图，其中 r 表示融资成本。

高频考点12 复利与年金系数表（6.4）

1. 复利终值

复利终值通常指单笔投资在若干年后所反映的投资价值，包括本金、利息、红利和资本利得。复利终值计算公式：

$$FV=PV\times(1+r)^n$$

其中 FV 代表终值，即本金+利息；PV 代表现值，即本金；r 代表利率、投资报酬率或通货膨胀率；n 代表时间；$(1+r)^n$ 代表复利终值系数。

2. 复利现值

复利现值一般指当要实现期末期望获得的投资价值时，在给定的投资报酬率和投资期限的情况下，以复利计算出投资者在期初应投入的金额，是复利终值的逆运算。复利现值计算公式：

$$PV=FV/(1+r)^n=FV\times(1+r)^{-n}$$

其中，PV 代表现值（期末投资金额）；FV 代表终值（期末获得投资价值）；r 代表折现率、投资报酬率或通货膨胀率；n 代表时间；$(1+r)^{-n}$ 代表复利现值系数。

3. 普通年金终值

普通年金终值是通过货币时间价值，在给定的回报率下，计算年金现金流的终值之和，以计算期期末为基准。通常可分为期末普通年金终值与期初普通年金终值。

4. 普通年金现值

普通年金现值是以计算期期末为基准，按照货币时间价值计算未来每期在给定的报酬率下可收取或者给付的年金现金流的折现值之和。其中的每期（n）可为年、月或者季度等。类似普通年金终值，它也分为期初年金现值与期末年金现值。

高频考点13 金融理财工具的特点及比较（6.4）

项目	内容
复利与年金表	（1）优点：操作简单，效率高。 （2）缺点：计算答案不够精确，只能得出按年计算的现值、终值。
财务计算器	（1）优点：便于携带、数据精确。 （2）缺点：操作流程比较复杂，容易记错或按错。
Excel 表格	（1）优点：使用成本低，操作简单。 （2）缺点：需要计算机，局限性较大。
专业理财软件	（1）优点：附加功能多，功能较齐全。 （2）缺点：内容缺乏弹性，局限性大。

第七章　理财师的工作流程和方法

章节测评　微信扫描

高频考点1　接触客户（7.1）

（1）礼节性问候。

（2）了解客户需求：约谈时以恰当的方式了解客户需求，从客户的关注点、偏好和个性特点分析客户潜在需求并引导需求。

（3）寻找突破口：根据客户需求及关注点，有针对性地向客户介绍理财产品。

（4）业务操作环节。

（5）跟踪服务。

高频考点2　建立信任关系（7.1）

（1）明确自身定位，树立专业形象。

（2）关注自身礼仪和工作的状态。

高频考点3　收集客户信息的必要性和基本技巧（7.2）

1. 信息收集的重要性

（1）收集客户信息是专业理财服务不可或缺的环节。客户信息不仅要收集，还要完整。

（2）西方人士的理财意识比较强，与西方行业发展成熟度有关系。

（3）国内理财行业发展方兴未艾，理财师实际工作中有困难。

2. 信息收集的方法和步骤

（1）理财师自己没有心理障碍。

（2）引导客户，告诉客户为什么我们要了解这些信息。

（3）在具体提问的时候，尽可能先围绕客户关心的问题，不要去问那些与其不相关的信息。

（4）制定系统性收集客户信息的框架，以便于把问题延伸出来，较为全面地了解客户信息。

高频考点4 客户信息的内容（7.2）

客户信息包括定量信息和定性信息。客户财务方面的信息基本属于定量信息。非财务信息，即客户基本信息和个人兴趣爱好、职业生涯发展和预期目标等属于定性信息。

（1）定量信息包括以下几个主要方面：家庭各类资产额度；家庭各类负债额度；家庭各类收入额度；家庭各类支出额度；家庭储蓄额度。

（2）定性信息。①客户基本信息，包括联系方式、住址、家庭主要成员结构等；②职业生涯发展状况，包括所在行业、职业职位、职业生涯发展前景等；③家庭主要成员的情况，包括客户及其配偶的风险属性、性格特征、受教育程度、投资经验、人生观、财富观等，还包括子女的情况，如是否财务独立等；④客户的期望和目标，包括客户的生活品质要求，以及短期、中期、长期的理财目标。

高频考点5 客户信息的整理（7.2）

定量信息主要靠理财师收集，定性信息更多的是靠与客户沟通过程中的观察和了解。客户信息的整理通常是针对定量信息，一般汇总为家庭资产负债表和收支储蓄表。

高频考点6 分析客户财务现状（7.2）

（1）家庭财务现状的分析。

（2）家庭财务现状综合分析。结合家庭财务现状分析，主要是根据信息整理情况，提供家庭财务现状中以下几个方面的综合分析。①家庭流动性现状分析；②信用和债务管理现状分析；③收支储蓄现状分析；④资产结构、资产配置和投资现状分析；⑤家庭财务保障现状分析。

高频考点7 理财目标的内容（7.3）

（1）理财目标的内容。

①家庭收支与债务管理；②家庭财富保障；③投资规划；④教育投资规划；⑤退休养老规划；⑥税务规划；⑦遗嘱、遗产分配。

制定退休养老规划的目的是保证客户在将来有一个自立、尊严、高品质的退休生活。退休养老规划内容包括理想退休后生活设计、退休养老成本计算和退休后的收入来源估计和相应的储蓄、投资计划。理财师应建议客户尽早进行养老规划，以投资、商业养老保险以及其他理财方式来补充退休收入的不足。

退休养老收入一般分为三大来源：社会养老保险、企业年金和个人储蓄投资。

（2）理财目标内容的四个方面。

①财富积累，主要讨论的是家庭收支与债务管理。

②财富保障，主要指针对人身、财产保障等的保险计划。

③财富增值，主要解决的是教育和养老的资金需求和投资规划。

④财富分配，包含税务安排和遗产分配。

（3）理财目标层次。实现财务安全和财务自由。

当投资的固定收益可以完全覆盖个人或者家庭发生的各项支出时，则认为达到了财务自由的层次，比相对财务安全层次有了更好的经济保障。

高频考点8 理财目标确定的原则（7.3）

理财目标的确定，必须遵循 SMART 原则。

（1）Specific：理财目标要具体明确。

（2）Measurable：理财目标必须是可以量化和检验的。

（3）Attainable：理财目标必须具备合理性和可行性。

（4）Realistic：实事求是。

（5）Time－binding：理财目标要有时限和先后顺序。

高频考点9 确定理财目标的步骤（7.3）

（1）理财师应确保了解客户的基本信息、财务状况、可以运用的财务资源，并且通过交流和沟通，了解客户的风险偏好、投资需求和目标等主观判断信息。

（2）理财师根据对客户财务状况及期望目标的了解，初步评估客户的理财目标的可行性和合理性。

（3）理财师应征询客户的意见并和客户一起对理财目标进行调整，从而确定理财目标，使其具体、明确、合理、可行。

高频考点10 理财规划方案的内容（7.4）

1. 家庭收支和债务规划

家庭收支和债务规划，也就是家庭收支平衡规划。包含如下六方面内容。

（1）家庭收支平衡规划的内容，包括家庭消费支出、债务规划和现金管理。债务管理其实就是个人、家庭不同时期收支平衡的问题。

（2）家庭收支平衡规划的目的，包括在不影响客户家庭生活品质和兼顾客户中期、长期理财目标财务安排的基础上的收支平衡管理。

（3）家庭收支储蓄表和资产负债表，是分析家庭财务状况、进行家庭收支规划最重要的指标和工具。

（4）家庭消费开支规划的内容及意义，主要是基于一定的财务资源下，对家庭消费水平和消费结构进行规划，以达到适度消费，保证家庭的生活品质，满足客户一生的收支平衡。

（5）家庭收入规划，理财师不仅要向客户建议如何管理、合理支出和减少不必要的支出，同时还需要向客户建议如何增加收入。

（6）现金管理规划，是进行家庭或者个人日常的现金及现金等价物的管理。现金规划的核心是建立应急基金，保障个人和家庭生活质量和状态的持续性稳定，是针对家庭财务流动性的管理。

2．财富保障规划

购买保险产品对潜在的人身、财产损失风险进行转移，满足家庭的财富保障和安全需要；对资产进行分散投资来降低投资风险；通过法律手段对信用风险进行保全；通过选择优秀理财师来控制理财服务过程中的合规风险和操作风险等。

3．退休养老规划

制订退休养老规划的目的是保证客户在将来有一个自立、尊严、高品质的退休生活。

4．教育规划

教育规划包括子女教育规划和客户自身教育规划两种情况。

5．投资规划

①投资方式；②理财师在客户投资规划中的责任。

6．税务规划

税务规划是帮助纳税人在法律允许的范围内，通过对经营、理财和薪酬等经济活动的事先筹划和安排，充分利用税法提供的优惠与待遇差别，以减轻税负，达到整体税后利润、收入最大化的过程。

7．财产传承规划

财产传承规划（遗产规划）是为了保证家庭财产实现代际相传、安全让渡而设计的财务方案，是当事人健在时通过选择遗产管理工具和制订遗产分配方案，将拥有或控制的各种资产或负债进行安排，确保在自己去世或丧失行为能力时能够根据自己的意愿分配、处置。

高频考点11 执行理财规划方案的原则（7.5）

在理财方案执行过程中，专业理财师应遵循了解原则、诚信原则和连续性原则等。

高频考点12 执行理财规划方案的注意因素（7.5）

①时间因素；②人员因素；③资金成本因素。

高频考点13 客户档案管理（7.5）

在理财规划方案的具体实施过程中，必然会产生大量的文件资料，如会议记录、财务分析报告、授权书、介绍信等。理财师应当对这些文件资料进行存档管理，形成客户档案。一般来说，金融机构的内部操作流程也会作出这样的规定。

高频考点14 后续跟踪服务的必要性（7.6）

（1）理财规划服务是个过程，不是一次性完成的。

（2）客户的理财目标有短期也有长期的。

（3）综合理财方案所依据的数据是建立在预测基础上的，对未来的预估不可能完全准确或一直不变。

（4）如何通过后续跟踪服务，提升客户满意度、加强客户关系以实现客户生命周期价值最大化是每个理财师必须思考和努力实践的工作。

高频考点15 实施方案的评估服务（7.6）

定期评估既是理财服务的必要步骤和要求，也是理财师应尽的责任。定期评估的频率主要取决于以下三个因素。

（1）客户的投资金额和占比。

（2）客户个人财务状况变化幅度。

（3）客户的风险偏好。

高频考点16 决定定期评估频率的三要素（7.6）

项目	内容
客户的投资金额和占比	客户的投资金额和占比越大，定期理财规划方案检测与评估的频率应越高。因为投资金额较大或占比越高，一旦决策建议错误，损失也越大，客户的心理负担也会越大。
客户个人财务状况变化幅度	（1）处在事业的黄金时期或者面临退休等不同的人生阶段，需要理财师根据新情况评估和修改理财方案。 （2）家庭生活和财务状况比较稳定的客户可以相应减少评估次数。
客户的风险偏好	有些客户偏爱高风险、高收益的投资产品，投资风格积极主动，而有些客户属于风险厌恶型的投资者，投资风格谨慎、稳健，注重长期投资。前者比后者更需经常性的理财方案评估。

高频考点17 从跟踪服务到综合规划的螺旋式提升（7.6）

（1）从初级阶段向专业理财规划服务发展。

（2）理财师应注意长期价值创造与品牌提升。

第八章　理财师金融服务技巧

章节测评　微信扫描

高频考点1　理财师的“仪表”礼仪（8.1）

1. 个人形象六要素

一般而言，影响个人形象的因素有仪表、表情、风度、谈吐语言、待人接物、服饰。

2. 男女着装的具体注意事项

（1）男士着装（三个三原则）。

①三色原则：男士在正式场合穿着西服套装时，全身颜色尽量限制在3种之内，否则就会显得不伦不类，失之于庄重。

②三一定律：即三位一色，指男士穿着西服、套装时，鞋子、腰带、公文包的色彩最好统一起来。

③三大禁忌：袖口商标没有拆；正规场合穿黑皮鞋、白袜子；正规场合短袖配领带。

（2）女士着装。

①六不：不杂乱无章；不过分鲜艳；不过分暴露；不过分透视；不过分短小；不过分紧身。

②手表：女士尽量不选择时装手表。

③色彩：尽量不超过3种。

高频考点2　会见客户的相关礼仪（8.1）

（1）理财师与客户会面时要注意自己的礼节规范，主要的礼节规范包括：守时；握手与自我介绍；交换名片；交谈礼仪；站姿、坐姿、行走、鞠躬礼仪。

（2）理财师在与客户面对面交谈时，应该做到表情认真、动作配合、语言合作、谈话要温和委婉。

高频考点3 时间管理优先矩阵（8.2）

根据时间管理理论，可以把事件或工作按其紧急性和重要性分成 A、B、C、D 4 类，形成时间管理的优先矩阵，以此来进行时间管理。如下图所示。

紧急 → 不紧急

重要 ↓ 不重要

	紧急	不紧急
重要	A 重要 紧急	B 重要 不紧急
不重要	C 紧急 不重要	D 不紧急 不重要

高频考点4 一般电话礼仪（8.3）

（1）影响电话效果的三个要素。

①时间和空间的选择；②通话的态度；③通话的内容。

（2）电话沟通态度的四个要点。

项目	内容
声音	热情悠扬的声音可以为你的客户增加对你和公司的信任度。
语调	柔和并突出和强调重要的词语，适当的沉默可以使客户感觉到你在倾听。
语速	稍慢的表达可以使你和客户之间有轻松的气氛，适当的停顿能帮助你更清楚地表达。
词语	使用礼貌、专业、适当的词语，简明扼要，必要时事先打好草稿。

（3）电话接听的基本程序和注意事项。

①迅速接听电话；②致以简单问候；③自报单位名称和个人姓名；

④认真倾听；⑤必要时认真记录谈话内容或对方要求；⑥感谢对方来电或要求；⑦结束通话时要后放电话；⑧如果电话讲到中途断线，接听电话的一方应把电话放下，并等候对方再拨电话来。

高频考点5 首访电话前的准备工作（8.3）

（1）了解电访客户的背景。

（2）了解本行的产品服务及其优势。

（3）明确电话目的和内容及相关话术。

（4）做好心理准备。

高频考点6 产品卖点总结方法及FABE产品服务推介法使用原则（8.4）

1．产品卖点总结方法

（1）SPACED法。

（2）SCORE法。

2．FABE产品服务推介法使用原则

在使用FABE法则时，理财师需要遵循以下四个原则：

（1）巧妙引导，激发需求。

（2）突出核心价值，展示亮点。

（3）强调利益，因客而异。

（4）罗列证据，反复证明。